eXamen.press

Matthias Hölzl · Allaithy Raed · Martin Wirsing

Java kompakt

Eine Einführung in die Software-Entwicklung mit Java

 Springer

Matthias Hölzl
Allaithy Raed
Martin Wirsing
Institut für Informatik
Ludwig-Maximilians-Universität München
München, Deutschland

ISSN 1614-5216
ISBN 978-3-642-28503-5   ISBN 978-3-642-28504-2 (eBook)
DOI 10.1007/978-3-642-28504-2

Die Deutsche Nationalbibliothek verzeichnet diese Publikation in der Deutschen Nationalbibliografie; detaillierte bibliografische Daten sind im Internet über http://dnb.d-nb.de abrufbar.

Gedruckt auf säurefreiem und chlorfrei gebleichtem Papier.

Springer ist Teil der Fachverlagsgruppe Springer Science+Business Media
www.springer.com

Vorwort

Wenn man in eine gut sortierte technische Buchhandlung geht, findet man im Regal mehrere Meter Bücher über Java. Welchen Grund gibt es, dieser Flut an Literatur noch ein weiteres Buch hinzuzufügen?

„Java kompakt" ist aus unserer Erfahrung mit verschiedenen Lehrveranstaltungen an der Ludwig-Maximilians-Universität München hervorgegangen – sowohl Vorlesungen für Studenten mit Haupt- und Nebenfach Informatik als auch Ergänzungskurse zur Programmierung in Java. Zahlreiche exzellente Bücher zur Einführung in die Informatik decken den Stoff der Einführungsvorlesungen ab, legen aber ihren Schwerpunkt eher auf die theoretischen Fundamente, Datenstrukturen und Algorithmen, wie es für eine Vorlesung auch angebracht ist. Durch diese Ausrichtung werden die Grundkenntnisse der Programmierung typischerweise sehr knapp abgehandelt und teilweise auf Übungen verlagert. Für Studenten, die Vorkenntnisse in einer anderen Programmiersprache haben, ist das meistens ausreichend, um die Besonderheiten von Java zu verstehen. Für andere Studenten ist es oft erheblich einfacher, dem Vorlesungsstoff zu folgen, wenn sie zusätzlich eine praxisorientierte Einführung in die Programmierung haben.

Dafür das richtige Buch zu finden, ist aber gar nicht so einfach: Die meisten Java-Bücher sind für Leser gedacht, die schon eine andere Programmiersprache beherrschen und die Grundlagen der Objektorientierung kennen; außerdem haben viele Bücher einen enzyklopädischen Anspruch und sind daher zu umfangreich, um von Studenten neben der Vorlesung verwendet zu werden.

An der LMU München werden seit einigen Jahren Ergänzungskurse zur Programmierung mit Java angeboten; obwohl diese Kurse nicht als reguläre Studienleistungen angerechnet werden können, sind sie bei den Studenten sehr beliebt und werden in den Evaluierungen als äußerst sinnvoll bewertet. Studenten haben uns oft erzählt, dass sie Themen aus der Vorlesung erst richtig verstanden hatten, nachdem sie ihre praktische Umsetzung im Ergänzungskurs gesehen hatten. Die Idee zu „Java kompakt" entstand aufgrund der zahlreichen Nachfragen von Studenten nach einem Buch, das den Stoff dieses Kurses in ähnlich praxisnaher und kompakter Form wie die Vorlesungen darstellt.

„Java kompakt" wendet sich an Leser, die keine oder nur geringe Vorkenntnisse in der Programmierung haben und die einen leicht verständlichen Einstieg in Java suchen. Für Studenten im Grundstudium bietet es sich als begleitendes Material neben den Einführungsvorlesungen an. Es ist aber auch für Auszubildende, Berufseinsteiger und jeden, der in Java programmieren lernen will, gedacht. Wir haben versucht, genug Stoff in den Kurs aufzunehmen, damit der Leser sinnvolle Programme schreiben kann, und uns dabei trotzdem knapp zu fassen.

Im Gegensatz zu manchen anderen Kursen, die Java viele Kapitel lang als prozedurale Programmiersprache behandeln, legen wir von Anfang an den Schwerpunkt auf objektorientierte Programmierung. Die ersten beiden Kapitel führen das Vorgehen beim Programmieren mit Java ein und bieten einen Schnelldurchlauf durch einen Großteil der im Rest des Buchs behandelten Konzepte. Die weiteren Kapitel besprechen einzelne Themen genauer: Klassen und Objekte (Kapitel 3 und 4), Typen (Kapitel 5 und 6), Anweisungen und Kontrollfluss (Kapitel 7), Vererbung und Polymorphie (Kapitel 8) sowie generische Typen und Interfaces (Kapitel 9). Diese Kapitel sind so weit wie möglich unabhängig voneinander; allerdings empfehlen wir Ihnen, beim ersten Durchlesen trotzdem der Reihe nach vorzugehen. Kapitel 10 führt in das Java Collections Framework ein und baut auf dem Stoff aller vorhergehenden Kapitel auf; das letzte Kapitel bespricht die Themen Ausnahmebehandlung und Testen. Jedes Kapitel endet mit einem Abschnitt "Was haben wir gelernt", in dem wir den Stoff des Kapitels kurz zusammenfassen und anhand einer Mindmap strukturiert darstellen. Die Mindmaps, Lösungsvorschläge zu ausgewählten Aufgaben und weitere Materialien können von der Web-Site zum Buch heruntergeladen werden, die unter der Adresse

```
http://www.java-kompakt.info/
```

zu finden ist.

Wir bedanken uns bei unseren Studenten, die uns durch ihren Enthusiasmus dazu angespornt haben, dieses Buch zu schreiben. Unser Dank gilt auch Herrn Engesser und Frau Glaunsinger vom Springer-Verlag, die uns bei der Erstellung des Buchs tatkräftig unterstützt haben. Wir bedanken uns sehr herzlich bei unseren Familien, die während der Erstellung des Buchs viele Stunden auf uns verzichten mussten.

München,
November 2012

Matthias Hölzl
Allaithy Raed
Martin Wirsing

Inhaltsverzeichnis

Kapitel 1
Die Java-Umgebung

1.1 Die Entwicklungsgeschichte von Java

Java ist eine moderne objektorientierte Programmiersprache, die von der amerikanischen Firma Sun Microsystems entworfen und 1995 öffentlich vorgestellt wurde. Seitdem hat Sun Java ständig weiter entwickelt und optimiert. Die Firma Oracle hat Anfang 2010 Sun Microsystems aufgekauft und dadurch auch die Federführung für die weitere Entwicklung von Java übernommen.

Die folgende Tabelle gibt einen Überblick über die bisher veröffentlichten Versionen von Java.

Jahr	Version	Klassen/Interfaces[1]	Wichtige Neuheiten
1995	1.0	211	Die Sprache Java
1998	1.1	477	Innere Klassen
1998	1.2	1542	—
2000	1.3	1840	—
2004	1.4	2723	Assertions
2004	1.5 (5.0)	3279	Generics, Enumerations, Autoboxing
2006	1.6 (6.0)	3793	—
2011	1.7 (7.0)	3977	—

Tabelle 1.1 Entwicklungsgeschichte von Java

Oracle hat Java 7 am 28. Juli 2011 veröffentlicht. Die wichtigste Änderung in dieser Version war die verbesserte Unterstützung von dynamischen Sprachen in der Java Virtual Machine (JVM); an Java selbst wurden nur relativ geringfügige Anpassungen vorgenommen. Als nächste größere Revision der Sprache ist Version 8 für Ende 2013 angekündigt.

---

[1] Diese Zahlen stammen von der Website `http://stackoverflow.com/questions/3112882/how-many-classes-are-there-in-java-standard-edition`.

M. Hölzl, A. Raed, M. Wirsing, *Java kompakt*, eXamen.press,
DOI 10.1007/978-3-642-28504-2_1, © Springer-Verlag Berlin Heidelberg 2013

1.1.1 Java-Varianten

Es gibt mehrere Implementierungen von Java; die wichtigste davon ist die von
Oracle kostenlos erhältliche Standardversion, oft als Java SE bezeichnet. Zusätzlich
gibt es verschiedene Varianten von Java für spezialisierte Anwendungsbereiche, z.B.
Java für Enterprise-Anwendungen und komplexe verteilte Systeme (Java EE) und
Java für eingebettete Systeme (Java ME):

- **Java Standard Edition (SE)** ist die Standardversion von Java für Desktop- und
  einfache Serveranwendungen. Sie enthält die vollständige Standardbibliothek
  und steht kostenlos zum Download zur Verfügung.
- **Java Enterprise Edition (EE)** ist zur Entwicklung von Enterprise-Applikationen
  gedacht. Sie enthält alle Pakete und Klassen von Java SE und zusätzlich umfangreiche Bibliotheken für die Entwicklung von Server-, Netzwerk- und Weban-
  wendungen. Auch Java EE steht für die meisten Anwendungen kostenlos zur
  Verfügung.
- **Java Micro Edition (ME)** ist eine „abgespeckte" Version von Java zur Verwendung in Mobiltelefonen und eingebetteten Systemen. Sie enthält nur eine redu-
  zierte Version der Standardbibliothek; um Java ME zu nutzen, ist eine Lizenz
  von Oracle erforderlich.

Mit den frei erhältlichen Java SE und Java EE Versionen kann man in Java geschriebene Programme auf Desktop-Computern oder Servern ausführen. Außerdem
bietet Oracle das Java Software Development Kit (SDK) an, mit dem man Software
in Java entwickeln kann. Auf der Webseite von Oracle findet man Versionen von
Java für die gängigsten Betriebssysteme. Eine auf der Oracle Code-Basis aufbauen-
de Open-Source Version des Java Development Kits (JDKs) wird unter dem Namen
"IcedTea" entwickelt und ist auf vielen Linux-Distributionen vorinstalliert.

Java dient auch als Standard-Programmiersprache für das Android Betriebssys-
tem. Die Android-Version von Java basiert nicht auf der Version von Oracle und
die Android-Standardbibliothek weist einige Unterschiede zu Java SE auf. Die Unterschiede betreffen aber in erster Linie fortgeschrittene Themen wie Grafik- oder
Netzwerkprogrammierung und nicht die in diesem Buch behandelten Grundlagen
der Java-Programmierung. Wir werden im Folgenden nicht weiter auf die Besonderheiten der Android-Programmierung eingehen.

Für dieses Buch empfehlen wir Ihnen das Java SE SDK zu installieren. Eine
ausführliche Installationsanleitung für Java SE unter den verschiedenen Plattformen
(Microsoft Windows, Linux, Apple OS X) finden Sie auf der Webseite zum Buch.

1.2 Die Funktionsweise von Java

Wie in den meisten anderen Programmiersprachen werden Java-Programme als normale Textdateien im Dateisystem des Computers gespeichert. Demzufolge kann ein
Java-Programm mit jedem beliebigen Texteditor geschrieben werden. Allerdings

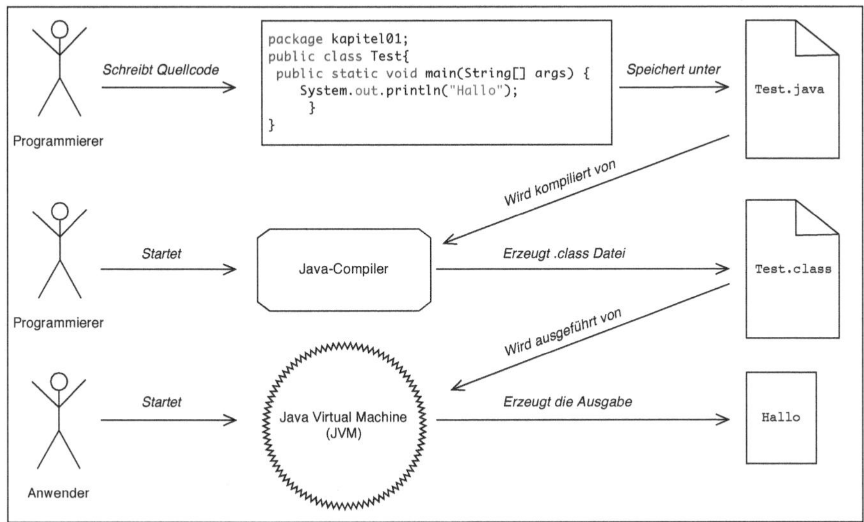

Abb. 1.1 Funktionsweise von Java

müssen die Dateien, aus denen das Programm besteht, einer strengen Namenskonvention folgen und in einer bestimmten Verzeichnisstruktur gespeichert werden; die Einzelheiten werden wir später kennen lernen.

Es gibt viele Entwicklungsumgebungen (engl. Integrated Development Environments, IDEs) mit leistungsfähigen Editoren, die das Programmieren vereinfachen und beschleunigen. Entwicklungsumgebungen bieten viele nützliche Features, wie z.B. Überprüfung des Programms direkt beim Eintippen, automatische Vervollständigung von Code oder Generierung von immer wieder vorkommenden Code-Blöcken („Boilerplate-Code"). Eine gute und kostenlos verfügbare Entwicklungsumgebung ist Eclipse; auf der Website zum Buch finden Sie eine kurze Einführung.

1.2.1 Wie programmiert man mit Java?

Vom Erstellen des Programmcodes bis zur Ausführung durchläuft jedes Java-Programm drei Schritte (vgl. Abb. 1.1): Zuerst schreibt der Programmierer den *Quellcode* und speichert ihn in Dateien mit der Endung .java. Im zweiten Schritt überprüft ein spezielles Programm – der sogenannte *Compiler* – den Quellcode auf Korrektheit und übersetzt ihn in ein ausführbares Format, den sogenannten *Bytecode*. Bytecode wird in *Class-Dateien* mit der Endung .class gespeichert. Dieser Prozess wird als *Kompilierung* oder *Übersetzen* des Programms bezeichnet.

Bei der Ausführung eines Programms werden die in den Class-Dateien gespeicherten Bytecode-Instruktionen von einer virtuellen Maschine, der *JVM (Java Vir-*

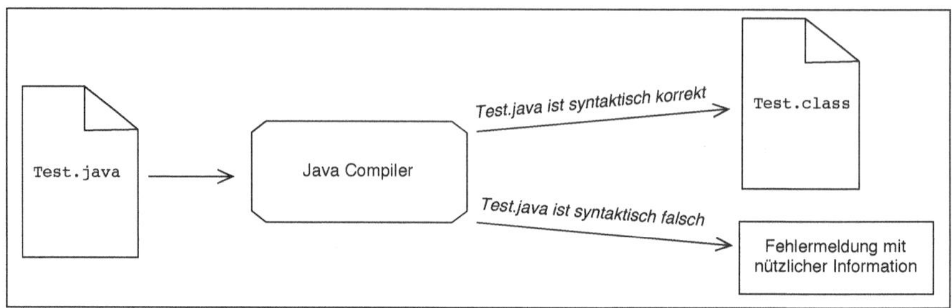

Abb. 1.2 Arbeitsweise des Java Compilers

tual Machine), geladen und abgearbeitet. Der Ablauf von der Erstellung des Quellcodes bis zum Ausführen des Programms ist in Abbildung 1.1 veranschaulicht.

Entwicklungsumgebungen führen die Kompilierung meist im Hintergrund durch, während der Programmierer den Code eintippt; außerdem übernehmen sie das Starten der JVM und die Übergabe der notwendigen Parameter zur Ausführung des Programms. Daher werden Sie selbst nur selten ein Java-Programm manuell kompilieren müssen. Zum besseren Verständnis des Ablaufs „hinter den Kulissen" gehen wir in den nächsten Abschnitten aber kurz auf den Java-Compiler und die JVM ein.

1.2.2 Der Java-Compiler

Wie jede andere Sprache hat Java Regeln, die festlegen, wie „Sätze" gebildet werden. Diese Regeln nennt man die *Syntax* oder *Grammatik*; wird eine dieser Regeln verletzt, so spricht man von einem *Syntaxfehler* oder einem grammatikalischen Fehler. In Java sind die „Sätze" der Sprache Programme und Programmteile, wie z.B. Ausdrücke. Die Bedeutung eines Satzes nennt man seine *Semantik*.

Zum Beispiel lautet in der deutschen Sprache eine einfache Regel, um einen Satz grammatikalisch richtig zu bilden: *Subjekt – Prädikat – Objekt*. Man ersetzt die Begriffe in der Regel durch bestimmte Subjekte, Prädikate und Objekte und erhält einen grammatikalisch richtigen Satz, wie z.B. „Ich liebe Orangen" oder „Eine Ameise schlägt mich". Der zweite Satz ist in der Bedeutung zwar unsinnig, entspricht aber trotzdem den Regeln der Grammatik. In der Informatik sagt man dazu, der Satz sei syntaktisch korrekt, aber seine Semantik sei undefiniert.

In Programmiersprachen wie Java sind Syntax und Semantik wesentlich genauer definiert als in natürlichen Sprachen. Die formale Grammatik und eine Beschreibung der Semantik von Java findet man in der offiziellen Sprachbeschreibung [1].

Im Gegensatz zur alltäglichen Konversation, bei der wir häufig auch grammatikalisch nicht ganz korrekte Sätze verwenden, muss man sich bei Programmiersprachen sehr strikt an die Grammatik halten; selbst Programme mit geringfügigen Syntaxfehlern – wie z.B. einem vergessenen Semikolon – können vom Compiler nicht übersetzt werden.

Der Java-Compiler ist im Java SDK enthalten und hat den Namen javac. Der Quellcode wird in Java immer in einer Datei mit einem Namen der Form *Klassenname*.java gespeichert. Findet der Compiler beim Übersetzen des Quellcodes einen Fehler, so bricht er die Übersetzung ab und gibt eine Fehlermeldung aus, die angibt, von welcher Art der Fehler ist und an welcher Stelle des Quellcodes er gefunden wurde. Ist der Code syntaktisch richtig, so erzeugt der Java Compiler, wie oben bereits beschrieben, eine Class-Datei mit Bytecode. Diese Datei bekommt vom Compiler automatisch den Namen *Klassenname*.class. Kompiliert man also eine Klasse Test.java, so erzeugt der Java-Compiler beim erfolgreichen Kompilieren die Datei Test.class. Dieser Vorgang ist in Abbildung 1.2 veranschaulicht.

Die vom Compiler erzeugte Class-Datei ist die Eingabe für die virtuelle Maschine (JVM), die das Programm ausführt. Quellcode mit syntaktischen Fehlern kann in Java also nicht ausgeführt werden, da der Compiler die Class-Datei nur bei fehlerfreier Eingabe erzeugt.

Wir wollen im Folgenden ein einfaches Java Programm übersetzen, um den Umgang mit dem Compiler und der JVM an einem konkreten Beispiel zu sehen. Führen Sie dazu folgende Schritte aus:

1. Erzeugen Sie eine Textdatei mit dem Namen HalloWelt.java, die folgenden Inhalt hat:

```java
public class HalloWelt {
  public static void main(String[] args) {
    System.out.println("Hallo Welt!");
  }
}
```

   und speichern Sie die Klasse z.B. im Verzeichnis C:/Test. Der vollständige Pfadname der Datei ist also C:/Test/HalloWelt.java. Es ist dabei wichtig, dass Sie wirklich eine reine Textdatei erzeugen und nicht z.B. ein Word-Dokument, das den Programmtext enthält.
2. Öffnen Sie die Konsole (z.B. die MS-Dos Eingabeaufforderung) unter Windows.
3. Wechseln Sie in den Ordner, unter dem Sie die Package-Verzeichnisse gespeichert haben, im oben angegebenen Fall mit dem Befehl cd C:/Test.
4. Geben Sie javac HalloWelt.java in die Konsole ein, um den Compiler aufzurufen.

Bei anderen Betriebssystemen funktioniert das Starten des Java-Compilers ähnlich. Sie sollten jetzt eine Datei HalloWelt.class im Verzeichnis C:/Test finden.

1.2.3 JVM – Die virtuelle Maschine für Java

Die *virtuelle Maschine für Java (engl. Java Virtual Machine, JVM)* ist das Programm, das den vom Compiler erzeugten Bytecode ausführt. Tritt während der Ausführung des Programms ein Laufzeitfehler auf, z.B. weil das Programm ver-

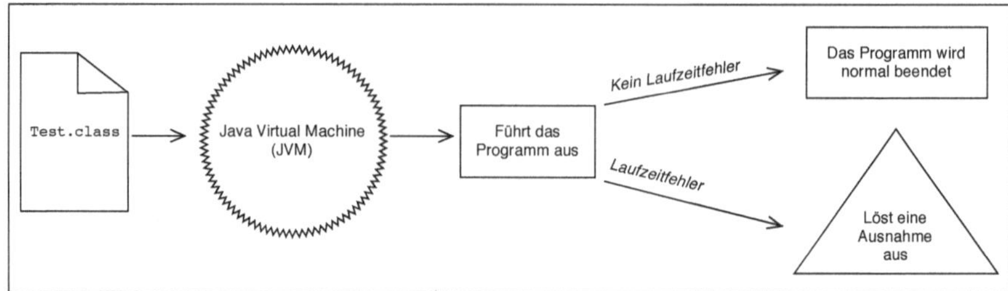

Abb. 1.3 Ausführung eines Java Programs

sucht, eine Division durch Null auszuführen, oder weil es eine benötigte Netzwerkverbindung nicht aufbauen kann, so wird vom Programm eine sogenannte Ausnahme ausgelöst. Wenn diese Ausnahme nicht behandelt wird, dann wird das Programm mit einer Fehlermeldung abgebrochen. Tritt kein Laufzeitfehler auf, wird das Programm normal beendet. Das ist in Abb. 1.3 veranschaulicht. Die vom Java SDK installierte JVM hat den Namen java.

Das Programm, das Sie im letzten Abschnitt übersetzt haben, können Sie folgendermaßen ausführen:

1. Öffnen Sie die Konsole, z.B. die MS-Dos Eingabeaufforderung unter Windows.
2. Wechseln Sie in den Ordner, in dem Sie vorher die Datei `HalloWelt.class` erzeugt haben, z.B. `C:/Test`
3. Tippen Sie `java HalloWelt` ein. (Beachten Sie, dass Sie keine Datei-Endung angeben dürfen; wenn Sie z.B. versehentlich `java HalloWelt.java` eingeben, erhalten Sie eine Fehlermeldung von der JVM.)

Sie sollten jetzt die Ausgabe

```
Hallo Welt!
```

auf der Konsole sehen. Gratulation! Sie haben gerade ihr erstes Java-Programm übersetzt und ausgeführt.

1.2.4 Die Grundstruktur eines Java-Programms

In den letzten Abschnitten haben wir das Übersetzen und Ausführen von Java-Programmen betrachtet. Jetzt wollen wir uns dem eigentlich interessanten Thema zuwenden: Wie schreibt man Java-Programme. Dazu betrachten wir zuerst die Struktur eines typischen Java-Programms:

```
1   // Paket-Deklaration
2   package de.kompaktkurs_java.kapitel01;
3
4   // Import der externen Klassen
```

```
 5   import java.util.*;
 6
 7   // Klassen-Deklaration
 8   public class Person {
 9
10     // Instanzvariablen
11     private String name;
12     private Date geburtsdatum;
13
14     // Konstruktor
15     public Person(String name) {
16       this.name = name;
17     }
18
19     // Methoden
20     public void drucke() {
21       System.out.println(name + " " + geburtsdatum);
22     }
23
24     // Getter- und Setter-Methoden
25     public Date getGeburtsdatum() {
26       return geburtsdatum;
27     }
28     public void setGeburtsdatum(Date geburtsdatum) {
29       this.geburtsdatum = geburtsdatum;
30     }
31   }
```

Dieses Programm enthält viele Elemente, die in typischen Java-Programmen vorkommen:

- Kommentare (Zeilen 1, 4, 7, 10, 14, 19 und 24),
- eine Paket-Deklaration (Zeile 2),
- Import-Anweisungen (Zeile 5),
- eine Klassen-Deklaration (Zeile 8),
- Deklarationen von Instanzvariablen (Zeilen 11 und 12),
- die Deklaration eines Konstruktors (Zeile 15–17) und
- Implementierungen von Methoden (Zeile 20–30); dabei werden jeweils
  - eine Getter-Methode (Zeilen 25–27) und
  - eine Setter-Methode (Zeilen 28–30) implementiert.

Im Folgenden geben wir nur einen kurzen Überblick über das Beispiel; genauere Erklärungen folgen in den nächsten Kapiteln.

Die grundlegenden Bausteine jedes Java-Programms sind *Klassen*. Eine Klasse beschreibt eine Einheit, bestehend aus Daten und Operationen, die auf diese Daten zugreifen können. Klassen werden mit dem Schlüsselwort class deklariert (Zeile 8). In Java wird jede Klasse in einer Datei mit dem Namen *Klassenname*.java gespeichert,[2] der Quellcode des Beispielprogramms muss also in einer Datei mit dem Namen Person.java stehen.

Ein Java-Programm besteht normalerweise nicht nur aus einer Klasse. Mehrere Klassen, die logisch zusammengehören, kann man in einem *Paket* (auch *Package* genannt) zusammenfassen. Zum Beispiel haben wir alle Programme für das erste Kapitel dieses Buchs in einem Paket kapitel01 zusammengefasst.

Größere Projekte umfassen oft mehrere Pakete. So gibt es für dieses Buch nicht nur das Paket kapitel01, sondern auch noch die Packages kapitel02, kapitel03, usw. Es ist zweckmäßig, diese Pakete selber wieder in einem Package zu gruppieren. Das ist möglich, weil Pakete in Java hierarchisch strukturiert sind, d.h. dass ein Paket andere Pakete enthalten kann. Wir können die Packages für die einzelnen Kapitel deshalb alle in einem übergeordneten Package kompaktkurs_java zusammenfassen. Im Quellcode werden die Namen von verschachtelten Paketen durch einen Punkt getrennt; das im Package kompaktkurs_java eingebettete Package kapitel01 hat also den vollständigen Namen kompaktkurs_java.kapitel01. Die Sprachdefinition von Java legt die Konvention fest, dass die ersten Komponenten in einem Paketnamen immer dem (umgekehrten) Domain-Namen der Organisation entsprechen sollen, die für das Paket verantwortlich ist. Deshalb haben wir das Paket kompaktkurs_java in ein weiteres Paket de eingebettet, so dass wir als vollständigen Pfadnamen de.kompaktkurs_java.kapitel01 erhalten. Zeile 2 besagt also, dass die Klasse Person zum Paket kapitel01 gehört, das im Paket kompaktkurs_java eingebettet ist, welches wiederum im Paket de enthalten ist.

In Java muss der Quellcode aller Klassen, die zu einem Paket gehören, in einem Verzeichnis gespeichert werden, das den gleichen Namen hat wie das Paket. Verschachtelte Pakete werden dabei durch entsprechende Ordnerstrukturen im Dateisystem abgebildet. Die Klasse Person muss also im Verzeichnis

```
de/kompaktkurs_java/kapitel01
```

gespeichert werden. Wenn Sie Ihre Java-Programme z.B. unter Windows im Verzeichnis C:/Test speichern, dann ist der vollständige Pfad des Quellcodes der Klasse Person im Dateisystem

```
C:/Test/de/kompaktkurs_java/kapitel01/Person.java
```

Die Information, in welchem Paket eine Klasse enthalten ist, wird also doppelt angegeben: über die Position der Datei im Verzeichnisbaum und über die Deklaration in der Datei. Entwicklungsumgebungen nehmen dem Programmierer die lästige Aufgabe ab, manuell die richtigen Ordner zu erstellen und die Dateien in den richtigen Ordner zu speichern, indem sie automatisch für jedes deklarierte Paket einen gleichnamigen Ordner erzeugen und Paketdeklarationen in den Quellcode des Programms einfügen.

Wir sehen an dieser Stelle noch eine Namenskonvention von Java: Klassennamen werden groß geschrieben, die Namen von Paketen, Variablen und Methoden klein.

---

[2] Diese Aussage ist in dieser allgemeinen Form nicht ganz richtig, aber als „Faustregel" für den Einstieg in Java zweckmäßig. Wir werden diese Regel – wie viele andere aus den ersten Kapiteln – später im Buch verfeinern.

Um in einem Paket auf eine Klasse aus einem anderen Paket zugreifen zu können, müssen wir den kompletten Namen der gewünschten Klasse spezifizieren und zwar als *qualifizierten Namen*, der die Form *paketname.Klassenname* hat. Statt qualifizierter Name sagt man manchmal auch *Pfadname*. Angenommen, wir möchten die Klasse `Date` aus dem Paket `java.util` in einem eigenen Programm verwenden, dann müssen wir dafür den vollständigen Namen `java.util.Date` angeben.

Benutzt man viele Klassen aus anderen Bibliotheken, so können die langen Pfadangaben dazu führen, dass das Programm unübersichtlich wird. Um Pfade nur einmal angeben zu müssen, kann man nach der Paketdeklaration *Import-Anweisungen* angeben (Zeile 5). Eine Importanweisung besteht aus dem Schlüsselwort `import` gefolgt von einem Pfadnamen; danach kann man auf die Klasse mit dem einfachen Namen (ohne Pfadangabe) zugreifen. Zum Beispiel kann man in Code, der auf eine Import-Anweisung

```
import java.util.Date;
```

folgt, statt der vollständigen Pfadangabe `java.util.Date` einfach `Date` schreiben. Will man auf alle Klassen aus einem Paket zugreifen, so kann man anstelle des Klassennamens auch einen Stern, `*`, schreiben. Gibt man die Import-Anweisung

```
import java.util.*
```

an, so kann man auf alle Klassen aus dem Paket `java.util` zugreifen, ohne den vollständigen Pfad angeben zu müssen. Zum Beispiel kann man, wie beim vorhergehenden Beispiel, `Date` statt `java.util.Date` schreiben; ebenso kann man nach dieser Anweisung für die Klasse `java.util.ArrayList`, die wir im nächsten Kapitel verwenden werden, einfach `ArrayList` schreiben.

Jedes Programm muss Daten speichern und verarbeiten können. Eine Möglichkeit dafür sind *Instanzvariablen*, die auch *Objektvariablen*, *Felder*, *Feldvariablen*, *Attribute* oder *Slots* genannt werden (Zeilen 11, 12). Daten können z.B. Zahlen, Buchstaben, Zeichenketten oder Wahrheitswerte (`true`, `false`) sein. Im Beispiel speichern wir den Namen und das Geburtsdatum jeder Person.

Wir wollen schon an dieser Stelle erwähnen, dass in Java Klassen lediglich „Schablonen" zur Erzeugung von *Objekten* sind und die eigentliche Arbeit eines Programms von Objekten erledigt wird. Ein Objekt, das die von einer Klasse `A` vorgegebene „Form" hat, nennt man *Instanz* der Klasse `A` oder *Objekt vom Typ* `A`. Zum Erzeugen von Instanzen wird ein *Konstruktor* (Zeilen 15–17) der entsprechenden Klasse verwendet. Jede Instanz verfügt über Speicherplatz für alle Instanzvariablen ihrer Klasse und kann alle Methoden dieser Klasse zum Manipulieren ihrer Daten ausführen.

Die Verarbeitung von Daten erfolgt in Java durch *Methoden* (Zeilen 20–30). In der Klasse `Person` kann man mit der Methode `getGeburtsdatum` das Geburtsdatum einer Person erfragen, das in der Instanzvariable `geburtsdatum` gespeichert ist. Der Name von Methoden, die Auskunft über den Zustand eines Objekts geben, fängt typischerweise mit `get` an, deshalb nennt man derartige Methoden oft *Getter* oder *Getter-Methoden*. Die Namen der Methoden, die den Zustand eines Objekts verändern, beginnen per Konvention oft mit dem Wort `set`; daher nennt man derartige Methoden *Setter* oder *Setter-Methoden*.

In der Klassendefinition sehen wir einige Zeilen, die zwei aufeinanderfolgende Schrägstriche (//) enthalten. Der darauf folgende Text ist ein *Kommentar*, der dazu dient, den Programmcode zu dokumentieren. Wenn der Java-Compiler die Zeichenfolge // im Programmtext findet, ignoriert er den Rest der Zeile. Obwohl Kommentare für den Compiler keine Bedeutung haben, sind sie wichtig, um die Funktionsweise des Programms zu dokumentieren.

1.3 Was haben wir gelernt?

In diesem Kapitel haben wir gesehen, wie man ein Java Programm übersetzt und ausführt. Außerdem haben wir einen Überblick über die wichtigsten Elemente erhalten, die in einem Java-Programm vorkommen. Im nächsten Kapitel werden wir in einem „Schnelldurchlauf" die Grundlagen lernen, mit denen wir bereits die ersten Java-Programme schreiben können, bevor wir im Rest des Buches einzelne Elemente der Sprache detaillierter besprechen. Die Mindmap in Abb. 1.4 stellt die wichtigsten Inhalte kondensiert zusammen.

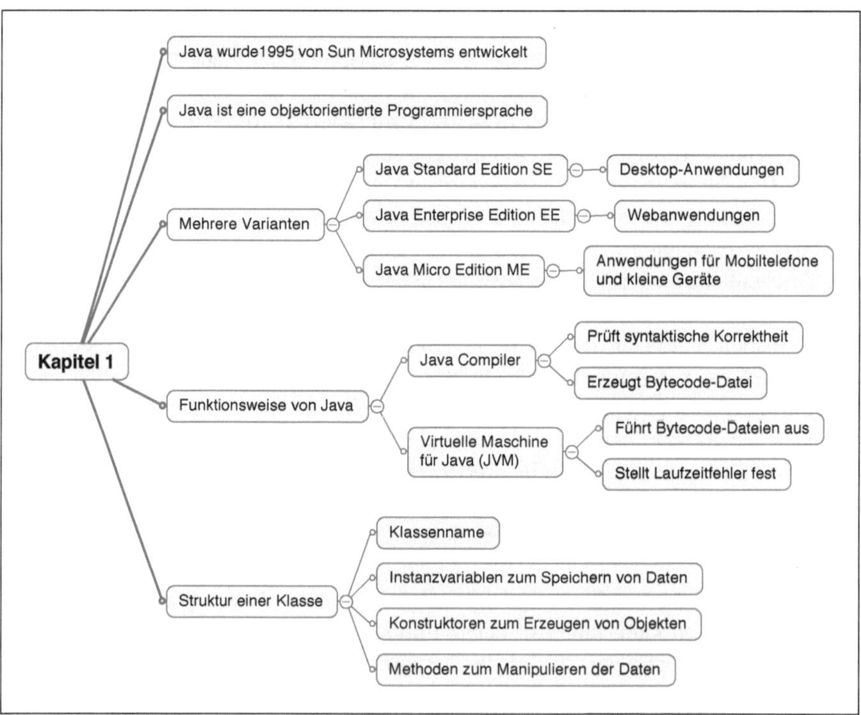

Abb. 1.4 Was haben wir gelernt? Mindmap zu Kapitel 1 – Die Java-Umgebung

Kapitel 2
Ein Schnelleinstieg in Java

Nachdem wir gesehen haben, wie Java prinzipiell funktioniert, wollen wir uns jetzt an ein erstes Programm wagen. Um Ihnen unnötige Frustrationen zu ersparen, geben wir Ihnen aber, bevor wir loslegen, noch zwei Warnungen mit auf den Weg:

- Falls Sie noch nie programmiert haben: Verzweifeln Sie nicht, wenn Sie beim ersten Lesen nicht alles in diesem Abschnitt verstehen. Es stürmen viele neue Konzepte auf Sie ein; einige dieser Konzepte hängen auch noch gegenseitig voneinander ab. Es ist vielleicht am zweckmäßigsten, wenn Sie diesen Abschnitt erst ein- oder zweimal überfliegen, bevor Sie versuchen, ihn im Detail zu verstehen.
- Dazu kommt noch, dass Java leider keine ideale Sprache für den Einstieg in die Programmierung ist. Einige Dinge sind in Java umständlicher hinzuschreiben als in anderen Sprachen; außerdem benötigen Sie schon für die ersten Programme die Grundbegriffe der objektorientierten Programmierung. Um Ihnen den Einstieg zu erleichtern, sind manche Informationen in diesem Kapitel sehr stark vereinfacht. Sie sollten sich daher hinter fast jedem Satz in diesem Kapitel eine Fußnote denken: *Es handelt sich hierbei nur um vorläufige Informationen, in Wirklichkeit ist der Sachverhalt komplizierter! Wir werden die Erklärung in späteren Kapiteln präzisieren.*

Aber lassen Sie sich von diesen kleinen Schwierigkeiten nicht entmutigen! Schon bald werden Sie diese anfänglichen Probleme überwunden haben und Java souverän beherrschen.

2.1 Ein weiteres, einfaches Programm

Wir wollen ein Programm schreiben, mit dem wir die Speisekarte für ein Kaffeehaus erstellen können. Ein Beispiel, wie das endgültige Resultat aussehen soll, ist in Abb. 2.1 dargestellt; allerdings beschränken wir uns, der Einfachheit halber, auf den Text der Speisekarte und geben keine graphischen Elemente aus.

M. Hölzl, A. Raed, M. Wirsing, *Java kompakt*, eXamen.press,
DOI 10.1007/978-3-642-28504-2_2, © Springer-Verlag Berlin Heidelberg 2013

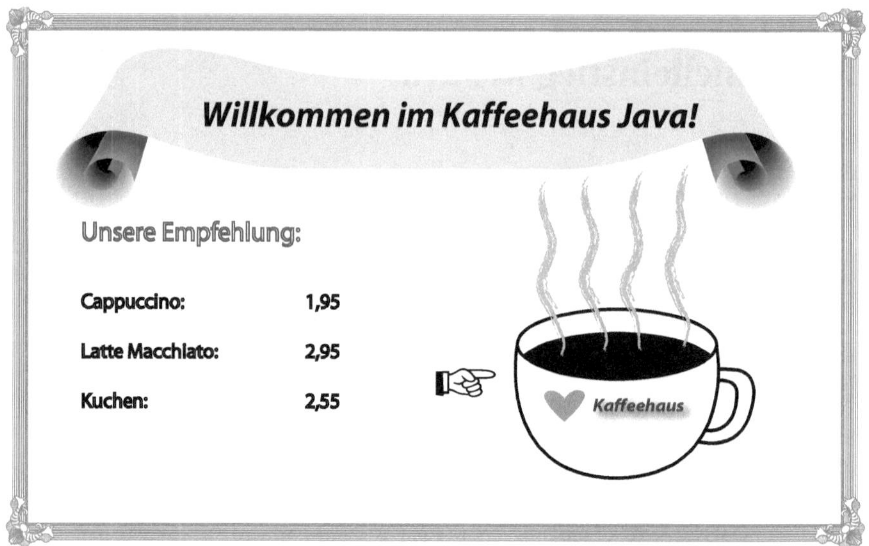

Abb. 2.1 Speisekarte für das Kaffeehaus Java

Wir beginnen mit einem einfachen Programm, das nur eine Begrüßung ausgibt. In den nächsten Abschnitten erweitern wir die Funktionalität unseres Programms in mehreren kleinen Schritten. Ein solches schrittweises Vorgehen ist beim Programmieren fast immer sinnvoll; wir empfehlen Ihnen, auch bei den Übungsaufgaben und Ihren eigenen Programmen so zu verfahren.

Wie wir in Kapitel 1 schon besprochen haben, muss der komplette Code eines Java-Programms (mit Ausnahme einiger "administrativer" Informationen) in einer Klasse stehen, und Klassen werden in Paketen organisiert. Erstellen Sie also in Eclipse ein neues Projekt mit Namen Kaffeehaus und erzeugen Sie in diesem Projekt ein neues Paket de.kompaktkurs_java.kaffeehaus. Beachten Sie, dass wir dabei die Java-Namenskonvention verwenden und Paketnamen klein schreiben. Erzeugen Sie jetzt in diesem Paket eine Klasse DruckeSpeisekarte, die folgendermaßen aussieht:

```java
package de.kompaktkurs_java.kaffeehaus;

public class DruckeSpeisekarte {
  public static void main(String[] args) {
    System.out.println("Willkommen im Kaffeehaus Java!");
  }
}
```

Zeile 1 gibt an, in welchem Paket sich die Klasse befindet. Diese Zeile wird von Eclipse automatisch eingefügt, wenn Sie die Klasse erzeugen. Zeilen 3–7 beinhalten die Definition der Klasse.

Da die Klasse DruckeSpeisekarte ein ausführbares Programm darstellt, ist ihre Definition etwas ungewöhnlich: In Java können Klassen als eigenständiges Programm gestartet werden, wenn sie eine Methode mit Namen main haben, die genau die Form hat, die Sie im Beispiel sehen können:

```java
public static void main(String[] args) {
    ...
}
```

Den Text vor der öffnenden geschweiften Klammer bezeichnet man als den Kopf der Methodendeklaration; die Anweisungen, die zwischen den geschweiften Klammern einer Methodendeklaration stehen, werden als ihr Rumpf bezeichnet. Wir verschieben die Erklärung der Bedeutung der einzelnen Elemente in der Definition von main auf später. Wichtig ist im Augenblick nur, dass beim Starten eines Programms die Anweisungen im Rumpf der main-Methode ausgeführt werden, aber nur wenn die Methode genau so wie hier angegeben definiert ist.

Damit kommen wir zur eigentlichen Funktionalität des Programms. Im Beispiel besteht der Rumpf der main-Methode nur aus der Zeile 5:

```java
System.out.println("Willkommen im Kaffeehaus Java!");
```

In dieser Zeile können wir zwei wichtige Bestandteile eines Java-Programms sehen: einen Methodenaufruf und, als Teil davon, ein String-Literal. Ein *Literal* ist ein Wert, den wir direkt im Programmtext hinschreiben können. In Java gibt es Literale für Zahlen, Zeichenketten (Strings) und einige andere Werte. Das im Beispiel vorkommende String-Literal "Willkommen im Kaffeehaus Java!" ist eine Zeichenkette, die vom Programm verarbeitet wird. Solche Zeichenketten müssen in doppelte Anführungszeichen eingeschlossen werden, damit sie von Anweisungen unterschieden werden können.

In Java werden verschiedene Arten von Werten genau unterschieden; um welche Art von Wert es sich bei einem Literal oder einem anderen Ausdruck handelt, wird durch den *Typ* angegeben. Der Typ einer Zeichenkette ist String, andere Typen sind int für ganze Zahlen, double für Gleitkommazahlen und boolean für Wahrheitswerte. Statt „Wert vom Typ String" sagt man auch „Objekt (vom Typ String)" oder „String-Instanz". Wie wir oben schon erwähnt haben, ist der Ausdruck "Willkommen im Kaffeehaus Java!" somit ein String-Literal (und damit eine String-Instanz oder anders ausgedrückt ein Objekt vom Typ String). 123 ist ein int-Literal und 123.456 ein double-Literal.

Ein großer Teil der von einem Java-Programm durchgeführten Aufgaben wird durch Aufrufe von Methoden erledigt. System.out.println(...) ist ein solcher Methodenaufruf, der bewirkt, dass das in Klammern eingeschlossene Argument auf dem Bildschirm ausgegeben wird. In unserem Beispiel gibt das Programm Willkommen im Kaffeehaus Java! auf dem Bildschirm aus. Um dies in Eclipse auszuprobieren, wählen Sie im Menü Run das Untermenü Run As und klicken dort auf den Menüpunkt Java Application. Die Ausgabe erscheint dann auf der Konsole von Eclipse. In Abb. 2.2 können Sie die Konsole mit der Ausgabe des Programms im unteren Drittel des Fensters sehen.

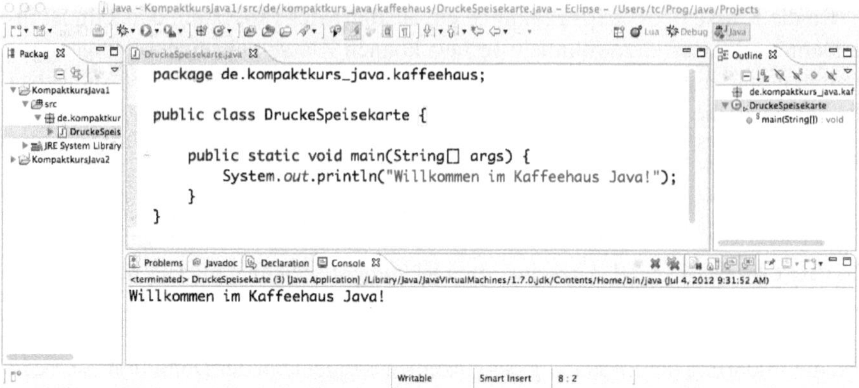

Abb. 2.2 Ausgabe des Kaffeehaus-Programms.

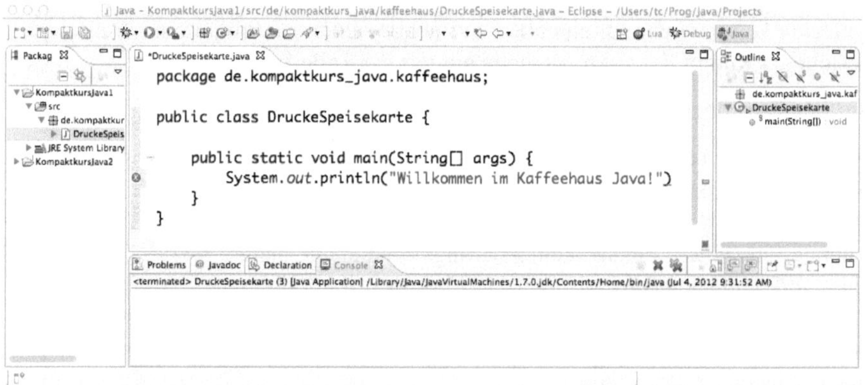

Abb. 2.3 Anzeige eines Fehlers in Eclipse

2.2 Wenn Fehler auftreten

Was passiert, wenn Sie einen Fehler im Programm haben? Dieses Problem wird Ihnen im Laufe Ihres Programmierer-Daseins noch häufig begegnen; mit etwas Erfahrung ist es aber nicht sehr schwierig, die Fehler zu finden und zu beseitigen. Wenn Sie das Beispiel genau so eingegeben haben, wie es oben steht, sollten Sie keine Fehlermeldung erhalten. Falls Sie dennoch in Ihrem Quelltext eine rote Markierung sehen, so wie in Abbildung 2.3, oder, falls statt der erwarteten Ausgabe eine Fehlermeldung auf der Konsole erscheint, so liegt das vermutlich an einem der folgenden Gründe:

- *Fehlender Strichpunkt nach der* package-*Deklaration oder dem Methodenaufruf.* Dieser Fehler passiert unserer Erfahrung nach Programmieranfängern recht häufig. In Java müssen alle Anweisungen mit einem Strichpunkt beendet werden. Überprüfen Sie also, ob Sie Zeilen 1 und 5 mit einem Strichpunkt beendet haben.

- *Fehlende Anführungszeichen.* Überprüfen Sie, ob Sie die Zeichenkette „Willkommen im Kaffeehaus Java!" in Doppelanführungszeichen (") eingeschlossen haben. Sie dürfen statt dessen weder einfache Anführungszeichen (') noch „Backquotes" (`) verwenden.
- *Groß- und Kleinschreibung.* Java unterscheidet zwischen Groß- und Kleinschreibung. Wenn Sie z.B. schreiben

```
public static void Main(String[] args) { ... }
```

  so erkennt Java diese Definition nicht als `main`-Methode Ihres Programms. Aus dem gleichen Grund müssen Sie `String` schreiben, nicht `string`.
- *Umlaute und Sonderzeichen.* Laut Standard erlaubt Java die Verwendung von Umlauten in Bezeichnern. Leider führt das aber unserer Erfahrung nach manchmal zu Problemen; deshalb empfehlen wir Ihnen im Moment, auf Umlaute in Programmen zu verzichten.
- *Geschweifte und runde Klammern verwechselt/nicht korrekt geschachtelt.* Es ist wichtig, welche Art von Klammern Sie an jeder Stelle verwenden: Nach dem Methodennamen `main` stehen runde Klammern (), nach dem Typ `String` eckige Klammern [] und nach der Argumentliste geschweifte Klammern {}. Achten Sie darauf, dass Sie die verschiedenen Arten von Klammern korrekt schließen, auch wenn sie verschachtelt vorkommen.
- *Code außerhalb der Klasse.* Abgesehen von `package`- und `import`-Anweisungen muss der komplette Code, den Sie schreiben, innerhalb der geschweiften Klammern der Klassendefinition stehen. Dieser Fehler ist manchmal schwer zu finden, weil die Fehlermeldung an der falschen Stelle angezeigt wird, z.B. bei der schließenden geschweiften Klammer der Klassendefinition.
- *Fehler in der Eclipse-Installation.* Überprüfen Sie, ob Ihre Eclipse-Installation richtig funktioniert. Hinweise dazu finden Sie auf der Website zum Buch.

Normalerweise zeigt Eclipse die Stelle, an der sich ein Fehler befindet, durch eine rote Markierung links vom Code an und gibt hilfreiche Hinweise auf die Art des Fehlers, so wie in Abb. 2.3. Lesen Sie diese Hinweise sorgfältig durch; das erspart Ihnen gerade am Anfang viel unnötiges Raten, welche Ursache ein Fehler haben könnte.

2.3 Und wo sind die Objekte?

Wir haben gesagt, dass die Arbeit eines Java-Programms von Objekten erledigt wird, auf denen wir Methoden aufrufen. Stimmt das auch in unserem Beispiel? Sehr viel von Objekten ist dort doch eigentlich nicht zu sehen.

Aber wenn wir unser Beispiel genau betrachten, können wir diesen Mechanismus bereits gut erkennen. Zwar haben wir selber noch keine Objekte erzeugt, aber wir haben ein vom System bereitgestelltes Objekt verwendet, um darauf eine Methode aufzurufen: `System.out` ist der (zugegebenermaßen etwas seltsame)

Name eines vom Java-System vordefinierten Objekts, das Methoden anbietet, um
Text auf dem Bildschirm auszugeben. Zwei Methoden von System.out, die wir
im Folgenden verwenden werden, sind println (eine unschöne Abkürzung für
„print line") und format. Wir rufen in Zeile 5 unseres Programms also die Methode println des Objekts System.out auf und übergeben dieser Methode ein Argument, den String "Willkommen im Kaffeehaus Java!". Manchmal sagt man
dafür auch: Wir senden dem Objekt System.out die Nachricht println mit Argument "Willkommen im Kaffeehaus Java!".

Die textuelle Darstellung von Programmelementen nennt man ihre *Syntax*; im
Gegensatz dazu nennt man die Bedeutung von Programmelementen ihre *Semantik*.
Die Syntax von Methodenaufrufen besteht aus einer Objektreferenz, einem Punkt,
dem Methodennamen und einer in Klammern eingeschlossenen Argumentliste:

Objektreferenz.Methodenname(Argument$_1$, . . . , Argument$_n$)

(Beachten Sie, dass ein Methodenaufruf mit einem Strichpunkt abgeschlossen werden muss, wenn er nicht als Teil eines anderen Ausdrucks vorkommt.) Eine Objektreferenz ist, vereinfacht gesagt, ein Name eines Objekts. In unserem Beispiel ist das
System.out, die Objektreferenz enthält also selber einen Punkt. Diese Situation ist
in Java nicht ungewöhnlich, da der Punkt nicht nur für Methodenaufrufe sondern
auch für andere Zwecke verwendet wird. Die Argumentliste besteht aus einem Ausdruck oder aus mehreren durch Kommas getrennten Ausdrücken oder sie ist ganz
leer. Das deuten wir in der Syntax durch die Notation *Argument$_1$*, . . . , *Argument$_n$*
an. Die runden Klammern müssen in jedem Fall angegeben werden, auch wenn kein
Argument übergeben wird.

2.4 Variablen

Im nächsten Schritt erweitern wir unser Programm so, dass es den Namen und den
Preis eines Tagesangebots ausgibt. Da wir dieses Angebot täglich ändern wollen,
speichern wir die Information darüber in zwei lokalen Variablen, die wir name und
preis nennen. Beachten Sie, dass der Bezeichner name für zwei unterschiedliche
Programmkonstrukte verwendet wird, nähmlich für eine Instanzvariable der Klasse
Person und für die hier verwendete lokale Variable.

```
 1  package de.kompaktkurs_java.kaffeehaus;
 2
 3  public class DruckeSpeisekarte {
 4    public static void main(String[] args) {
 5      String name = "Cappuccino";
 6      double preis = 1.95;
 7      System.out.println("Willkommen im Kaffeehaus Java!");
 8      System.out.format("Unser Tagesangebot: %18s (%5.2f Eur)",
 9                        name, preis);
10      System.out.println();
11    }
12  }
```

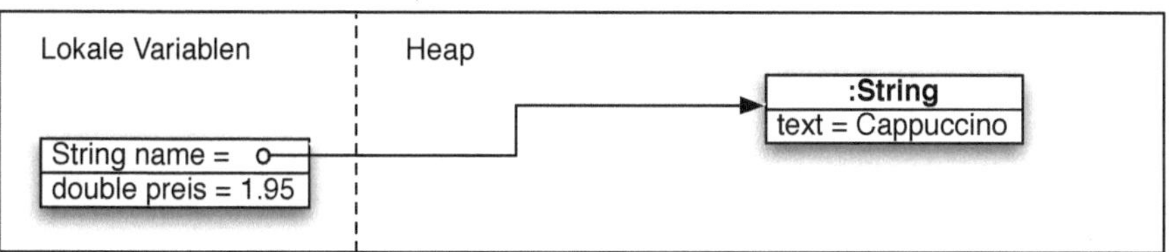

Abb. 2.4 Objektdiagramm für `DruckeSpeisekarte`

Lokale Variablen sind Speicherplätze für Daten, die während der Ausführung einer Methode zur Verfügung stehen. In Zeile 5 definieren wir eine lokale Variable name vom Typ `String` und weisen ihr den Wert `"Cappuccino"` zu; in Zeile 6 definieren wir entsprechend eine lokale Variable `preis` vom Typ `double` mit Wert `1.95`. Die Definition einer lokalen Variablen hat also die Form

Typ Variablenname = Anfangswert;

Später werden wir sehen, dass man die Zuweisung des Anfangswerts manchmal weglassen kann.

In Java gibt es zwei Arten von Werten: Zahlen, Wahrheitswerte und einzelne Zeichen sind die sogenannten *primitiven Typen*; sie werden direkt in Variablen gespeichert. Alle anderen Typen sind *Referenztypen*. Werte von Referenztypen werden in einem separaten Speicherbereich, dem *Heap* (auch *Halde* genannt) gespeichert. Variablen von Referenztypen enthalten nur Verweise auf Objekte im Heap. Zum Beispiel wird das `String`-Objekt mit Wert Cappuccino auf dem Heap gespeichert. Die lokale Variable name enthält einen Verweis auf dieses Objekt (d.h. seine Adresse auf der Halde). Die Situation für das Beispielprogramm ist in Abb. 2.4 dargestellt. Derartige Diagramme bezeichnen wir als Objektdiagramme.[1]

Der Rest der `main`-Methode besteht aus drei Methodenaufrufen: dem schon bekannten Aufruf der `println`-Methode, einem Aufruf der `format`-Methode, und einem erneuten Aufruf von `println`. Dieser letzte Aufruf ist ein Beispiel für einen Methodenaufruf mit leerer Argumentliste und gibt lediglich einen Zeilenvorschub auf der Konsole aus.

Die Methode `format` des Objekts `System.out` wird mit drei Argumenten aufgerufen: die Zeichenkette `"Unser Tagesangebot: %18s (%5.2f Eur)"` ist das erste Argument, die `String`-Variable name das zweite (oder, genauer aber zu umständlich, der Bezeichner der `String`-Variablen name), und die `double`-Variable `preis` das dritte. Wenn man den Bezeichner einer Variablen angibt, so wird dafür (außer wenn der Bezeichner auf der linken Seite einer Zuweisung steht) der aktuell in der Variable gespeicherte Wert eingesetzt, d.h. der Aufruf in den Zeilen 8–9 hat den gleichen Effekt wie

```
System.out.format("Unser Tagesangebot: %18s (%5.2f Eur)",
                  "Cappuccino", 1.95);
```

---

[1] Wir verwenden eine an UML angelehnte Notation für Objektdiagramme, die aber in einigen wesentlichen Punkten nicht UML-konform ist.

Die format-Methode von System.out gibt, ähnlich wie println, einen Text auf der Konsole aus. Allerdings bietet format weitreichende Möglichkeiten, den Text zu formatieren. Wir geben einen kurzen Überblick über die Fähigkeiten von format, den Sie aber überspringen können, wenn Sie die Details der Ausgabe nicht interessieren, da er zum weiteren Verständnis von Java nicht wichtig ist.

Einschub: Die format-*Methode*

Die format-Methode können Sie verwenden, um das Format von Text, den Sie auf der Konsole oder in eine Datei ausgeben wollen, genau festzulegen. Zum Beispiel können Sie mit format die Anzahl von Nachkommastellen für die Ausgabe von Dezimalzahlen bestimmen; das ist mit print oder println nicht möglich.

Das erste Argument von format ist immer ein String; die meisten in diesem String vorkommenden Zeichen werden genau wie bei println unverändert auf der Konsole ausgegeben. Wenn im String aber ein Prozentzeichen % vorkommt, so werden die nachfolgenden Zeichen als Formatanweisung interpretiert, die die zusätzlich an format übergebenen Argumente verarbeitet. Zum Beispiel erwartet %s, dass das nächste noch nicht verarbeitete Argument von format ein String ist, der anstelle des %s-Zeichens ausgegeben wird. Analog erwartet %d, dass das nächste noch nicht verarbeitete Argument eine Dezimalzahl ist, die statt %d ausgegeben wird. Durch die Angabe von weiteren Informationen zwischen dem Prozentzeichen und dem Buchstaben kann man die Details der Ausgabe steuern. Zum Beispiel gibt %18s das nächste noch nicht verarbeitete Argument (das ein String sein muss) aus, und fügt links aber so viele Leerzeichen ein, dass die Ausgabe rechtsbündig in einem mindestens 18 Zeichen breiten Feld steht. Analog gibt %5.2d das nächste noch nicht verarbeitete Argument (das diesmal eine Dezimalzahl sein muss) mit zwei Nachkommastellen aus und formatiert die Zahl rechtsbündig in einem mindestens fünf Zeichen breiten Feld.

2.5 Listen

Bisher können wir nur eine einzige Speise ausgeben. Für eine Gaststätte der Oberklasse, wie es das Kaffeehaus Java zweifellos ist, ist das natürlich kein akzeptabler Zustand. Deshalb werden wir die Lösung jetzt so erweitern, dass wir mehrere Einträge in einer Speisekarte ausgeben können. Ein erster – schlechter – Versuch ist das folgende Programm:

```java
package de.kompaktkurs_java.kaffeehaus;

public class DruckeSpeisekarte {
  public static void main(String[] args) {
    String name1 = "Cappuccino";
```

```
 6      double preis1 = 1.95;
 7      String name2 = "Latte Macchiato";
 8      double preis2 = 2.95;
 9      String name3 = "Kuchen";
10      double preis3 = 2.55;
11
12      System.out.println("Willkommen im Kaffeehaus Java!");
13      System.out.println("Unsere Empfehlungen:");
14      System.out.format("%18s: %5.2f Euro\n", name1, preis1);
15      System.out.format("%18s: %5.2f Euro\n", name2, preis2);
16      System.out.format("%18s: %5.2f Euro\n", name3, preis3);
17   }
18 }
```

Dieses Programm enthält fast nur Elemente, die wir in den vorhergehenden Programmen schon kennen gelernt haben: In Zeilen 5–10 definieren wir sechs Variablen, in denen wir drei Namen und drei Preise speichern. In Zeilen 12–16 geben wir eine Überschrift und den Inhalt der Variablen aus und erhalten

```
Willkommen im Kaffeehaus Java!
Unsere Empfehlungen:
        Cappuccino:  1.95 Euro
   Latte Macchiato:  2.95 Euro
            Kuchen:  2.55 Euro
```

Im Beispiel in Abschnitt 2.4 (Seite 16) haben wir den Zeilenvorschub nach der Ausgabe von format durch einen Aufruf der println-Methode ohne Argument erzeugt. In den Zeilen 14–16 betten wir die Zeilenvorschübe direkt in das Argument von format ein: In String-Literalen kann man in Java eine neue Zeile durch \n darstellen. Im Gegensatz zu format-Anweisungen wie %18s, die nur von der format-Methode besonders behandelt werden, ist diese Syntax in jedem String-Literal gültig. Zum Beispiel gibt System.out.println("a\nb");

```
a
b
```

auf der Konsole aus.

Es ist einfach zu sehen, dass dieses Programm keine sehr elegante Lösung darstellt: Wir müssen, schon wenn wir das Programm schreiben, genau wissen, wie viele Einträge die Speisekarte hat; denn für jeden Eintrag müssen wir zwei neue Variablen (für Name und Preis) deklarieren und Code zum Ausdrucken der Speise einfügen. Diese Art zu programmieren ist mühsam, inflexibel und fehleranfällig. Wir benötigen also eine bessere Vorgehensweise, um eine beliebige Anzahl von Speisen im Programm zu verwalten. Das wollen wir jetzt in zwei Schritten erledigen. Um die Aufgabe am Anfang nicht zu schwer zu gestalten, beschränken wir uns zuerst auf eine Speisekarte, in der nur die Namen der Gerichte vorkommen, aber keine Preise. Da wir nur Namen ausgeben müssen, verwenden wir statt der format-Methode im Moment wieder println. Das vorhergehende Programm würde so vereinfacht folgendermaßen aussehen (und immer noch eine schlechte Implementierung darstellen):

```
1   package de.kompaktkurs_java.kaffeehaus;
2
3   public class DruckeSpeisekarte {
4     public static void main(String[] args) {
5       String name1 = "Cappuccino";
6       String name2 = "Latte Macchiato";
7       String name3 = "Kuchen";
8
9       System.out.println("Willkommen im Kaffeehaus Java!");
10      System.out.println("Unsere Empfehlungen:");
11      System.out.println(name1);
12      System.out.println(name2);
13      System.out.println(name3);
14    }
15  }
```

Um nicht für jeden Eintrag eine eigene lokale Variable deklarieren zu müssen, wollen wir die Namen aller Speisen in einer einzigen Variablen speichern. Diese Variable kann dann aber nicht vom Typ String sein, denn eine solche Variable bietet, wie wir gesehen haben, ja nur Speicherplatz für eine einzige Zeichenkette. Was wir bräuchten, wäre eine Variable, die eine Liste von Namen speichern kann. Glücklicherweise bietet Java dafür in der Standardbibliothek schon einen vordefinierten Typ an: ArrayList. Wir ersetzen also die drei Variablen name1, name2 und name3 durch eine einzige Variable namen vom Typ ArrayList. Beachten Sie, dass wir für Listen normalerweise Variablenbezeichner wählen, die im Plural stehen, also namen und nicht name.

Bei einer normalen Variablen müssen wir angeben, welchen Typ ihr Inhalt haben soll. Zum Beispiel ist name1 vom Typ String, der Compiler weiß also, dass name1 nur String-Instanzen speichern kann. Ebenso müssen wir bei einer Liste angeben, welchen Typ die Elemente der Liste haben sollen. In unserer Speisekarte soll im Moment jeder Eintrag in der Liste der Name einer Speise sein, also den Typ String haben. Wir müssen dem Java-Compiler daher mitteilen, dass wir in der Variable namen eine Liste von String-Instanzen speichern wollen. Das erfolgt, indem wir den Typ der einzelnen Einträge in der Liste (also String) in spitze Klammern nach ArrayList schreiben; der vollständige Typ unserer Variable ist somit ArrayList<String>.

Jetzt kennen wir zwar den Typ unserer Variable, aber wir müssen noch klären, wie wir die Liste erzeugen und wie wir auf ihre Elemente zugreifen können.

Leider kann man in Java die von uns benötigte Liste mit mehreren Elementen nicht in einem Schritt anlegen. Man muss statt dessen eine leere Liste erzeugen und die Elemente einzeln hinzufügen. Eine leere Liste erzeugt man mit dem Operator new: Durch die Anweisung new *Typ*() erzeugt man eine neue Instanz von *Typ*. Die für unser Beispiel benötigte leere Liste vom Typ ArrayList<String> wird durch

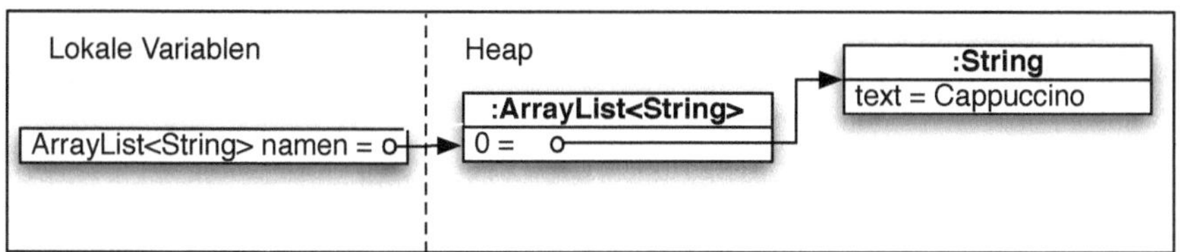

Abb. 2.5 Objektdiagramm für `DruckeSpeisekarte` mit einer Liste von Strings, nachdem der erste String erzeugt wurde

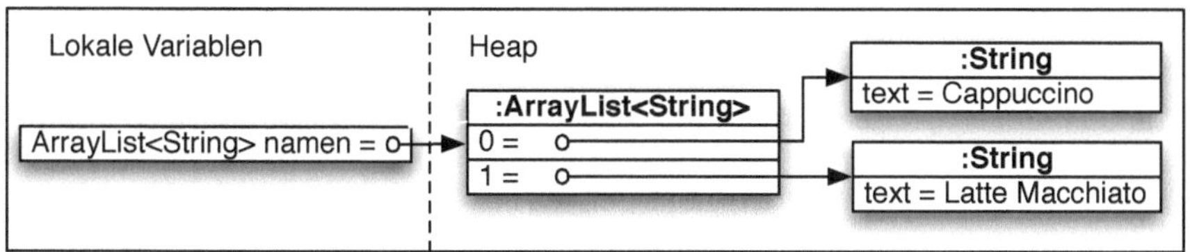

Abb. 2.6 Objektdiagramm für `DruckeSpeisekarte` mit einer Liste von Strings, nachdem zwei Strings erzeugt wurden

```
new ArrayList<String>()
```

erzeugt. Somit erfolgt die Deklaration der Variable namen und ihre Initialisierung mit einer leeren Liste durch die Zeile

```
ArrayList<String> namen = new ArrayList<String>();
```

Neue Elemente an eine Liste anfügen kann man durch die Methode add, der wir ein Argument vom Typ String übergeben; das Argument wird hinten an die Liste angefügt. Wenn wir mit der leeren Liste in namen beginnen und die Methode

```
namen.add("Cappuccino");
```

aufrufen, so haben wir danach eine Liste mit einem Element, der Zeichenkette "Cappuccino". Beachten Sie, dass diese Liste von der in ihr gespeicherten Zeichenkette verschieden ist: Die Zeichenkette ist eine Instanz des Typs String, die Liste ist eine Instanz von ArrayList<String>, die eine Referenz auf die Zeichenkette als Element enthält. Das ist in Abb. 2.5 dargestellt.

Wenn wir jetzt nochmals die Methode add auf namen aufrufen, so enthält die Liste zwei Elemente. Zum Beispiel enthält die von namen referenzierte Liste nach dem Aufruf

```
namen.add("Latte Macchiato");
```

die Elemente "Cappuccino" und "Latte Macchiato" (in dieser Reihenfolge). Diese Situation ist in Abb. 2.6 dargestellt.

Nachdem wir eine Liste von Speisen erzeugt haben, wollen wir zum Ausdrucken der Speisekarte auf die einzelnen Elemente zugreifen. Das können wir mit der Methode get: Ein Methodenaufruf

```
namen.get(0)
```

gibt das erste Element der Liste namen zurück. Der Aufruf namen.get(1) liefert das zweite Element der Liste, und allgemeiner gibt namen.get(i) das $i+1$-te Element der Liste zurück. Beachten Sie dabei zwei Dinge:

- In Java werden die Positionen in der Liste mit 0 beginnend gezählt. Der Aufruf namen.get(1) gibt das *zweite* Element der Liste zurück, nicht das erste!
- Ein Aufruf namen.get(n) ist nur zulässig, wenn die Liste mindestens $n+1$ Elemente enthält. Wenn weniger als $n+1$ Elemente in der Liste enthalten sind, tritt zur Laufzeit ein Fehler auf. Zum Beispiel dürfen wir namen.get(0) nur aufrufen, wenn die Liste mindestens ein Element enthält.

Das waren jetzt eine Menge neuer Konzepte und wir sollten uns ansehen, wie wir sie in unserem Programm einsetzen können:

```
package de.kompaktkurs_java.kaffeehaus;

import java.util.ArrayList;

public class DruckeSpeisekarte {
  public static void main(String[] args) {
    ArrayList<String> namen = new ArrayList<String>();
    namen.add("Cappuccino");
    namen.add("Latte Macchiato");
    namen.add("Kuchen");
    System.out.println("Willkommen im Kaffeehaus Java!");
    System.out.println("Unsere Empfehlungen:");
    System.out.println(namen.get(0));
    System.out.println(namen.get(1));
    System.out.println(namen.get(2));
  }
}
```

Die meisten in dieser Version des Programms vorkommenden Elemente haben wir schon besprochen. Neu ist die in Zeile 3 vorkommende Anweisung

```
import java.util.ArrayList;
```

Wie wir in Abschnitt 1.2.4 gesehen haben, sind Namen in Java in verschiedene Pakete unterteilt. Java-Programme können auf alle Namen, die im Paket java.lang definiert sind, zugreifen, deshalb können wir z.B. den Typ String ohne zusätzliche Maßnahmen verwenden. Der Typ ArrayList ist aber (hauptsächlich aus historischen Gründen) im Paket java.util definiert, nicht in java.lang. Deshalb müssen wir dem Java-Compiler mitteilen, in welchem Paket er den Namen ArrayList finden kann. Das erfolgt durch die import-Anweisung in Zeile 3. Entwicklungsumgebungen wie Eclipse fügen derartige import-Anweisungen automatisch für Sie ein; Details dazu finden Sie auf der Website zum Buch.

In Zeile 7 deklarieren wir die Variable namen und initialisieren sie mit einer leeren Liste. In den Zeilen 8–10 fügen wir drei Werte zur Liste namen hinzu. In den

Zeilen 11–12 geben wir eine Überschrift aus, in den Zeilen 13–15 geben wir die drei Einträge der Speisekarte aus.

2.6 Die `for`-Schleife

Im letzten Abschnitt haben wir die Einträge in unserer Speisekarte in einer Liste gespeichert und nicht mehr in einzelnen Variablen. Gewonnen haben wir dadurch bis jetzt aber nichts, denn das Ausdrucken der einzelnen Zeilen setzt nach wie vor voraus, dass wir zur Entwicklungszeit wissen, wie viele Einträge in unserer Liste gespeichert sind. Diesen Mangel wollen wir jetzt beheben.

Im Moment werden alle in unserem Programm vorkommenden Anweisungen der Reihe nach abgearbeitet. Da wir aber Speisekarten mit beliebiger Länge verarbeiten wollen, benötigen wir ein Konstrukt, das es uns erlaubt, manche Anweisungen mehrmals auszuführen: Wir wollen die Zeile

```
System.out.println(...);
```

für jeden in namen gespeicherten Namen ausführen, egal wie viele Namen das sind. Java bietet seit Version 5 ein sehr bequemes Konstrukt für derartige Aufgaben an: die for-Schleife für Listen (manchmal auch *for-each*-Schleife genannt):

```
for (String name : namen) {
  System.out.println(name);
}
```

Diese Schleife bewirkt das, was wir erreichen wollen: Die println-Methode wird mit jedem Element aus namen als Argument aufgerufen. Anders gesagt, die angegebene for-Schleife bewirkt, wenn namen die Länge n hat, dass für jede Zahl i zwischen 0 und $n-1$ folgende Anweisungen ausgeführt werden:

```
String name_i = namen.get(i);
System.out.println(name_i);
```

Mit dieser Schleife erreichen wir also genau die gleiche Wirkung wie mit der hartcodierten Ausgabe in unserer letzten Version des Programms, aber die Schleife funktioniert für Listen jeder Länge. Somit können wir jetzt die erste Version unseres Programms schreiben, die beliebig viele Elemente in der Speisekarte verarbeiten kann:

```
1  package de.kompaktkurs_java.kaffeehaus;
2
3  import java.util.ArrayList;
4
5  public class DruckeSpeisekarte {
6    public static void main(String[] args) {
7      ArrayList<String> namen = new ArrayList<String>();
8      namen.add("Cappuccino");
```

```
 9    namen.add("Latte Macchiato");
10    namen.add("Kuchen");
11    System.out.println("Willkommen im Kaffeehaus Java!");
12    System.out.println("Unsere Empfehlungen:");
13    for (String name : namen) {
14      System.out.println(name);
15    }
16  }
17 }
```

Sie können jetzt die Anzahl der Speisen in der Speisekarte verändern; dabei werden Sie feststellen, dass das Programm für jede Anzahl von Einträgen funktioniert. Die Schleife arbeitet selbst dann korrekt, wenn Sie gar keine Einträge zur Liste namen hinzufügen: In diesem Fall wird der Rumpf der Schleife gar nicht ausgeführt, da es kein Element in namen gibt. Allerdings dürfen Sie die Initialisierung von namen mit der leeren Liste nicht weglassen, sonst erhalten Sie eine Fehlermeldung vom Compiler.

Die in diesem Abschnitt vorgestellte for-Schleife ermöglicht es bereits, viele sinnvolle Programme zu schreiben. In Kapitel 7 werden wir eine andere Variante der for-Schleife kennen lernen, die flexibler, aber auch umständlicher einzusetzen ist.

2.7 Benutzerdefinierte Klassen

Wir haben unser Programm jetzt so weit erweitert, dass wir beliebig viele Einträge in der Speisekarte verwalten können, aber dabei haben wir gemogelt: Statt wie bisher Name und Preis haben wir nur noch den Namen erfasst. Das wollen wir jetzt wieder ändern.

Im Beispiel auf Seite 16 hatten wir eine Variable für den Namen und eine Variable für den Preis des Tagesangebots. Eine naheliegende Variante, die fehlenden Preise wieder einzuführen, wäre also folgende: Wir deklarieren zwei Listen, eine für die Namen und eine für die Preise; an der ersten Stelle jeder Liste würde die Information für Cappuccinos stehen, an der zweiten Stelle die für Latte Macchiatos, usw.[2]

```
...
ArrayList<String> namen = new ArrayList<String>();
// Kein zulässiger Java-Code!
ArrayList<double> preise = new ArrayList<double>();
namen.add("Cappuccino");
preise.add(1.95);
```

---

[2] Sollten Sie versuchen, Ihr Programm wie angegeben zu ändern, so werden Sie feststellen, dass Sie keine ArrayList mit Elementtyp double erzeugen können. Das liegt daran, dass double ein primitiver Typ ist. Dazu sagen wir in Kapitel 5 mehr.

```
namen.add("Latte Macchiato");
preise.add(2.95);
...
```

Diese Art, das Programm zu schreiben, ist aber sehr fehleranfällig: Wenn wir bei einem Eintrag vergessen, den Preis anzugeben, werden die Preise aller nachfolgenden Produkte falsch zugeordnet. Außerdem ist es schwer zu überblicken, welche Informationen für jede Speise gespeichert werden. Ein drittes Problem ist, dass wir die for-Schleife aus dem letzten Abschnitt nicht mehr verwenden können, um die Speisekarte auszudrucken, da wir entweder eine Schleife über namen oder über preise bilden können, aber nicht über beide Listen gleichzeitig.

Eine bessere Lösung erhalten wir, wenn wir versuchen, das Problem objektorientiert anzugehen. In unserer Beschreibung kommt „Speise" als ein wesentlicher Begriff vor, daher ist es sinnvoll, einen benutzerdefinierten Typ Speise einzuführen, mit dem wir die zu jeder Speise gehörende Information als eine Einheit behandeln können. Jeder Eintrag in der Speisekarte wird dann im Programm durch eine Instanz des Typs Speise dargestellt, die Speicherplatz für den Namen und den Preis dieser Speise bereitstellt. Speicherplatz, der in jeder Instanz des Typs vorhanden ist, bezeichnet man als Instanzvariablen, somit benötigt unser Typ Speise zwei Instanzvariablen, die wir wieder name und preis nennen.

In Java erzeugen wir einen neuen Typ, indem wir eine Klasse definieren. Für unser Beispiel benötigen wir also eine Klasse Speise, die eine Instanzvariable name vom Typ String und eine Instanzvariable preis vom Typ double hat. Die Deklaration dieser Klasse sieht folgendermaßen aus:

```
1  package de.kompaktkurs_java.kaffeehaus;
2
3  public class Speise {
4    String name;
5    double preis;
6  }
```

In Eclipse erstellen Sie eine Klasse am einfachsten, indem Sie im Menü File den Unterpunkt New → Class auswählen und die Daten der Klasse in das Formular eintragen. Ein Beispiel sehen Sie in Abbildung 2.7.

Eine Klasse stellt eine Art Schablone dar, mit der wir Instanzen erzeugen können. Um die Klasse Speise in unserem Programm verwenden zu können, müssen wir noch wissen, wie wir Instanzen des Typs Speise erzeugen und auf ihre Instanzvariablen zugreifen können.

Das Erzeugen von Instanzen der Klasse Speise geht genau so wie das Erzeugen der Instanz des Typs ArrayList<String> im vorherigen Beispiel: Wir verwenden den Operator new *Typ*(), in unserem Beispiel also

```
new Speise()
```

Der Zugriff auf Instanzvariablen erfolgt, ähnlich wie ein Methodenaufruf, durch die Syntax *Objektreferenz.Instanzvariable*, allerdings fehlt nach dem Namen der

Abb. 2.7 Erzeugen einer neuen Klasse in Eclipse

Instanzvariablen die Argumentliste. Die Syntax zum Zuweisen eines neuen Wertes an eine Instanzvariable ist so ähnlich wie die Initialisierung einer lokalen Variablen:

Objektreferenz.Instanzvariable = neuerWert;

Mit der folgenden Anweisung kann man also den Instanzvariablen `name` und `preis` einer von der lokalen Variablen `speise` referenzierten Speise neue Werte zuweisen: den Namen "Cappuccino" und einen Preis von 1.95 Euro:

```
speise.name = "Cappuccino";
speise.preis = 1.95;
```

Beachten Sie den Unterschied zwischen lokalen Variablen und Instanzvariablen: Lokale Variablen „gehören" zu einer Methode und können nach ihrer Definition im Rumpf der Methode verwendet werden, indem man ihren Namen hinschreibt. Instanzvariablen gehören dagegen immer zu einem Objekt; um auf eine Instanzvariable zuzugreifen, ist deshalb immer eine Objektreferenz erforderlich. Oft ist diese Objektreferenz, so wie im letzten Beispiel, in einer lokalen Variablen gespeichert und wird vor dem Namen der Instanzvariablen angegeben. Wie wir später sehen werden, ist die Objektreferenz manchmal auch implizit vorhanden und nicht aus dem Quellcode ersichtlich.

Nach diesen Vorbereitungen können wir unser Programm unter Zuhilfenahme der Klasse Speise schreiben. Um uns das am Anfang etwas zu vereinfachen, beschränken wir uns erst einmal wieder darauf, eine einzige Speise zu verwalten. Die Verallgemeinerung auf eine Liste von Speisen wird uns leichter fallen, nachdem wir die Klasse Speise mit einigen zusätzlichen Features ausgestattet haben.

```
1  package de.kompaktkurs_java.kaffeehaus;
2
3  public class DruckeSpeisekarte {
4    public static void main(String[] args) {
5      Speise speise = new Speise();
6      speise.name = "Cappuccino";
7      speise.preis = 1.95;
8      System.out.println("Willkommen im Kaffeehaus Java!");
9      System.out.println("Unsere Empfehlungen:");
10     System.out.format("%18s: %5.2f Euro\n",
11                       speise.name, speise.preis);
12   }
13 }
```

In Zeile 5 deklarieren wir eine lokale Variable speise vom Typ Speise und initialisieren sie mit einer neu erzeugten Instanz dieses Typs. In Zeilen 6 und 7 weisen wir den Instanzvariablen name und preis des in speise gespeicherten Objekts ihre Werte zu. In Zeilen 10–11 drucken wir diese Werte aus. Beachten Sie, wie wir dabei in Zeile 11 auf die Instanzvariablen zugreifen.

Es ist nicht sehr elegant, dass wir die Werte der Instanzvariablen von speise nach der Initialisierung zuweisen müssen; schöner wäre es, wenn wir die Werte angeben könnten, sobald wir eine neue Instanz erzeugen. Außerdem ist in Java der direkte Zugriff auf Instanzvariablen außerhalb der Klassendefinition verpönt. (Einen der Gründe, warum das so ist, werden wir in Kürze sehen.)

Wir überarbeiten deshalb die Definition der Klasse Speise. Zuerst erweitern wir die Klasse um Methoden, die auf die Instanzvariablen zugreifen; in Abschnitt 2.8 führen wir einen Konstruktor ein, der es uns erlaubt, die Instanzvariablen gleich beim Erzeugen einer Instanz zu initialisieren.

```
1  package de.kompaktkurs_java.kaffeehaus;
2
3  public class Speise {
4    private String name;
5    private double preis;
6
7    public String getName() {
8      return name;
```

```
 9    }
10    public void setName(String neuerName) {
11      name = neuerName;
12    }
13    public double getPreis() {
14      return preis;
15    }
16    public void setPreis(double neuerPreis) {
17      preis = neuerPreis;
18    }
19  }
```

In diesem Beispiel sehen wir zum ersten Mal in diesem Kapitel „echte" Methodendefinitionen, nämlich getName, setName, getPreis und setPreis. Bisher haben wir ja, außer für den Sonderfall der main-Methode, nur bereits definierte Methoden verwendet.

Außerdem haben wir in diesem Beispiel erstmals die Sichtbarkeit der einzelnen Elemente angegeben: Die Auszeichnung der Instanzvariablen als private in Zeilen 4 und 5 bedeutet, dass nur innerhalb der Klassendefinition auf die Instanzvariablen zugegriffen werden darf und dass Zugriffe auf die Instanzvariablen von außerhalb der Klassendefinition zu Fehlern führen. Wenn Sie versuchen, die letzte Version unseres Programms DruckeSpeisekarte mit dieser neuen Version der Klasse Speise zu übersetzen oder auszuführen, so meldet Java Ihnen den Fehler, dass Sie nicht auf die Instanzvariablen name und preis zugreifen dürfen, da diese jetzt private sind.

Aber wir haben die Klasse Speise doch gerade deshalb definiert, weil wir den Namen und den Preis einer Speise speichern wollen. Wäre es da nicht sinnvoll, wenn wir irgendwie auf die Instanzvariablen zugreifen könnten?

Deshalb definieren wir in den Zeilen 7–18 vier Methoden, mit denen wir die Werte der Instanzvariablen auslesen und zuweisen können. Derartige Methoden folgen in Java immer der Namenskonvention, die wir hier sehen: Die Methode, die den Wert der Variablen *var* ausliest, hat den Namen get*Var*; man bezeichnet solche Methoden als Getter. Die Methode, die der Instanzvariable *var* einen neuen Wert zuweist, hat den Namen set*Var* und wird als Setter bezeichnet. In unserem Beispiel definieren wir also die Methoden getName, um den Wert der Variablen name auszulesen, und setName, um den Wert dieser Variablen zu setzen. Analog gibt es die Methoden getPreis und setPreis, um den Wert von preis zu lesen und zu schreiben.

Methodendefinitionen haben folgende Form:

Zugriffsrecht Rückgabetyp Methodenname(Parametertyp Parametername,...){
  Methodenrumpf
}

Zugriffsrecht ist entweder public oder private, je nachdem ob die Methode von anderen Klassen aus aufrufbar sein soll oder ob es sich um eine interne Hilfsmethode handelt. Der *Rückgabetyp* ist der Typ des Ergebnisses der Methode, oder void, wenn die Methode kein Ergebnis zurückgibt. Getter-Methoden haben als

Rückgabetyp immer den Typ der zugehörigen Variablen, Setter-Methoden haben immer void als Rückgabetyp. Die Parameterliste einer Methodendefinition beschreibt die Argumente, die beim Aufruf der Methode übergeben werden sollen. Für jeden Parameter wird sein Typ angegeben, und der Bezeichner, mit dem im *Methodenrumpf* auf seinen Wert zugegriffen werden kann. Den Methodennamen zusammen mit den Parametertypen bezeichnet man als die *Signatur* der Methode.

Wir haben in der Klasse Speise folgende Methodendefinition, durch die eine Methode setName mit der Signatur setName(String) definiert wird:

```java
public void setName(String neuerName) {
    name = neuerName;
}
```

Wenn wir in der main-Methode ein Objekt vom Typ Speise erzeugen, können wir nicht mehr direkt einen Wert an die Instanzvariable name zuweisen, da diese jetzt private ist. Wir können aber die setName-Methode aufrufen, wenn wir den Wert von name festlegen oder ändern wollen:

```java
Speise speise = new Speise();
speise.setName("Cappuccino");
```

Was geschieht bei dem Methodenaufruf in der zweiten Zeile? Es wird der Methodenrumpf ausgeführt, indem die Anweisungen im Rumpf der Reihe nach abgearbeitet werden. Im Methodenrumpf können die Parameter der Methode auftreten, im Beispiel der setName-Methode wird im Rumpf der Wert neuerName verwendet. Die Werte dieser Parameter werden durch die beim Methodenaufruf übergebenen Argumente bestimmt: Der *i*-te Parameter bekommt den Wert des *i*-ten Arguments. Im Beispiel haben wir einen Parameter neuerName, und wir übergeben das Argument "Cappuccino", also hat neuerName im Rumpf der Methode den Wert "Cappuccino".

Außerdem gibt es in Java noch eine besondere Regel für den Zugriff auf Instanzvariablen: Wenn wir in einer Methode auf die Instanzvariablen derjenigen Instanz zugreifen wollen, auf der die Methode ausgeführt wird, so können wir dafür einfach den Namen der Instanzvariablen hinschreiben (sofern wir nicht eine lokale Variable definiert haben, die den gleichen Namen hat wie die Instanzvariable). In der Deklaration der Klasse Speise sehen wir das z.B. in der Methode setName: Wenn wir speise.setName(...) aufrufen, so wollen wir den Wert der Instanzvariablen name des Objekts speise ändern. Im Methodenrumpf greifen wir, in Zeile 11, auf diese Instanzvariable zu, indem wir einfach ihren Namen name hinschreiben. Eine ähnliche Regel gilt für den Aufruf von Methoden: Wenn wir im Rumpf einer Methodendeklaration auf eine andere Methode der gleichen Klasse zugreifen wollen, so können wir dazu einfach den Methodennamen hinschreiben, ohne dass wir eine Objektreferenz voranstellen müssen. Diese Art Methoden aufzurufen werden wir z.B. für die Methoden setName und setPreis in der Deklaration der Klasse Speise auf Seite 37 sehen.

Wir können uns vorstellen, dass der Methodenaufruf automatisch durch folgenden Code ersetzt wird:

```
// Kein zulässiger Java-Code!
// Wert von neuerName ist das erste übergebene Argument.
String neuerName = "Cappuccino";
// Nach der Initialisierung der Parameter wird der Rumpf der Methode ausgeführt.
// Dabei werden Zugriffe auf Instanzvariablen automatisch mit dem Objekt
// qualifiziert, auf dem die Methode aufgerufen wird.
speise.name = neuerName;
```

Dieser Code ist kein zulässiges Java Programm, weil `name` in der Klasse `Speise` als `private` deklariert ist und der Zugriff mit `speise.name` deshalb von außerhalb der Klasse nicht möglich ist, aber er beschreibt, was prinzipiell beim Methodenaufruf vorgeht.

In der Definition der Getter-Methoden (Zeilen 8 und 14) kommen `return`-Anweisungen vor. Eine `return`-Anweisung hat zwei miteinander verwandte Aufgaben:

- Wenn eine `return`-Anweisung während der Ausführung einer Methode vorkommt, so wird die Abarbeitung der Methode an dieser Stelle beendet und der Rest des Methodenrumpfes wird nicht mehr ausgeführt.
- Falls dabei nach dem Wort `return` ein Ausdruck steht, so wird der Wert des Ausdrucks als Rückgabewert der Methode verwendet.

Wenn eine Methode mit Rückgabetyp `void` deklariert ist, so darf keine der im Rumpf vorkommenden `return`-Anweisungen ein Argument haben. Wenn hingegen eine Methode einen anderen Typ als `void` hat, so muss diese Methode immer durch eine `return`-Anweisung beendet werden und jede im Rumpf vorkommende `return`-Anweisung muss ein Argument vom richtigen Typ haben. In der Klasse `Speise` sehen wir, dass in der Methode `getName` eine `return`-Anweisung mit einem Argument vom Typ `String` vorkommt, denn `name` ist eine Instanzvariable vom Typ `String`. Ebenso wird `getPreis` durch eine `return`-Anweisung mit einem Argument vom Typ `double` beendet. Die beiden Setter-Methoden haben den Rückgabetyp `void` und benötigen deshalb keine `return`-Anweisung. Wenn wir eine (überflüssige) `return`-Anweisung einfügen wollten, so müssten wir das in der folgenden Form machen:

```
public void setName(String neuerName) {
  name = neuerName;
  return;
}
```

Nach der `return`-Anweisung steht also in diesem Fall kein Argument, weil die Methode mit Rückgabetyp `void` definiert ist. Beachten Sie, dass eine `return`-Anweisung kein Methodenaufruf ist; nach `return` steht keine Argumentliste, sondern entweder gar nichts oder ein einzelner Ausdruck. Bei void-Methoden müssen Sie deshalb nach `return` keine Klammern schreiben. Wenn nach dem Schlüsselwort `return` ein Argument steht, so muss es, anders als die Argumentliste bei Methoden, nicht in Klammern eingeschlossen werden.

Bevor wir die Klasse Speise in unserem Beispiel einsetzen, wenden wir uns erst noch einmal der Erzeugung von Objekten zu. Es wäre aber keine schlechte Übung, wenn Sie versuchen würden, die letzte Version des Programms so abzuändern, dass das Programm mit der Definition der Klasse Speise aus diesem Abschnitt funktioniert.

2.8 Konstruktoren

Wir haben in der letzten Version den direkten Zugriff auf die Instanzvariablen der Klasse Speise verboten. Das zweite Problem mit dieser Klasse war die umständliche Konstruktion der Instanzen: Wir mussten erst eine Instanz erzeugen, bevor wir die Werte der Instanzvariablen zuweisen konnten. Es wäre besser, wenn wir die Instanzvariablen gleich bei der Erzeugung des Objekts mit Werten belegen könnten. Das ermöglicht Java durch sogenannte Konstruktoren.

Eine Konstruktordefinition ist syntaktisch sehr ähnlich zu einer Methodendefinition, die den gleichen Namen hat wie die Klasse, in der sie definiert wird. Allerdings wird bei Konstruktoren kein Rückgabetyp angegeben.

Wenn in einer Klasse ein Konstruktor definiert ist, so wird dieser Konstruktor immer ausgeführt, nachdem eine neue Instanz der Klasse erzeugt wurde. Im Rumpf des Konstruktors können dann z.B. die Instanzvariablen der neu erzeugten Instanz initialisiert werden. Ein Konstruktor kann, genau wie eine Methode, Parameter besitzen; wie in einer normalen Methode können Sie im Rumpf des Konstruktors durch die Parameternamen auf die Werte der übergebenen Argumente zugreifen. Die Namen von Instanzvariablen beziehen sich in einem Konstruktor immer auf das gerade erzeugte Objekt.

Hier ist eine Version der Klasse Speise, in der wir einen Konstruktor definieren, der zwei Parameter hat:

```
1  package de.kompaktkurs_java.kaffeehaus;
2
3  public class Speise {
4    private String name;
5    private double preis;
6
7    public Speise(String neuerName, double neuerPreis) {
8      name = neuerName;
9      preis = neuerPreis;
10   }
11
12   public String getName() {
13     return name;
14   }
15   public void setName(String neuerName) {
16     name = neuerName;
17   }
```

```
18   public double getPreis() {
19     return preis;
20   }
21   public void setPreis(double neuerPreis) {
22     preis = neuerPreis;
23   }
24 }
```

Der Konstruktor in Zeilen 7–10 arbeitet ähnlich wie die Setter `setName` und `set-Preis` und weist den beiden Instanzvariablen `name` und `preis` die als Argumente übergebenen Werte zu. Wo kommen diese Argumente her? Sie werden beim Aufruf des `new`-Operators in der Argumentliste übergeben. Statt mit `new Speise()` erzeugen wir jetzt eine Speise, indem wir Werte für die zwei im Konstruktor angegebenen Parameter übergeben, z.B.

```
new Speise("Cappuccino", 1.95)
```

Beachten Sie, dass Sie beim Erzeugen von Instanzen des Typs `Speise` jetzt immer zwei Argumente übergeben müssen; das Erzeugen von Instanzen mit `new Speise()` ist nicht mehr möglich, nachdem Sie den Konstruktor definiert haben. Im folgenden Beispiel sehen wir die Verwendung der neuesten Version von `Speise` in einem vollständigen Programm:

```
1  package de.kompaktkurs_java.kaffeehaus;
2
3  public class DruckeSpeisekarte {
4    public static void main(String[] args) {
5      Speise speise = new Speise("Cappuccino", 1.95);
6      System.out.println("Willkommen im Kaffeehaus Java!");
7      System.out.println("Unsere Empfehlungen:");
8      System.out.format("%18s: %5.2f Euro\n",
9                        speise.getName(), speise.getPreis());
10   }
11 }
```

In Zeile 5 erzeugen wir eine neue Speise; dabei wird der Konstruktor aufgerufen und initialisiert die Instanzvariablen der neu erzeugten Instanz. In Zeile 9 greifen wir mittels der Getter auf die Werte der Instanzvariablen des neu erzeugten Objekts zu.

2.9 Und jetzt alles zusammen...

Nachdem wir jetzt die Klasse `Speise` definiert haben, ist es eine leichte Übung, wieder zu einer Liste von Speisen überzugehen.

Im Beispiel auf Seite 24 haben wir eine Liste vom Typ `ArrayList<String>` verwendet, um die Namen darzustellen; darin haben wir die drei `String`-Instanzen `"Cappuccino"`, `"Latte Macchiato"` und `"Kuchen"` gespeichert. Um jetzt unseren neuen Typ `Speise` ins Spiel zu bringen, verwenden wir eine Liste vom Typ

ArrayList<Speise>, um über die Speisen in unserer Speisekarte Buch zu führen. Darin speichern wir drei Instanzen des Typs Speise, die als Wert der Instanzvariablen name "Cappuccino", "Latte Macchiato" und "Kuchen" haben. Der Rest des Programms funktioniert dann mit nur kleinen Änderungen:

```java
package de.kompaktkurs_java.kaffeehaus;

import java.util.ArrayList;

public class DruckeSpeisekarte {
  public static void main(String[] args) {
    ArrayList<Speise> speisen = new ArrayList<Speise>();

    speisen.add(new Speise("Cappuccino", 1.95));
    speisen.add(new Speise("Latte Macchiato", 2.95));
    speisen.add(new Speise("Kuchen", 2.55));

    System.out.println("Willkommen im Kaffeehaus Java!");
    System.out.println("Unsere Empfehlungen:");

    for (Speise speise : speisen) {
      System.out.format("%18s: %5.2f Euro\n",
                        speise.getName(),
                        speise.getPreis());
    }
  }
}
```

In Zeile 7 deklarieren wir eine lokale Variable speisen und initialisieren sie mit einer leeren Liste. In den Zeilen 9–11 erzeugen wir jeweils eine neue Instanz der Klasse Speise und fügen sie gleich zur Liste speisen hinzu. In Zeilen 16–20 verwenden wir wieder eine for-Schleife, um Namen und Preis der gespeicherten Speisen auszudrucken.

2.10 Mehr Objektorientierung

Mittlerweile sieht unser Beispiel schon wie ein vernünftiges Java-Programm aus: Wir verwenden Objekte, um die Daten von Speisen zu speichern, und greifen dann auf die darin gespeicherten Daten zu, um die Karte auszudrucken. Allerdings sind unsere Objekte im Moment noch „dumme" Instanzen: Sie haben nur Speicherplatz für Instanzvariablen und Methoden, die auf diesen Speicherplatz zugreifen und den Wert einer Instanzvariablen zurückgeben oder ändern. Die ganze Arbeit erfolgt nach wie vor in der main-Methode. Eines der Grundprinzipien der Objektorientierung ist aber, dass Daten und die Funktionalität, sie zu verarbeiten, zusammengehören. Das wollen wir jetzt in unserem Programm einführen.

Die einzige Arbeit, die unser Programm im Moment erledigt, ist die Formatierung der Speisekarte. Die main-Methode sollte aber eigentlich nicht genau Bescheid wissen müssen, wie jeder einzelne Eintrag ausgegeben werden muss. Statt dessen sollte sie zu jeder Speise sagen: „Formatiere deine Daten", und die Speise sollte diese Aufgabe selbständig erledigen. Um das zu erreichen, fügen wir eine neue Methode druckeNameUndPreis zur Klasse Speise hinzu:

```java
package de.kompaktkurs_java.kaffeehaus;

public class Speise {
  private String name;
  private double preis;

  public Speise(String neuerName, double neuerPreis) {
    name = neuerName;
    preis = neuerPreis;
  }

  public String getName() {
    return name;
  }
  public void setName(String neuerName) {
    name = neuerName;
  }
  public double getPreis() {
    return preis;
  }
  public void setPreis(double neuerPreis) {
    preis = neuerPreis;
  }

  public void druckeNameUndPreis() {
    System.out.format("%18s: %5.2f Euro\n", name, preis);
  }
}
```

Wie der Name der Methode sagt, druckt sie den Namen und den Preis der Speise aus. Damit können wir unser Hauptprogramm etwas vereinfachen:

```java
package de.kompaktkurs_java.kaffeehaus;

import java.util.ArrayList;

public class DruckeSpeisekarte {
  public static void main(String[] args) {
    ArrayList<Speise> speisen = new ArrayList<Speise>();

```

```
 9     speisen.add(new Speise("Cappuccino", 1.95));
10     speisen.add(new Speise("Latte Macchiato", 2.95));
11     speisen.add(new Speise("Kuchen", 2.55));
12
13     System.out.println("Willkommen im Kaffeehaus Java!");
14     System.out.println("Unsere Empfehlungen:");
15
16     for (Speise speise : speisen) {
17       speise.druckeNameUndPreis();
18     }
19   }
20 }
```

Die wesentliche Änderung ist Zeile 17: Statt die einzelnen Einträge direkt zu drucken, reicht unser Hauptprogramm die Arbeit an die einzelnen Speisen weiter. Zugegebenermaßen ist der Gewinn in diesem kleinen Beispielprogramm gering, aber bei größeren Programmen kann eine solche Änderung der Struktur die Verständlichkeit des Programms deutlich erhöhen.

2.11 Bedingungen

Wir wollen jetzt noch eine weitere Verbesserung an unserer Klasse `Speise` vornehmen und dabei ein weiteres wichtiges Sprachkonstrukt von Java einführen. Außerdem zeigen wir hier ein erstes Beispiel dafür, warum der Zugriff durch Getter und Setter dem direkten Zugriff auf Instanzvariablen vorzuziehen ist.

Im Moment ist es möglich, Speisen mit negativem Preis zu erzeugen:

```
new Speise("Kirschtorte", -3.00)
```

So lange wir unser Programm nur zum Ausdrucken der Speisekarte verwenden, sind derartige Einträge lediglich Schönheitsfehler. Wenn wir aber unser Programm irgendwann um eine automatische Rechnungsstellung erweitern wollen, können solche falsch eingetragenen Speisen dazu führen, dass wir falsche Rechnungen ausstellen.

Wie könnten wir es verhindern, dass Einträge mit negativem Preis von unserem Programm akzeptiert werden?

An dieser Stelle zahlt es sich aus, dass wir einen Konstruktor und Setter eingeführt haben, um auf die Attribute von `Speise` zuzugreifen: Wenn wir im Konstruktor die Erzeugung von Speisen mit negativem Preis verbieten und auch im Setter von `preis` nur positive Preise zulassen, so ist es unmöglich, dass wir im Programm einen Eintrag mit negativem Preis erhalten.

Um nicht zu viele neue Konzepte einführen zu müssen, wollen wir folgendes Verhalten implementieren: *Wenn* eine Speise mit einem positiven Preis erzeugt werden soll, *dann* erzeugen wir sie genau so wie bisher, *sonst* ändern wir den Preis auf

0.0 Euro; ebenso ändern wir im Setter negative Preise in den Wert 0.0 ab. Noch besser wäre es, einen Fehler zu signalisieren, aber dazu kommen wir erst in Kapitel 11.

Um den benötigten Ablauf der Form *wenn—dann—sonst* zu implementieren, benötigen wir die if-Anweisung:

```java
if (Bedingung) {
    Code für wahre Bedingung
}
else {
    Code für falsche Bedingung
}
```

In der if-Anweisung wird eine *Bedingung* überprüft und je nach Wert der Bedingung wird der *Code für wahre Bedingung* oder der *Code für falsche Bedingung* ausgeführt. Die *Bedingung* ist ein Ausdruck vom Typ boolean, also einer der Werte true oder false. Wir werden in Kapitel 5 mehr zum Typ boolean sagen, im Moment genügt es zu wissen, dass wir Werte vom Typ int und double mit den Operatoren =, <, <=, > und >= (Gleichheit, echt kleiner, kleiner oder gleich, echt größer, größer oder gleich) vergleichen können. Mit der if-Anweisung können wir das gewünschte Verhalten folgendermaßen realisieren:

```java
 1  package de.kompaktkurs_java.kaffeehaus;
 2
 3  public class Speise {
 4    private String name;
 5    private double preis;
 6
 7    public Speise(String neuerName, double neuerPreis) {
 8      name = neuerName;
 9      if (neuerPreis > 0.0) {
10        preis = neuerPreis;
11      }
12      else {
13        preis = 0.0;
14      }
15    }
16
17    public String getName() {
18      return name;
19    }
20    public void setName(String neuerName) {
21      name = neuerName;
22    }
23    public double getPreis() {
24      return preis;
25    }
26    public void setPreis(double neuerPreis) {
```

```
27    if (neuerPreis > 0.0) {
28      preis = neuerPreis;
29    }
30    else {
31      preis = 0.0;
32    }
33  }
34
35  public void druckeNameUndPreis() {
36    System.out.format("%18s: %5.2f Euro\n",
37                      name, preis);
38  }
39 }
```

In den Zeilen 9–14 überprüfen wir den Wert des Parameters neuerPreis und setzen den Wert der Instanzvariablen preis wie gerade besprochen. In den Zeilen 27–32 implementieren wir die gleiche Logik in der Methode setPreis. Da wir in der letzten Version unseres Programms DruckeSpeisekarte (S. 34) nur über Getter und Setter auf die Werte der Instanzvariablen zugreifen, funktioniert das Programm ohne Änderungen mit der verbesserten Version der Klasse Speise.

Es ist eine gute Übung, wenn Sie die main-Methode so ändern, dass einige Speisen mit negativem Preis zur Speisekarte hinzugefügt werden, und das Verhalten des Programms mit den zwei Versionen der Klasse Speise testen.

In der letzten Version der Klasse Speise kommt der Code, der überprüft, ob der Preis negativ ist, zweimal in identischer Form vor. Wenn wir z.B. zusätzliche Prüfungen einführen wollen, müssen wir immer daran denken, dass wir beide Stellen im Programm konsistent ändern. Bei größeren Programmen kann das leicht zu Fehlern führen; deshalb sollten Sie sich von Anfang an angewöhnen, solche Situationen in Ihren Programmen zu vermeiden: Jede Funktionalität sollte im Programm an nur einer einzigen Stelle implementiert werden. Diese Feststellung wird oft das *DRY-Prinzip (Don't Repeat Yourself)* genannt. Wir geben deshalb eine weitere Version der Klasse Speise an, in der wir im Konstruktor die Setter-Methoden aufrufen und damit den Test nur an einer Stelle angeben müssen.

```
1  package de.kompaktkurs_java.kaffeehaus;
2
3  public class Speise {
4    private String name;
5    private double preis;
6
7    public Speise(String neuerName, double neuerPreis) {
8      setName(neuerName);
9      setPreis(neuerPreis);
10   }
11
12   public String getName() {
```

```
13      return name;
14    }
15    public void setName(String neuerName) {
16      name = neuerName;
17    }
18    public double getPreis() {
19      return preis;
20    }
21    public void setPreis(double neuerPreis) {
22      if (neuerPreis > 0.0) {
23        preis = neuerPreis;
24      }
25      else {
26        preis = 0.0;
27      }
28    }
29
30    public void druckeNameUndPreis() {
31      System.out.format("%18s: %5.2f Euro\n",
32                        name, preis);
33    }
34  }
```

2.12 Einlesen von Daten

Im Moment müssen wir die Daten unseres Programms im Programmcode angeben,
weil wir noch keine Möglichkeit zum Eingeben von Daten kennen. Damit wir in
den folgenden Kapiteln interessantere Beispielprogramme schreiben können, stellen
wir Ihnen hier eine Möglichkeit vor, Daten von der Konsole oder von einer Datei
einzulesen.

Wir ändern das Programm zuerst so ab, dass der Benutzer die Daten für eine
einzige Speise eingeben kann:

```
1  package de.kompaktkurs_java.kaffeehaus;
2
3  import java.util.ArrayList;
4  import java.util.Scanner;
5
6  public class DruckeSpeisekarte {
7    public static void main(String[] args) {
8      ArrayList<Speise> speisen = new ArrayList<Speise>();
9      Scanner s = new Scanner(System.in);
10
11     System.out.println("Daten für eine Speise:");
```

```
12
13        System.out.print("Name: ");
14        String name = s.nextLine();
15        System.out.print("Preis: ");
16        double preis = s.nextDouble();
17        speisen.add(new Speise(name, preis));
18
19        System.out.println("Willkommen im Kaffeehaus Java!");
20        System.out.println("Unsere Empfehlungen:");
21
22        for (Speise speise : speisen) {
23          speise.druckeNameUndPreis();
24        }
25      }
26    }
```

Wir verwenden in diesem Programm die Klasse Scanner aus der Java-Standardbibliothek, um Daten von der Konsole einzulesen: Die Zeichen, die der Benutzer
auf der Konsole tippt, werden von Java in einer Datenstruktur gespeichert, aus der
sie von unserem Programm wieder ausgelesen werden können. Diese Datenstruktur
wird as *Stream* oder *Strom* bezeichnet; der Eingabestrom der Konsole wird von der
JVM unter dem Namen System.in bereitgestellt. Ein Stream ist zunächst einfach
eine Folge von Zeichen, die von Java nicht weiter interpretiert werden. Wir wollen
die Eingabe aber zeilenweise lesen und die eingelesenen Werte als String bzw.
double-Werte interpretieren. Eine einfache Möglichkeit, das zu erreichen, ist die
Klasse Scanner, die es ermöglicht, einen Stream zeilenweise zu lesen oder Werte
eines bestimmten Typs von einem Stream zu lesen.

Wir erzeugen zunächst in Zeile 9 eine Scanner-Instanz, die den Eingabestrom
der Konsole verarbeitet. In Zeile 13 fordern wir den Anwender auf, den Namen
einer Speise einzugeben. Dazu verwenden wir die print-Methode von System.out.
Diese Methode ist sehr ähnlich zu println, gibt aber am Ende der Ausgabe keinen
Zeilenvorschub aus.

In Zeile 14 lesen wir mit der Methode nextLine die nächste Zeile von der Konsole ein und speichern das Ergebnis in der lokalen Variable name. Die Methode
nextLine liest so lange Zeichen vom Eingabestrom ein, bis sie einen Zeilenvorschub findet, und gibt dann die vorher eingelesenen Zeichen als String zurück.
Falls der Stream keine Zeichen mehr enthält und noch kein Zeilenvorschub gefunden wurde, wartet nextLine auf neue Eingaben des Benutzers und liest so lange
Zeichen ein, bis der Benutzer irgendwann einen Zeilenvorschub eingibt. Ebenso
versucht nextDouble einen double-Wert vom Eingabestrom zu lesen; wir verwenden diese Methode in Zeile 16, um einen double-Wert vom Benutzer zu erhalten
und die Variable preis damit zu initialisieren.

Um mehrere Speisen eingeben zu können, benötigen wir wieder eine Schleife.
Allerdings ist die for-Schleife, die wir in Abschnitt 2.6 kennen gelernt haben, nicht
geeignet: Wir haben keine bereits existierende Liste, deren Elemente wir durchlaufen wollen, und wir wissen auch nicht, wie viele Speisen der Benutzer in die Speise-

karte eintragen will. Deswegen verwenden wir eine andere, einfachere Schleifenart: die while-Schleife. Eine while-Schleife hat die folgende Form:

```
while (Bedingung) {
  Schleifenrumpf
}
```

Am Anfang eines Durchlaufs durch eine while-Schleife wird die *Bedingung* der Schleife überprüft; wenn sie wahr ist, wird der Rumpf ausgeführt und ein neuer Durchlauf der Schleife gestartet; wenn die *Bedingung* falsch ist, wird die Schleife beendet, ohne dass der Rumpf ausgeführt wird. Mit einer while-Schleife können wir die Eingabe einer beliebigen Anzahl von Speisen folgendermaßen implementieren:

```
 1  package kaffeehaus;
 2
 3  import java.util.ArrayList;
 4  import java.util.Scanner;
 5
 6  public class DruckeSpeisekarte {
 7    public static void main(String[] args) {
 8      ArrayList<Speise> speisen = new ArrayList<Speise>();
 9      Scanner s = new Scanner(System.in);
10      String neueSpeiseEingeben = "ja";
11
12      while (neueSpeiseEingeben.equals("ja")) {
13        System.out.println("Daten für eine Speise:");
14        System.out.print("Name: ");
15        String name = s.nextLine();
16        System.out.print("Preis: ");
17        double preis = s.nextDouble();
18        s.nextLine();
19
20        speisen.add(new Speise(name, preis));
21
22        System.out.print("Neue Speise eingeben? ");
23        neueSpeiseEingeben = s.nextLine();
24      }
25
26      System.out.println("Willkommen im Kaffeehaus Java!");
27      System.out.println("Unsere Empfehlungen:");
28
29      for (Speise speise : speisen) {
30        speise.druckeNameUndPreis();
31      }
32    }
33  }
```

In Zeile 10 führen wir eine `String`-Variable ein, in der wir die Benutzereingabe auf die Frage „Neue Speise eingeben?" speichern. Da der Benutzer mindestens eine Speise eingeben soll, initialisieren wir die Variable mit dem Wert `"ja"`. Danach führen wir die `while`-Schleife aus, mit der wir die Speisekarteneinträge einlesen.

In der Bedingung der Schleife überprüfen wir, ob der Benutzer `"ja"` eingegeben hat. Wenn das der Fall ist, wird der Rumpf der Schleife ausgeführt. Um zwei Strings auf Gleichheit zu überprüfen, verwendet man in Java immer die `equals`-Methode; `neueSpeiseEingeben.equals("ja")` überprüft, ob der von `neueSpeiseEingeben` referenzierte String den Wert `"ja"` hat. Wenn das der Fall ist, ergibt der Methodenaufruf den Wahrheitswert `true`, andernfalls den Wert `false`.

In den Zeilen 13–17 lesen wir wieder Name und Preis der Speise ein. Da die Methode `nextDouble` den Zeilenvorschub nach der Eingabe des Preises nicht liest, rufen wir in Zeile 18 die Methode `nextLine` auf, um einen Zeilenvorschub zu entfernen. Wenn wir das nicht machen würden, würde die Schleife immer nach einer Durchführung beendet, da wir diesen Zeilenvorschub dann in Zeile 23 lesen würden und somit `neueSpeise` nach dem Schleifenrumpf immer der leere String wäre.

In Zeile 20 erzeugen wir aus den eingelesenen Werten eine neue Speise und speichern eine Referenz auf diese Speise in der Liste `speisen`. Danach fragen wir den Benutzer, ob er noch eine Speise eingeben will, und speichern die Antwort in der Variablen `neueSpeiseEingeben`.

An dieser Stelle ist der Schleifenrumpf beendet und die Bedingung der Schleife wird erneut überprüft. Wenn der Benutzer `ja` eingegeben hat, wird die Schleife nochmals ausgeführt; bei jeder anderen Eingabe wird die Schleife beendet und in Zeilen 25–31 die Speisekarte ausgegeben.

2.13 Vererbung

Im Moment unterscheiden wir in unserer Speisekarte nicht zwischen Speisen und Getränken, jeder Eintrag enthält genau die gleiche Information. Es wäre aber sinnvoll, z.B. für Getränke die Menge anzugeben und auf der Speisekarte auszudrucken.

Eine Möglichkeit, das zu implementieren, wäre allen Speisen eine zusätzliche Instanzvariable `menge` zu geben und einen speziellen Wert (z.B. `-1.0`) einzutragen, wenn eine Mengenangabe nicht sinnvoll ist. Eine derartige Lösung ist aber schwer verständlich und fehleranfällig. Außerdem würden wir bei komplexeren Aufgabenstellungen Objekte mit sehr vielen Instanzvariablen erhalten, von denen in jedem Objekt nur ein kleiner Prozentsatz aller vorhandenen Variablen sinnvoll wäre.

Könnten wir nicht versuchen, eine Klasse `Getränk` zu definieren, die alle für Getränke benötigten Informationen enthält? Unsere Liste `speisen` würde dann sowohl Einträge vom Typ `Speise` als auch Einträge vom Typ `Getränk` enthalten, die alle benötigten Informationen in Instanzvariablen speichern und richtig auf dem Bildschirm ausgeben.

Im Prinzip ist das genau die richtige Idee, allerdings stoßen wir bei dem Versuch, diese Lösung in Java mit den bisher behandelten Sprachkonstrukten zu implementieren auf zwei Probleme: Ein Großteil der benötigten Information (Name, Preis) ist für Speisen und Getränke identisch, trotzdem müssen wir die Definitionen der Instanzvariablen, Getter und Setter in beiden Klassen wiederholen. Damit verstoßen wir gegen das oben erwähnte DRY-Prinzip. Ein zweites Problem ist, dass wir keinen geeigneten Typ für eine Liste angeben können, die sowohl Speisen als auch Getränke enthält. Um diese Probleme zu lösen, führen wir jetzt noch ein weiteres, sehr mächtiges Prinzip ein: die *Vererbung*. Hier können wir dieses Thema natürlich nur anreißen, in den Kapiteln 8 und 9 werden wir wesentlich ausführlicher darauf eingehen.

Der Grundgedanke hinter Vererbung ist leicht zu verstehen. Speisen und Getränke sind in unserem Programm recht nah miteinander verwandt: Es sind verschiedene Arten von Einträgen in unserer Speisekarte, die einerseits ähnliche Daten und Funktionalität anbieten sollen, andererseits aber gewisse Unterschiede voneinander aufweisen. Vererbung bietet die Möglichkeit, diesen Zusammenhang im Programm auszudrücken.

Bei der Vererbung sind immer mindestens zwei Klassen im Spiel: eine *Basis-* oder *Oberklasse* und eine *abgeleitete Klasse* oder *Unterklasse*. Man sagt, die abgeleitete Klasse *erbt* von der Oberklasse. Inhaltlich bedeutet Vererbung, dass die abgeleitete Klasse eine spezielle Variante der Basisklasse ist. Wenn eine Klasse A von einer Klasse B erbt, dann können wir Instanzen von A fast überall einsetzen, wo Instanzen von B erlaubt sind: Wir können Instanzen von A an Variablen vom Typ B zuweisen, wir können sie als Argumente an Methodenparameter vom Typ B übergeben, wir können sie in Listen des Typs ArrayList<B> speichern, usw.

Wie verwenden wir Vererbung im Programm für unser Kaffeehaus? Ist ein Getränk eine spezielle Variante einer Speise oder ist eine Speise eine spezielle Art von Getränk? Weder noch! Statt dessen sind sowohl Speisen als auch Getränke in unserem Programm spezielle Arten von Einträgen in die Speisekarte. Wir definieren deshalb eine neue Klasse Speisekarteneintrag, die diejenigen Daten und Methoden enthält, die für alle Speisekarteneinträge relevant sind. Diese Klasse ist sehr ähnlich zur bisherigen Version von Speise:

```
package de.kompaktkurs_java.kaffeehaus;

public class Speisekarteneintrag {
    protected String name;
    private double preis;

    public Speisekarteneintrag(String name, double preis) {
        setName(name);
        setPreis(preis);
    }

    public String getName() {
        return name;
    }
    public void setName(String neuerName) {
```

```
16        name = neuerName;
17     }
18     public double getPreis() {
19        return preis;
20     }
21     public void setPreis(double neuerPreis) {
22        if (neuerPreis > 0.0) {
23           preis = neuerPreis;
24        }
25        else {
26           preis = 0.0;
27        }
28     }
29
30     public void druckeEintrag() {
31        System.out.format("%18s: €%5.2f\n", name, preis);
32     }
33 }
```

Wir haben die Methode druckeNameUndPreis in druckeEintrag umbenannt, da
Einträge in der Speisekarte jetzt nicht nur Namen und Preis enthalten können. Außerdem haben wir die Zugriffsberechtigung der Instanzvariable name von private
auf protected geändert. Auf Instanzvariablen mit Zugriffsrecht private darf nur
die Klasse selber zugreifen; auch Unterklassen haben keinen direkten Zugriff. Das
Zugriffsrecht protected dagegen erlaubt Unterklassen den direkten Zugriff auf die
Instanzvariable. In unserem Beispiel ist das nicht wichtig, da die Unterklassen auch
über die Getter auf die Instanzvariablen zugreifen könnten. Wenn eine Klasse für
eine Instanzvariable keine Getter und Setter anbietet, Unterklassen aber Zugriff auf
diese Instanzvariable benötigen, dann ist es erforderlich, sie mit der Sichtbarkeit
protected zu versehen. Um zu verhindern, dass Unterklassen den Setter von preis
umgehen, haben wir das Zugriffsrecht auf preis unverändert gelassen.

Die Klasse Speise erbt jetzt von Speisekarteneintrag. Das wird in der Implementierung durch das Schlüsselwort extends angezeigt. Durch die Vererbung
erhält Speise alle Attribute und Methoden der Klasse Speisekarteneintrag, die
Implementierung ist daher sehr einfach:

```
1 package de.kompaktkurs_java.kaffeehaus;
2
3 public class Speise extends Speisekarteneintrag {
4    public Speise(String name, double preis) {
5       super(name, preis);
6    }
7 }
```

Wir müssen nur den Konstruktor neu implementieren und darin alle Instanzvariablen initialisieren. Am Einfachsten geht das, wenn wir dazu den Konstruktor der
Oberklasse verwenden. Das geschieht in Zeile 5: Als erste Anweisung in einer Kon-

struktordeklaration dürfen wir mit der speziellen Syntax super(...) einen Konstruktor der Superklasse aufrufen. Da die Klasse Speise keine eigenen Instanzvariablen deklariert, genügt der Aufruf des Superklassenkonstruktors, um die Speise-Instanz vollständig zu initialisieren.

Auch die Klasse Getraenk erbt von Speisekarteneintrag. Allerdings erweitern wir diese Klasse um eine zusätzliche Instanzvariable, damit wir die angebotene Menge speichern können:

```
package de.kompaktkurs_java.kaffeehaus;

public class Getraenk extends Speisekarteneintrag {
  private int menge;

  public Getraenk(String name, double preis, neueMenge) {
    super(name, preis);
    menge = neueMenge;
  }
}
```

Die Deklaration von Getraenk ist analog zu der von Speise: Der Großteil des Zustandes und Verhaltens wird von Speisekarteneintrag geerbt. Im Konstruktor rufen wir den Konstruktor der Superklasse auf, um die Instanz zu initialisieren; zusätzlich müssen wir der neu hinzugekommenen Instanzvariablen menge noch einen Wert zuweisen. Um Platz zu sparen, haben wir auf die Deklaration von Getter und Setter für menge verzichtet.

Allerdings wollten wir für jedes Getränk auch die Menge auf der Speisekarte ausgeben. Die geerbte Methode druckeEintrag weiß aber nichts von der Existenz dieser Instanzvariable und kann sie deshalb auch bei der Ausgabe nicht berücksichtigen. Was können wir tun?

Hier kommt ein weiteres wichtiges Merkmal der Vererbung ins Spiel: In Unterklassen können wir Methoden der Oberklasse *überschreiben*. Zum Überschreiben von druckeEintrag deklarieren wir in Getraenk eine Methode mit der gleichen Signatur (also mit dem Namen druckeEintrag und mit leerer Argumentliste). Um deutlich zu machen, dass wir eine geerbte Methode überschreiben, schreiben wir eine @Override-Annotation an die Methodendeklaration. *Annotationen* sind Hinweise an den Compiler, die zwar nichts an der Bedeutung des Programms ändern, es dem Compiler aber z.B. ermöglichen, zusätzliche Fehler zu finden. Wenn wir eine Methode mit der Annotation @Override kennzeichnen, überprüft der Compiler, ob die Methode wirklich in der Superklasse vorhanden ist und gibt eine Warnung aus, falls das nicht der Fall ist. Wenn wir uns also bei der Definition der überschreibenden Methode vertippen oder wenn wir irgendwann die Signatur der überschriebenen Methode ändern, bekommen wir eine Warnung vom Compiler, sofern wir @Override-Annotationen angegeben haben.

```
package de.kompaktkurs_java.kaffeehaus;

public class Getraenk extends Speisekarteneintrag {
```

```java
  private int menge;

  public Getraenk(String name, double preis, int menge) {
    super(name, preis);
    this.menge = menge;
  }

  @Override
  public void druckeEintrag() {
    System.out.format("%18s, %3d ml: €%5.2f\n",
                      name, menge, getPreis());
  }
}
```

In der neuen Implementierung von druckeEintrag geben wir die Flüssigkeitsmenge mit aus. Wie geht Java mit einer solchen überschriebenen Methode um?

Wie wir oben besprochen haben, kann eine Variable se vom Typ Speisekarteneintrag sowohl Objekte vom Typ Speise als auch Objekte vom Typ Getraenk referenzieren. Wenn wir jetzt die Methode se.druckeEintrag() aufrufen, dann überprüft Java, ob das von se referenzierte Objekt eine Instanz von Getraenk ist. Wenn das der Fall ist, verwendet Java die in der Klassendeklaration von Getraenk definierte Methode, andernfalls die Methode aus Speisekarteneintrag. Damit können wir die endgültige Version von DruckeSpeisekarte so schreiben:

```java
package de.kompaktkurs_java.kaffeehaus;

import java.util.ArrayList;

public class DruckeSpeisekarte {
  public static void main(String args) {
    ArrayList<Speisekarteneintrag> eintraege
                        = new ArrayList<Speisekarteneintrag>();

    eintraege.add(new Speise("Schinkennudeln", 6.5));
    eintraege.add(new Speise("Fitness-Salat", 8.5));
    eintraege.add(new Getraenk("Mineralwasser", -1.5, 750));
    eintraege.add(new Getraenk("Bier", 2.8, 500));

    System.out.println("Willkommen im Kaffeehaus Java!");
    System.out.println("Unsere Empfehlungen:");

    for (Speisekarteneintrag se : eintraege) {
      se.druckeEintrag();
    }
  }
}
```

Wir haben dabei der Einfachheit halber die Speisekarteneinträge wieder direkt im Programm erzeugt; das Einlesen der Daten von der Konsole geht aber genau wie im letzten Abschnitt. Wir speichern alle Einträge in einer Liste `eintraege` vom Typ `ArrayList<Speisekarteneintrag>`. In den Zeilen 10 und 11 fügen wir zwei Speisen zur Speisekarte hinzu, in den Zeilen 12 und 13 zwei Getränke. In Zeile 12 geben wir für das Mineralwasser einen negativen Preis an. In den Zeilen 18–20 geben wir die Einträge der Speisekarte aus und erhalten

```
Willkommen im Kaffeehaus Java!
Unsere Empfehlungen:
            Schinkennudeln: € 6.50
             Fitness-Salat: € 8.50
     Mineralwasser, 750 ml: € 0.00
             Bier, 500 ml: € 2.80
```

Beachten Sie, dass für jeden Speisekarteneintrag die richtige Version der Methode `druckeEintrag` aufgerufen wird und dass der negative Preis, den wir für Mineralwasser angegeben haben, vom Konstruktor korrigiert wird.

2.14 Was haben wir gelernt?

In diesem Kapitel haben wir schon fast alle wesentlichen Elemente eines Java-Programmes kennengelernt. Wir haben eigene Klassen mit Instanzvariablen, Konstruktoren und Methoden deklariert und dabei auch Vererbung verwendet. Außerdem haben wir die Klassen `ArrayList` und `Scanner` aus der Java-Standardbibliothek eingesetzt, um Listen von Elementen zu verwalten und Benutzereingaben zu lesen. Mit diesen Konzepten (zusammen mit der Dokumentation der Java-Standardbibliothek) können Sie schon viele sinnvolle Programme schreiben. Die Mindmap in Abb. 2.8 gibt einen Überblick über die wichtigsten Punkte.

Dieses Kapitel sollte einen Überblick über Java bieten, der es Ihnen ermöglicht, die Erklärungen in den folgenden Kapiteln besser einordnen zu können. Falls Sie noch nicht alles ganz genau verstanden haben, brauchen Sie sich – wie schon am Anfang des Kapitels gesagt – keine Sorgen zu machen: Wir erwarten gar nicht, dass Ihnen im Moment die besprochenen Konzepte vollständig klar sind, oder dass Sie alle behandelten Konstrukte schon selber einsetzen können. Der Rest des Buches behandelt die in diesem Kapitel eingeführten Themen wesentlich detaillierter.

In diesem Kapitel haben wir bei allen Programmbeispielen das Paket und die Import-Anweisungen angegeben. Aus Platzgründen werden wir in den kommenden Kapiteln darauf verzichten. Wenn Sie die Programme ausprobieren wollen – was wir Ihnen dringend empfehlen –, müssen Sie den abgedruckten Code um package- und import-Anweisungen ergänzen.

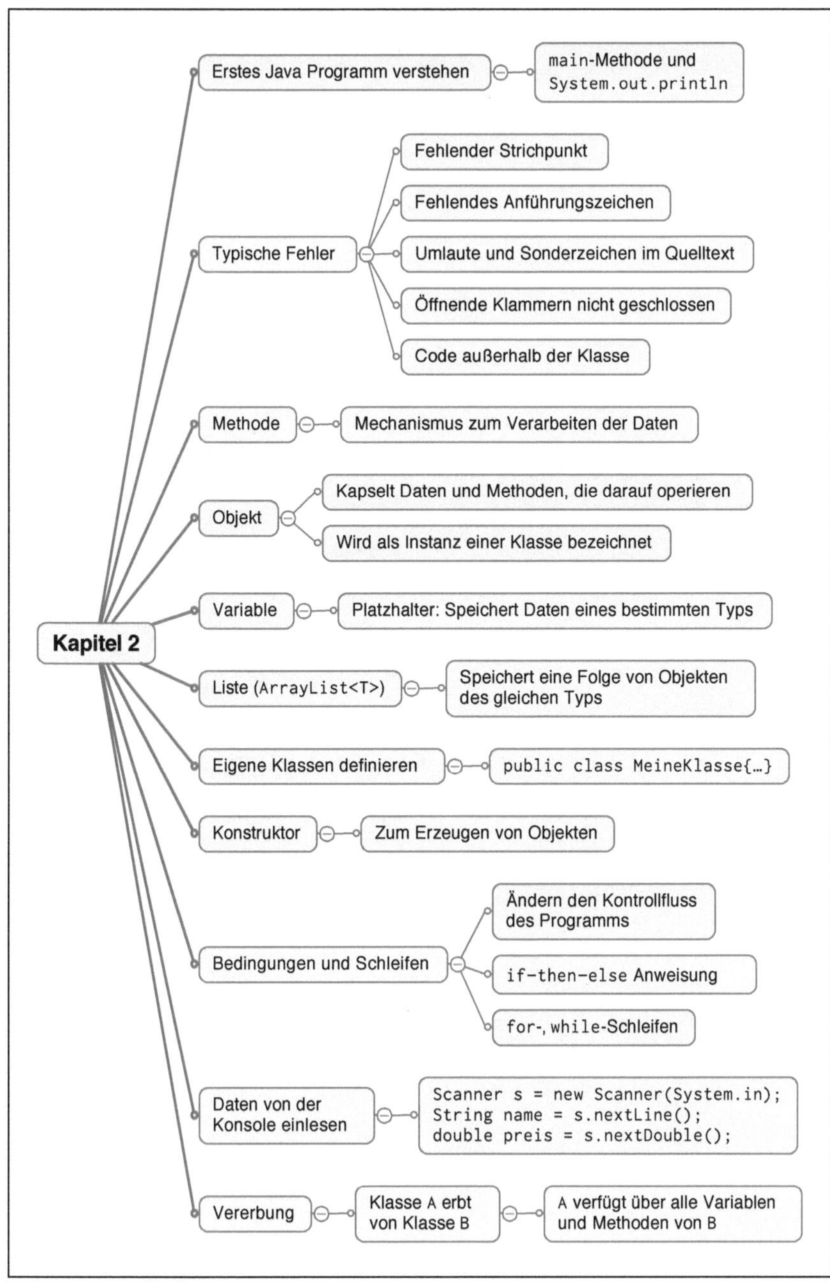

Abb. 2.8 Was haben wir gelernt? Mindmap zu Kapitel 2 – Ein Schnelleinstieg in Java

Kapitel 3
Klassen und Objekte

Viele Substantive in natürlichen Sprachen bezeichnen Kategorien von Objekten, die ähnliche Attribute und ein ähnliches Verhalten haben. Zum Beispiel bezeichnet der Begriff „Auto" mehrspurige Fahrzeuge, die maschinell angetrieben werden, nicht an Schienen gebunden sind und typischerweise zum Transport von Personen oder Gegenständen verwendet werden. Wir müssen den Begriff klar von den Gegenständen trennen, die davon bezeichnet werden. Zum Beispiel ist das Auto eines der Autoren dieses Buches 18 Jahre alt, hat eine Motorleistung von 85kW und war zu dem Zeitpunkt, als dieser Text geschrieben wurde, in der Garage geparkt.

In objektorientierten Programmiersprachen gibt es eine ähnliche Unterscheidung: Klassen bezeichnen Mengen von Objekten, die ähnliche Attribute und ein ähnliches Verhalten aufweisen. Objekte entsprechen den Gegenständen: Während die Klasse eines Objekts festlegt, welche Arten von Attributen es besitzt, sind die Werte der Attribute von dem konkreten Objekt abhängig, das wir gerade betrachten.

3.1 Klassen

In Java haben *Klassen* drei Hauptaufgaben:

1. Klassen legen die Struktur von Objekten fest.
2. Klassen bestimmen das Verhalten von Objekten.
3. Klassen werden zum Erzeugen von Objekten verwendet.

Ein Objekt, das von einer Klasse A erzeugt wurde, nennt man eine *Instanz* von A. Im folgenden Abschnitt betrachten wir die Elemente, die in einer Klassendeklaration vorkommen können.

3.1.1 Anatomie von Klassen

Eine Klasse wird in Java mit dem Schlüsselwort `class` deklariert. Eine vereinfachte Syntax für Klassendeklarationen ist

```
class Klassenname {
    Elemente
}
```

M. Hölzl, A. Raed, M. Wirsing, *Java kompakt*, eXamen.press,
DOI 10.1007/978-3-642-28504-2_3, © Springer-Verlag Berlin Heidelberg 2013

Element	Syntax
	Bedeutung
Konstante	`final` *Typ VARIABLENNAME*
	konstanter Wert, z.B. `PI`
Klassenvariable	`static` *Typ Variablenname*
	Speicherplatz für die Klasse (nicht pro Objekt), Zugriff über Klasse

Klassenmethode	`static` *Typ Methodenname*(Typ_1 *Param*$_1$, ..., Typ_n *Param*$_n$) {
	     Methodenrumpf
	 }

	Verhalten, das von Objekten unabhängig ist
Instanzvariable	*Typ Variablenname*
	Speicherplatz für die Daten eines Objekts, Zugriff über Objekt

Konstruktor	*Klassenname* (Typ_1 *Param*$_1$, ..., Typ_n *Param*$_n$) {
	     Konstruktorrumpf
	 }

	Initialisierung von Objekten

Methode	*Rückgabetyp Methodenname* (Typ_1 *Param*$_1$, ..., Typ_n *Param*$_n$) {
	     Methodenrumpf
	 }

	Verhalten des Objekts

geschachtelte Klasse	`class` *Klassenname* {
	     Elemente
	 }

	Hilfsklasse, z.B. Iteratoren

geschachteltes Interface	`interface` *Interfacename* {
	     Elemente
	 }

	Interface, das nur innerhalb der Klasse benötigt wird

Abb. 3.1 Elemente einer Klasse

Wir werden später sehen, dass in einer Klassendeklaration auch noch Typparameter und Angaben über die Vererbungsbeziehungen vorkommen können. Häufig wird vor einer Klassendeklaration die Sichtbarkeit `public` angegeben.

Um die oben beschriebenen Aufgaben wahrnehmen zu können, benötigt eine Klasse drei Arten von Elementen:

- *Instanzvariablen* beschreiben die Struktur von Instanzen der Klasse.
- *Methoden* legen das Verhalten der Instanzen fest.
- *Konstruktoren* dienen zur Initialisierung von Instanzen.

Außerdem können Klassen noch Konstanten, Klassenvariablen (auch statische Variablen genannt), Klassenmethoden (auch statische Methoden genannt), sowie Klassen und Interfaces als Elemente enthalten. Ein Überblick über die möglichen Klassenelemente und ihre Syntax ist in Abb. 3.1 angegeben. Die folgende Klasse enthält die wichtigsten Elemente:

```java
public class Student {
  // Konstante
  private static final String PRINT_PREFIX = "Student: ";
  // Klassenvariable
  private static int anzahlStudenten;
  // Instanzvariable
  private String name;

  // Konstruktor
  public Student(String neuerName){
    name = neuerName;
    anzahlStudenten++;
  }

  // Methode
  public void printStudent() {
    System.out.println(PRINT_PREFIX + name);
  }
  // Methode
  public void setName(String neuerName) {
    name = neuerName;
  }

  // Klassenmethode
  public static int getAnzahlStudenten() {
    return anzahlStudenten;
  }
}
```

In diesem und dem folgenden Kapitel beschreiben wir die in dieser Klasse vorhandenen Elemente genauer. Dazu beginnen wir mit kurzen Diskussionen von Sichtbarkeitsregeln und Typen.

3.1.2 Modifikatoren und Zugriffsrechte

Vor einer Klassendeklaration und vor jedem Element in einer Klassendeklaration können *Modifikatoren* stehen. Die am häufigsten verwendeten Modifikatoren sind `private`, `protected` und `public`, die den Zugriff auf das nachfolgende Element beeinflussen, `static`, um Klassenvariablen und -methoden zu kennzeichnen, und `final`, um das nachfolgende Element als konstant zu deklarieren. Wir wollen in diesem Abschnitt nur die Zugriffsrechte für Elemente von Klassen betrachten; auf die anderen Modifikatoren gehen wir bei der Beschreibung der Elemente ein, auf die sie üblicherweise angewendet werden.

Wenn vor einem Element einer Klasse A kein Modifikator für die Zugriffsrechte angegeben ist, dann dürfen alle Elemente der Klasse A und alle Klassen, die im

Modifikator	Klasse	Paket	Unterklasse	Sonstiges
private	✓	—	—	—
Default (kein Modifikator)	✓	✓	—	—
protected	✓	✓	✓	—
public	✓	✓	✓	✓

Abb. 3.2 Modifikatoren für Zugriffsrechte innerhalb einer Klasse.

gleichen Paket wie A definiert sind, darauf zugreifen. Wenn wir also z.B. die Klasse A folgendermaßen definieren, dann sind die angegebenen Zugriffe aus Elementen der eigenen Klasse erlaubt:

```
package paket1;
class A {
  int x;
  public int testeZugriff(A a) {
    // Erlaubt: Zugriff auf x aus der eigenen Instanz
    System.out.println(x);
    // Erlaubt: Zugriff auf x aus einer anderen Instanz der gleichen Klasse
    return a.x;
  }
}
```

Zugriffsrechte gelten pro Klasse, nicht pro Instanz: in Zeile 8 dürfen wir direkt auf die Instanzvariable x des von a referenzierten Objekts der Klasse A zugreifen.

Von einer anderen Klasse aus, die im gleichen Paket wie A definiert ist, darf ebenfalls auf die Instanzvariable x zugegriffen werden:

```
package paket1;
class B {
  public int testeZugriffAusB(A a) {
    // Erlaubt: Zugriff auf x aus dem gleichen Paket
    return a.x;
  }
}
```

Klassen, die in anderen Paketen definiert sind, haben keinen Zugriff auf die Instanzvariable x von a.

```
package paket2
class C {
  public int testeZugriffAusC(A a) {
    // Fehler! Zugriff auf x aus anderem Paket nicht erlaubt
    return a.x;
  }
}
```

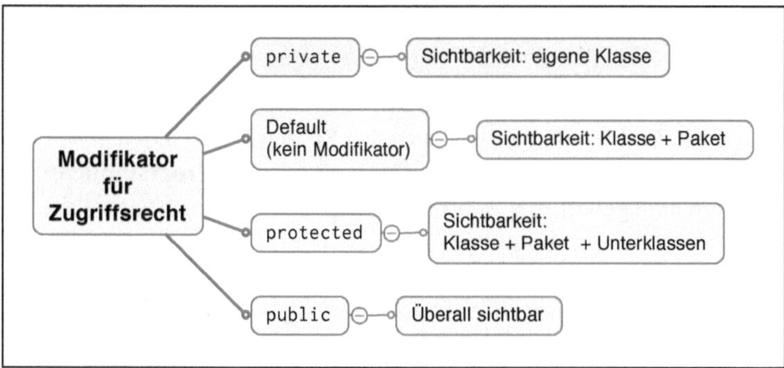

Abb. 3.3 Mindmap zu Zugriffsrechten

Der Zugriff ist auch für Unterklassen von A nicht erlaubt, wenn sie in einem anderen Paket definiert sind:

```
package paket2
class D extends A {
  public int testeZugriffAusD(A a) {
    // Fehler! Zugriff auf x aus Unterklasse in anderem Paket nicht erlaubt
    return a.x;
  }
}
```

Das Zugriffsrecht `private` vor einem Element einer Klasse A bedeutet, dass nur Elemente von A darauf zugreifen können. Der Zugriff aus anderen Klassen des gleichen Pakets ist ebenso wenig erlaubt wie der Zugriff aus einer Klasse, die in einem anderen Paket definiert ist. Wäre x als `private` deklariert, so wären die Zugriffe aus den Klassen B, C und D nicht erlaubt.

Wenn das Zugriffsrecht `protected` für ein Element angegeben ist, darf aus der eigenen Klasse, aus allen Klassen, die im gleichen Paket definiert werden, und aus allen Unterklassen auf dieses Element zugegriffen werden. Hätte x im obigen Beispiel das Zugriffsrecht `protected`, so wären die Zugriffe in A, B und D legal, nicht jedoch der Zugriff in C.

Das Zugriffsrecht `public` erlaubt unbeschränkten Zugriff auf das darauf folgende Element, auch aus anderen Paketen heraus. Sowohl der Zugriff in B als auch die Zugriffe in C und D wären also erlaubt, wenn x in A als `public` deklariert wäre. Die Zugriffsrechte für Klassenelemente sind in Abb. 3.2 und Mindmap 3.3 zusammengefasst.

3.1.3 Typen

In Java hat jede Variable und jeder Ausdruck einen *Typ*, der bei der Übersetzung des Programms feststeht. Damit gehört Java zu den Sprachen mit *statischem Typsystem*.

Der Typ von Variablen wird bei der Deklaration vom Programmierer vor dem Variablennamen angegeben, z.B. schreibt man `int x` für einen Variable x vom Typ `int`. Man nennt den im Programmtext angegebenen Typ einer Variablen manchmal auch ihren *statischen Typ*. Bei Ausdrücken wird der statische Typ normalerweise vom Compiler bestimmt; in manchen Ausnahmefällen muss der Programmierer mit einem *Cast* den statischen Typ eines Ausdrucks festlegen.

Der Typ einer Variablen bestimmt, welche Werte man in der Variable speichern darf, welche Operationen mit der Variablen erlaubt sind und welche Auswirkung diese Operationen haben. Ebenso legt der Typ eines Ausdrucks fest, welche Werte der Ausdruck produzieren kann, welche Operationen damit erlaubt sind und wie sie sich auswirken.

In Java werden Typen in zwei Arten unterteilt: *primitive Typen* und *Referenztypen*. Die primitiven Typen umfassen verschiedene Typen für ganze Zahlen (`byte`, `short int`, `long`), für Gleitkommazahlen (Zahlen mit Komma, `float` und `double`), für Wahrheitswerte (`boolean`) und für einzelne Zeichen (`char`). In Java kann man, wie in vielen anderen Programmiersprachen auch, aus technischen Gründen nicht alle ganzen Zahlen in einem primitiven Typ erfassen, sondern nur Zahlen, die in einem Intervall von -2^{n-1} bis $2^{n-1}-1$ liegen, wobei n die Anzahl der Bits ist, die zur Darstellung einer Zahl im Speicher zur Verfügung stehen. Die verschiedenen Typen für Zahlen unterscheiden sich in dem Speicherplatz, der für einen Wert des jeweiligen Typs verbraucht wird und dadurch im Wertebereich der Zahlen, die dargestellt werden können. Zum Beispiel umfasst der Wertebereich des Typs `byte` alle ganzzahligen Werte zwischen -2^7 und 2^7-1, also alle Zahlen von -128 bis 127. Die darauf zulässigen Operationen sind unter anderem die arithmetischen Operationen (`+`, `-`, `*`, `/`) sowie die Vergleichsoperationen (`<`, `<=`, `>`, `>=`, `==`, `!=`).

Bei Gleitkommazahlen ist die Situation ähnlich, allerdings beeinflusst der für die Werte zur Verfügung stehende Speicherplatz dabei auch die Anzahl der Nachkommastellen, die dargestellt werden können.[1] Wir werden die primitiven Typen ausführlicher in Kapitel 5 behandeln.

Zu den Referenztypen gehören *Klassentypen*, *Arraytypen* und *Interfacetypen*. Durch jede Klassendeklaration wird in Java ein neuer Klassentyp erzeugt; Beispiele für Klassentypen sind der vordefinierte Typ `String` und der Typ `Speise` aus Kapitel 2. Arraytypen werden wir in Kapitel 6 kennenlernen, Interfacetypen in Kapitel 9.

Tabelle 3.1 fasst die wichtigsten Typen von Java zusammen.

---

[1] Genauer gesagt die Länge der Mantisse der Zahl, die die Präzision der Zahl angibt.

Wertebereich	Typen
Ganze Zahlen	byte (8 Bit), short (16 Bit), int (32 Bit), long (64 Bit)
Gleitkommazahlen	float (32 Bit), double (64 Bit)
Einzelne Zeichen	char (16 Bit, Unicode Code Unit in UTF 16 kodiert)
Wahrheitswerte	boolean (true, false)
Folgen von Werten gleichen Typs	Einfache und komplexe Arraytypen
Zusammengesetzte Werte	Klassen- und Interfacetypen

Tabelle 3.1 Überblick über die wichtigsten Typen in Java

3.2 Variablen

Ein Brillenetui ist ein Behälter, in dem man seine Brillen aufbewahren kann. Ein Brillenetui kann zu jedem Zeitpunkt nur eine Brille enthalten, aber im Laufe der Zeit kann man viele verschiedene Brillen in dem gleichen Etui aufheben. Außerdem existiert das Brillenetui unabhängig von der Brille, die es gerade enthält. Variablen in Java haben ähnliche Eigenschaften: Eine *Variable* ist ein Speicherplatz, der einen Wert eines bestimmten Typs aufnehmen kann. Den meisten Variablen kann man während des Programmablaufs neue Werte zuweisen, und der Speicherplatz, den die Variable belegt, existiert unabhängig davon, welcher Wert gerade darin gespeichert ist.

Im letzten Abschnitt haben wir gesehen, dass in Java jede Variable nur Werte eines bestimmten Typs speichern kann. Eine Variable, die z.B. Zeichenketten speichert, kann keine Zahlen speichern; versucht man trotzdem, eine Zahl an eine solche Variable zuzuweisen, gibt der Compiler eine Fehlermeldung aus. Dies nennt man die statische Typisierung von Java. Variablen mit primitivem Typ speichern direkt die Werte ihres Typs. Variablen mit Referenztyp speichern hingegen nur *Referenzen* (auch *Verweise* genannt) auf ihre Werte. Die Beziehung zwischen einem Objekt und einer Referenz darauf ist ähnlich wie die zwischen einem modernen Fernseher und einer Fernbedienung: Man kann alle Funktionen des Fernsehers über die Fernbedienung steuern; wenn man z.B. auf der Fernbedienung ein neues Programm wählt, ändert sich der Zustand des Fernsehers. Außerdem existiert der Fernseher auch dann weiter, wenn man die Fernbedienung gerade nicht hat. Ebenso erfolgt in Java jede Interaktion mit Objekten durch Objektreferenzen; Zustandsänderungen betreffen aber das Objekt selbst. Wenn man also mehrere Referenzen auf das selbe Objekt hat und den Zustand des Objekts über eine Referenz ändert, so kann man diese Änderung auch über die anderen Referenzen beobachten. Zum Beispiel:

```
1   // s1 ist eine Referenz auf die neu erzeugte Instanz von Speise
2   Speise s1 = new Speise("Cappuccino", 1.95);
3   // s2 ist eine andere Referenz auf das gleiche Objekt wie s1
4   Speise s2 = s1;
5   // Zuweisung an die Instanzvariable name des referenzierten Objekts mittels des
6   // Setters
7   s2.setName("Milchkaffee");
```

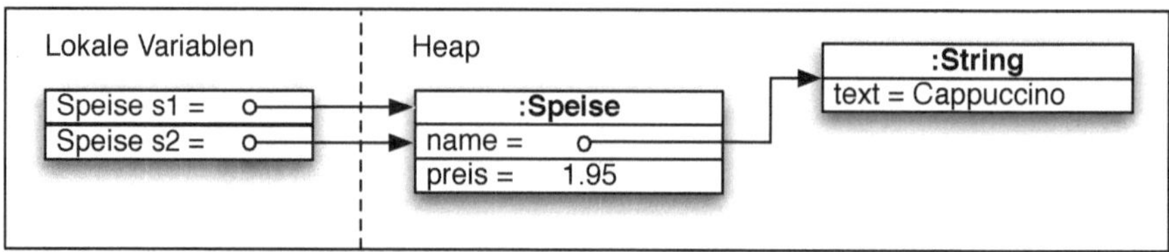

Abb. 3.4 Objektdiagramm nach Zeile 4

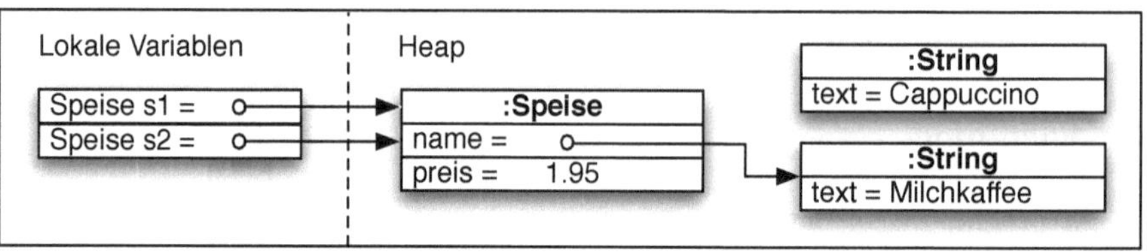

Abb. 3.5 Objektdiagramm nach Zeile 7

```
 8   // Die Änderung des Objektzustands ist auch über die Referenz s1 sichtbar:
 9   // Auf der Konsole wird Milchkaffee ausgegeben
10   System.out.println(s1.getName());
```

Der Zustand nach Ausführung von Zeile 4 ist im Objektdiagramm in Abb. 3.4, der Zustand nach Ausführung von Zeile 7 im Objektdiagramm in Abb. 3.5 dargestellt.

Ein Objekt existiert in Java, so lange es mindestens eine Referenz darauf gibt. Wenn keine Referenz mehr auf ein Objekt verweist, wird sein Speicherplatz vom *Garbage Collector* der JVM wieder freigegeben. Im Beispiel gibt es nach der Ausführung von Zeile 7 keine Referenz mehr auf den String "Cappuccino", daher kann der Garbage Collector diesen Speicherplatz wieder freigeben.[2]

Beim Erstellen einer Variable sind konzeptionell zwei Schritte nötig: Deklaration und Initialisierung. Bei der Deklaration wird der Name der Variable und ihr Typ festgelegt, während ihr bei der Initialisierung ein Wert zugewiesen wird.

Es gibt insgesamt sieben Arten von Variablen in Java, die sich darin unterscheiden, wann der Speicherplatz für die Variable bereitgestellt wird, mit welchem Wert die Variable initialisiert wird, und wie die Variable benannt wird: Klassenvariablen, Instanzvariablen, Arraykomponenten, Methodenparameter, Konstruktorparameter, Exceptionparameter und lokale Variablen.

- Eine *Klassenvariable* gehört zu einer Klasse; ihr Speicherplatz wird bereitgestellt, wenn ihre Klasse erzeugt wird. Der Zugriff auf Klassenvariablen erfolgt durch die Syntax *Klassenname.Variablenname* oder innerhalb der eigenen Klasse auch nur durch *Variablenname*.
- Eine *Instanzvariable* (auch als *Attribut* oder *Objektvariable* bezeichnet) gehört zu einem Objekt. Jedes Objekt hat eigenen Speicherplatz für alle seine Instanz-

---

[2] Die JVM implementiert eine Optimierung für String-Literale, die dazu führt, dass es eine zusätzliche versteckte Referenz darauf gibt. Daher werden bei der Ausführung auf der JVM in Wirklichkeit String-Literale nie vom Garbage Collector freigegeben.

variablen; dieser Speicherplatz wird zur Verfügung gestellt, sobald das Objekt erzeugt wird. Der Zugriff erfolgt durch die Syntax *Objektreferenz.Variablenname* oder innerhalb der eigenen Klasse auch nur durch *Variablenname*.

- Eine *Arraykomponente* (siehe Kapitel 6) ist eine einzelne Speicherzelle in einem Array. Sie wird angelegt, wenn das Array erzeugt wird; der Zugriff erfolgt durch die Syntax *Arrayreferenz[Index]*.

- Ein *Methodenparameter* bietet Speicherplatz für ein Argument einer Methode. Dieser Speicherplatz wird jedes Mal angelegt, wenn bei der Ausführung des Programms die Methode aufgerufen wird. Der Zugriff auf einen Methodenparameter ist nur innerhalb der Methode möglich, zu der er gehört, und erfolgt durch die Syntax *Variablenname*.

- Ein *Konstruktorparameter* stellt Speicherplatz für ein Argument eines Konstruktors bereit. Der Speicherplatz wird bereitgestellt, wenn ein Objekt durch den Konstruktor initialisiert wird. Der Zugriff ist nur innerhalb des Konstruktors möglich und erfolgt durch *Variablenname*.

- Ein *Exceptionparameter* (siehe Kapitel 11) ist Teil eines `catch`-Blocks und bietet Speicherplatz für die in diesem Block behandelte Exception. Der Speicherplatz wird reserviert, sobald die Exception behandelt wird; der Zugriff ist nur innerhalb des `catch`-Blocks möglich und erfolgt mit der Syntax *Variablenname*.

- Eine lokale Variable gehört zu einem Block von Anweisungen oder zu einer for-each-Schleife. Ihr Speicherplatz wird bereitgestellt, wenn der Block bzw. die Schleife bei der Ausführung des Programms erreicht wird. Der Zugriff ist innerhalb des Blocks oder der Schleife mit der Syntax *Variablenname* möglich.

Die Deklaration von allen Variablenarten außer Arraykomponenten hat die Syntax

Modifikatoren Typ Variablenname

In Java werden Namen von Variablen per Konvention klein geschrieben und aufeinanderfolgende Wörter durch Großbuchstaben gekennzeichnet, ohne dass ein Unterstrich oder Leerzeichen davor eingefügt wird. Zum Beispiel ist `anzahlStudenten` ein Variablenname, der dieser Konvention genügt.

Um welche Art von Variable es sich bei einer Variablendeklaration handelt, wird durch die Modifikatoren und den Kontext, in dem die Deklaration auftritt, festgelegt: Kommt die Variablendeklaration direkt innerhalb einer Klassendeklaration vor, so handelt es sich um eine Instanzvariable oder, falls der Modifikator `static` vor dem *Typ* steht, eine Klassenvariable. Kommt die Deklaration als Teil der Parameterliste einer Methode oder eines Konstruktors vor, so handelt es sich um einen Methoden- oder Konstruktorparameter. Wenn die Deklaration in einem `catch`-Block vorkommt, deklariert sie einen Exceptionparameter und, falls die Deklaration innerhalb einer Methode steht, so handelt es sich um eine lokale Variable. Arraykomponenten werden nicht einzeln deklariert, sie existieren, sobald das entsprechende Array erzeugt wurde.

Auch beim Zugriff auf Variablen muss man manchmal den Kontext beachten, um entscheiden zu können, auf welche Art von Variable sich ein Name bezieht: Es ist erlaubt, dass eine lokale Variable oder ein Parameter den gleichen Namen hat wie eine Instanz- oder Klassenvariable. Man sagt dann, dass die lokale Variable (bzw. der

Parameter) die Instanz- oder Klassenvariable *verschattet*. In diesem Fall bezieht sich der Variablenname ohne vorhergehende Objektreferenz immer auf die lokale Variable. Will man auf die Instanzvariable zugreifen, so muss vor dem Variablennamen eine Objektreferenz stehen. Um den Zugriff auf das Objekt zu ermöglichen, auf dem die Methode bzw. der Konstruktor aufgerufen wurde, bietet Java das Schlüsselwort `this`: der Wert von `this` innerhalb einer Methode ist immer eine Referenz auf das Objekt, auf dem die Methode aufgerufen wurde; der Wert von `this` in einem Konstruktor ist das Objekt, das vom Konstruktor initialisiert wird.

Variablen können durch den Modifikator `final` als unveränderlich gekennzeichnet werden. Eine solche `final`-Variable darf nach ihrer Initialisierung nicht mehr verändert werden. `final`-Variablen, die einen primitiven Typ oder den Typ `String` haben, bezeichnet man auch als *Konstanten*. Die Namenskonvention für Konstanten ist, dass ihre Bezeichner nur aus Großbuchstaben bestehen und einzelne Wörter durch Unterstriche getrennt werden, wie z.B. `MAX_LAENGE`.

Der Wert einer Variable, die nicht als `final` gekennzeichnet ist, darf beliebig oft durch die *Zuweisung* eines neuen Wertes bzw. einer neuen Objektreferenz geändert werden. Die Syntax dafür ist

Variablenname = neuer Wert;

Eine Zuweisung wird, wie jede Anweisung, mit einem Semikolon abgeschlossen. Das Gleichheitszeichen "=" ist der Zuweisungsoperator und wird von rechts nach links gelesen. Das heißt wenn im Programm `x = y = z = 10`; steht, dann bedeutet das: z bekommt den Wert 10, y bekommt den Wert von z und x bekommt den Wert von y. Zum Beispiel kann man lokalen Variablen n vom Typ `int` und s1, s2 vom Typ `String` folgendermaßen neue Werte zuweisen:

```
n = 17;
// Zuweisungen werden von rechts nach links gelesen: Auf der rechten Seite der
// Zuweisung hat n den alten Wert (17). Dieser Wert wird um 1 erhöht und n als
// neuer Wert zugewiesen.
n = n + 1;
// An dieser Stelle hat n den Wert 18.
// Der Variablen s1 wird eine Referenz auf die Zeichenkette "Ein String"
// zugewiesen.
s1 = "Ein String";
// Der Variablen s2 wird eine Referenz auf die gleiche Zeichenkette wie s1
// zugewiesen
s2 = s1;
```

In Konstruktoren oder Methoden kann man häufig Zuweisungen der Form

```
this.x = x;
```

sehen. Diese Form der Zuweisung verwendet man, wenn ein Parameter mit Namen x die Instanzvariable x verschattet. Der Instanzvariablen x im aktuellen Objekt wird dadurch der Wert des Parameters x zugewiesen: `this` ist eine Objektreferenz auf

das aktuelle Objekt, demzufolge bezeichnet `this.x` die Instanzvariable x im aktuellen Objekt; der Name x auf der rechten Seite der Zuweisung bezieht sich auf den
Parameter, der die Instanzvariable verschattet.

Klassenvariablen, Instanzvariablen und lokale Variablen können sofort bei ihrer
Deklaration initialisiert werden. Das geschieht durch die Syntax

Modifikatoren Typ Variablenname = Initialwert;

wobei bei einer Klassenvariable immer der Modifikator `static` stehen muss, um
sie als Klassenvariable zu kennzeichnen. Es ist üblich, Klassenvariablen und lokale Variablen auf diese Art zu initialisieren; Instanzvariablen werden meistens im
Konstruktor initialisiert. Methodenparameter, Konstruktorparameter und Exceptionparameter werden beim Aufruf einer Methode, beim Erzeugen eines Objekts oder
beim Fangen einer Exception initialisiert. Die Syntax zur Initialisierung von Arraykomponenten führen wir in Kapitel 6 ein.

Lokale Variablen müssen immer explizit initialisiert werden, bevor ihr Wert ausgelesen wird; der Versuch, eine uninitialisierte lokale Variable zu lesen, führt zu
einem Fehler beim Übersetzen des Programms. Wenn Klassenvariablen, Instanzvariablen oder Arraykomponenten nicht explizit initialisiert werden, so wird ihnen
ein Default-Wert zugewiesen: Wenn eine Variable einen numerischen Typ hat, so
ist der Default-Wert die Zahl 0 bzw. für Gleitkommazahlen `0.0`. Variablen mit Typ
`boolean` erhalten den Default-Wert `false`, Variablen mit Array- oder Objekttyp den
speziellen Wert `null`.

Der Wert `null` repräsentiert eine Objektreferenz, die kein Objekt referenziert;
`null` kann an jede Variable mit Referenztyp zugewiesen werden und von jedem
Ausdruck mit Referenztyp als Wert erzeugt werden. Allerdings führt der Versuch,
Methoden auf `null` aufzurufen oder auf Instanzvariablen von `null` zuzugreifen zu
einem Laufzeitfehler.

Im folgenden Beispiel deklarieren wir verschiedene Arten von Variablen und
zeigen, wie auf ihre Werte zugegriffen werden kann und wie ihnen neue Werte zugewiesen werden können:

```java
public class Variablen {
  // Deklaration der Klassenvariable sn1: wird mit Default-Wert 0 initialisiert
  static int sn1;
  // Deklaration der Klassenvariable sn2: wird explizit mit 1 initialisiert
  static int sn2 = 1;
  // Deklaration der Instanzvariable n1: wird im Konstruktor initialisiert
  int n1;
  // Deklaration der Instanzvariable n2: wird mit Default-Wert 0 initialisiert
  int n2;
  // Deklaration der Instanzvariable n3: wird explizit mit 1 initialisiert
  int n3 = 1;
  // Deklaration der Konstante FN1: wird im Konstruktor initialisiert
  final int FN1;
  // Deklaration der Konstante FN2: wird explizit mit 1 initialisiert
  final int FN2 = 1;
```

```java
    // Konstruktorparameter n1 und FN1: Innerhalb des Methodenrumpfs
    // verschatten sie die Instanzvariablen mit den gleichen Namen
    public Variablen(int n1, int FN1) {
        // Initialisierung der Instanzvariablen this.n1 mit dem Wert des
        // Konstruktorparameters n1
        // this.n1 bezeichnet die oben deklarierte Instanzvariable n1
        // n1 bezeichnet den Konstruktorparameter n1
        this.n1 = n1;
        // Initialisierung der Instanzvariablen FN1
        this.FN1 = FN1;
    }


    // Methodenparameter value1 und value2
    int add(int value1, int value2) {
        // lokale Variable result, wird bei der Deklaration initialisiert
        int result = value1 + value2;
        return result;
    }


    public static void main(String args) {
        // Lokale Variable v: wird bei der Deklaration initialisiert
        Variablen v = new Variablen(5, 10);
        // Zugriff auf die lokale Variable v
        System.out.println(v);
        // Zugriff auf die statische Variablen sn1 und sn2
        System.out.println(Variablen.sn1);
        System.out.println(Variablen.sn2);
        // Zugriff auf die Instanzvariable n1 von v
        System.out.println(v.n1);
        // Zuweisung eines neuen Wertes an die Instanzvariable n1 von v
        v.n1 = 15;
        // Zugriff auf die Instanzvariable n1 von v
        System.out.println(v.n1);
        // Zugriff auf die Konstante FN1 von v
        System.out.println(v.FN1);
        // Fehler! Zuweisung an die Konstante v.FN1 nicht erlaubt!
        v.FN1 = 20;
    }
}
```

3.3 Methoden

Die gesamte Funktionalität von Java-Programmen wird durch Methoden realisiert; daher gehören Methoden zu den wichtigsten Elementen in jedem Programm. Wir werden in diesem Abschnitt zuerst Methodendeklarationen genauer besprechen und dann Methoden ohne Rückgabewert (void-Methoden) und Methoden, die einen Wert zurückgeben, betrachten.

3.3.1 Deklaration und Syntax von Methoden

Es gibt unzählige verschiedene Methoden, aber sie alle haben eine Gemeinsamkeit: Jede Methode beschreibt ein Verhalten, z.B. das Berechnen eines Wertes, das Zeichnen einer Figur auf dem Bildschirm oder das Wechseln des Studienfachs eines Studenten.

In Java werden die meisten Methoden „auf einem Objekt" aufgerufen, d.h. zu jedem Methodenaufruf gehört ein spezielles Objekt; nur für statische Methoden ist das nicht der Fall. Während ihrer Ausführung kann die Methode auf die Werte ihrer Parameter zugreifen; diese Werte wurden beim Aufruf der Methode als Argumente übergeben. Im letzten Abschnitt haben wir bereits gesehen, dass innerhalb einer Methode das Schlüsselwort this eine Referenz auf das Objekt ist, auf dem die Methode aufgerufen wurde, und dass eine Methode auf die Instanzvariablen dieses Objekts zugreifen kann. Dieser Zugriff kann sowohl ein Lesezugriff sein, der den Wert des entsprechenden Attributs ausliest, aber nicht ändert; oder es kann ein Schreibzugriff erfolgen, der den alten Wert des Attributs mit einem neuen Wert überschreibt.

Der Typ eines Objekts legt nicht nur fest, welche Attribute das Objekt hat, sondern auch welche Methoden auf einem Objekt ausgeführt werden können: Ein Objekt kann nur die Methoden ausführen, die in seiner Klasse oder einer Oberklasse seiner Klasse definiert sind. Der Versuch, eine andere Methode auf einem Objekt aufzurufen, führt schon während der Compilierung des Programms zu einem Fehler. Das ist, ebenso wie die Typisierung von Variablen, eine Eigenschaft des statischen Typsystems von Java. Außerdem können nur die Methoden einer Klasse auf private Daten von Objekten dieser Klasse zugreifen; das nennt man das *Kapselungsprinzip*.

Die Ausführung einer Methode beginnt, sobald die Methode aufgerufen wird. Ein Methodenaufruf hat für normale Methoden die Syntax

Objektreferenz.*Methodenname*(*Argument*$_1$, ..., *Argument*$_n$)

Bei statischen Methoden (siehe Abschnitt 4.1) steht statt *Objektreferenz* der Name einer Klasse. In der Parameterliste können entweder kein Argument, ein einziges Argument oder eine beliebige Anzahl durch Kommata getrennte Argumente stehen. Selbst wenn eine Methode ohne Argumente aufgerufen wird, dürfen die Klammern um die (dann leere) Parameterliste nicht weggelassen werden. Beispiele für einen Methodenaufruf ohne Argumente und für Methodenaufrufe mit ein und zwei Argumenten sind:

```
1   System.out.println();
2   student.setName("Dominique Casier");
3   System.out.format("Note: %.1f", 1.3)
```

Beachten Sie, dass in Zeilen 1 und 3 die Methoden `println` und `format` auf der Objektreferenz `System.out` aufgerufen werden. In Zeile 2 gehen wir davon aus, dass `student` eine Variable vom Typ `Student` ist.

Die Deklaration einer Methode muss immer innerhalb einer Klassendeklaration erfolgen. Eine Methode ist für alle Instanzen des Typs, in dem sie definiert wird, anwendbar. Methodendeklarationen haben folgende Form:

Modifikatoren Rückgabetyp Methodenname (*Typ*$_1$ *Name*$_1$,... ,*Typ*$_n$ *Name*$_n$) {
   Methodenrumpf
}

Eine Methodendeklaration kann mit einem oder mehreren Modifikatoren beginnen. Die Modifikatoren `public` oder `private` haben wir in Abschnitt 3.1.2 bereits besprochen; andere Modifikatoren bestimmen weitere Eigenschaften, die die Methode als Ganzes betreffen. Wir werden in den Abschnitten 3.3.4, 4.1, 8.1 und 9.2 genauer darauf eingehen und weitere Modifikatoren besprechen. Der *Rückgabetyp* gibt den Typ des Wertes an, den die Methode als Ergebnis liefert. Wenn eine Methode keinen Wert zurückgibt, so verwendet man anstelle eines echten Typs `void` als *Rückgabetyp*. Der *Methodenname* ist der Name der Methode; in Java werden Methodennamen klein geschrieben. Wenn der Name aus mehreren Wörtern zusammengesetzt ist, so werden die Wörter ohne Zwischenräume oder sonstige Trennzeichen zusammengeschrieben; die Anfangsbuchstaben aller Wörter außer des ersten werden groß geschrieben. Zum Beispiel ist `methodeMitLangemNamen` ein Methodenname, der den Java-Konventionen genügt. Da Methoden die Aktivitäten eines Programms implementieren, bestehen Methodennamen oft aus einem Verb oder einem Verb gefolgt von einem Substantiv. Zum Beispiel haben die Methoden `add` und `druckeNameUndPreis` aus Kapitel 2 diese Form.

Nach dem Methodennamen steht die in runde Klammern eingeschlossene *Parameterliste*. Jeder Parameter hat eine ähnliche Form wie die Deklaration einer lokalen Variablen ohne Initialisierung: Ein Methodenparameter besteht aus einem Typ, gefolgt vom Namen des Parameters. Im Rumpf der Methode können Parameternamen ähnlich wie die Namen lokaler Variablen verwendet werden; es ist nicht erlaubt, dass eine lokale Variable und ein Methodenparameter den gleichen Namen besitzen oder dass zwei Parameter einer Methode den gleichen Namen haben. Methodenparameter können aber Klassenvariablen und Instanzvariablen verschatten.

Nach der Parameterliste der Methode steht in ihrer Deklaration der *Methodenrumpf*; dieser besteht aus einer in geschweifte Klammern eingeschlossenen Liste von Anweisungen.

Modifikatoren, *Rückgabetyp*, *Methodenname* und Parameterliste bilden zusammen den sogenannten *Kopf* der Methodendeklaration. Eine Methode besteht also typischerweise aus einem Kopf, der die wesentliche Information darüber enthält, wie die Methode aufgerufen wird, und einem *Rumpf*, der die Implementierung beinhaltet. Es gibt in Java auch *abstrakte Methoden*, die keine Implementierung beinhal-

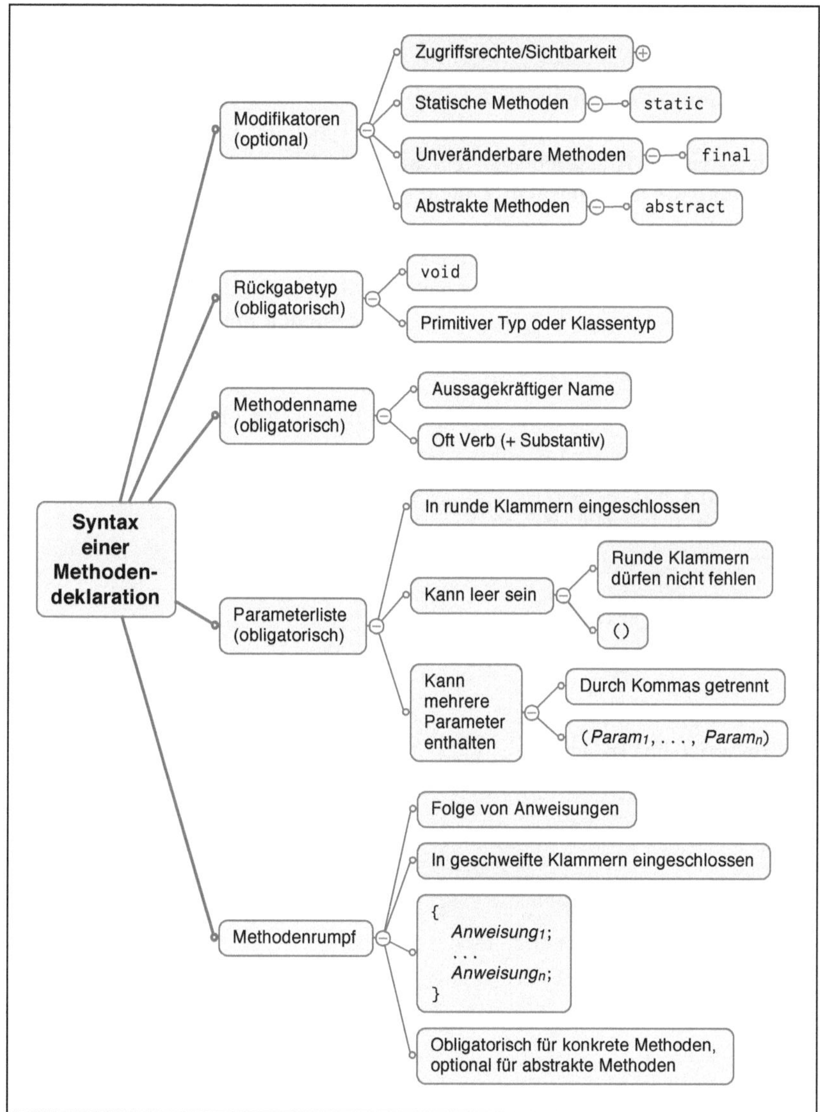

Abb. 3.6 Syntax von Methodendeklarationen

ten. In abstrakten Methoden kann der (in geschweifte Klammern eingeschlossene) Methodenrumpf durch einen Strichpunkt ersetzt werden. Wir werden in Kapitel 9 genauer auf abstrakte Methoden eingehen. Eng verwandt mit Methoden sind *Konstruktoren*: Konstruktoren verhalten sich wie Methoden, die bei der Erzeugung eines neuen Objekts von der Java-Laufzeitumgebung aufgerufen werden. Wir werden in Abschnitt 3.5 Konstruktoren genauer besprechen.

Abb. 3.6 gibt einen Überblick über die Elemente einer Methodendeklaration.

3.3.2 Überladen von Methoden

Wir haben bereits in Abschnitt 2.7 den Begriff der *Signatur* eingeführt: Die *Signatur*
einer Methode ist ihr Name zusammen mit den Typen der Parameter. Zwei Methoden (in der gleichen Klasse oder in verschiedenen Klassen) haben also die gleiche
Signatur, wenn sie den gleichen Namen, die gleiche Anzahl von Parametern und
die gleichen Parametertypen (in der gleichen Reihenfolge) haben. Die Namen der
Parameter spielen für die Signatur keine Rolle.

Es ist nicht erlaubt, in einer Klasse mehrere Methoden mit der gleichen Signatur
zu deklarieren. Es ist aber möglich, mehrere Methoden mit dem gleichen Namen
zu deklarieren, sofern sie sich in ihrer Signatur unterscheiden. Man sagt dazu, die
Methoden seien *überladen*. Zum Beispiel können wir folgendes (etwas sinnloses)
Programm definieren, in dem die Methode hallo vierfach überladen ist:

```java
public class Hallo {
  public void hallo() {
    System.out.println("Hallo, Welt!");
  }

  public void hallo(String name) {
    System.out.println("Hallo, " + name);
  }

  public void hallo(int n) {
    for (int i = 0; i < n; i++) {
      hallo();
    }
  }

  public void hallo(String name, int n) {
    for (int i = 0; i < n; i++) {
      hallo(name);
    }
  }
}
```

Welche der überladenen Methoden wirklich aufgerufen wird, legt der Compiler anhand der Anzahl und Typen der Argumente fest. Wenn h eine Instanz der Klasse
Hallo ist, dann können wir die Methode hallo in den folgenden Varianten aufrufen: h.hallo() gibt Hallo, Welt! auf der Konsole aus, h.hallo("Georg")
gibt Hallo, Georg aus, h.hallo(3) gibt drei Zeilen mit Inhalt Hallo, Welt!
aus und h.hallo("Susanne", 2) zwei mit Hallo, Susanne. Wenn die Parameter
verschiedener überladener Methoden in einer Vererbungsbeziehung stehen, spielen
nur die statischen Typen der Parameter eine Rolle, nicht die Typen der wirklich
übergebenen Objekte. Ist z.B. A eine Unterklasse von B und definieren wir folgende
Klasse C:

```java
public class C {
  public void test(A a) {
    System.out.println("test(A)");
  }
  public void test(B b) {
    System.out.println("test(B)");
  }
  public static void main(String[] args) {
    A a = new A();
    B b = a;
    C c = new C();
    c.test(a);
    c.test(b);
  }
}
```

so erhalten wir beim Ausführen der main-Methode die Ausgabe

```
test(A)
test(B)
```

Der dynamische Typ der Parameter spielt also beim Überladen von Methoden keine Rolle. Im Gegensatz dazu werden wir in Kapitel 8 sehen, dass beim Überschreiben von Methoden der dynamische Typ des Objekts entscheidend ist, auf dem die Methode aufgerufen wird.

3.3.3 *Methoden mit beliebig vielen Argumenten*

Das Überladen einer Methode ermöglicht es, Varianten der Methode zu definieren, die mit unterschiedlich vielen Argumenten aufgerufen werden können; aber jede der überladenen Methoden hat eine fest vorgegebene Anzahl an Parametern. Es gibt auch eine besondere Form der Parameterliste, mit der Methoden definiert werden können, die beliebig viele Argumente akzeptieren: Nach dem *letzten* Parametertyp können drei aufeinanderfolgende Punkte stehen, also

Parametertyp... Parametername

Im Rumpf der Methode steht der letzte Parametername dann für ein Array von Elementen des Parametertyps. Über die Elemente dieses Arrays kann man wie über eine ArrayList mit einer for-each Schleife iterieren. Zum Beispiel:

```java
public void printAll(String... strings) {
  for (String string : strings) {
    System.out.println(string);
  }
}
```

Beim Aufruf der Methode printAll muss das Argument strings aber nicht als Array übergeben werden; es ist statt dessen möglich, die Elemente des Arrays als separate Argumente zu übergeben. Zum Beispiel wären die folgenden Aufrufe erlaubt.

```
printAll();
printAll("Ein Argument");
printAll("Zwei", "Argumente");
printAll("Jede", "Anzahl", "von", "Argumenten", "ist", "möglich");
```

3.3.4 Modifikatoren

Wir haben schon einige Deklarationen von Methoden gesehen. Hier sind noch einige weitere Beispiele:

```
public String getName() {
  return name;
}
protected void setName(String neuerName) {
  name = neuerName;
}
private int erhoeheZaehler() {
  zaehler = zaehler + 1;
}
```

Die Methode getName ist ein Beispiel für eine *Getter-Methode* (oder einfach einen *Getter*), die den Wert einer Instanzvariablen zurückgibt. Im Gegensatz dazu ist setName eine *Setter-Methode* (ein *Setter*), die den Wert einer Instanzvariable verändert aber keinen Wert zurückgibt.

Diese Methoden haben jeweils einen Modifikator, der das Zugriffsrecht auf die Methode angibt: die Getter-Methode getName ist public, die Setter-Methode setName ist protected und die Methode erhoeheZaehler ist private. Beispiele für Methoden mit anderen Modifikatoren sind folgende Deklarationen:

```
1  public final int berechneGehalt(){
2    ...
3  }
4  public static int addiere(int m, int n) {
5    return m + n;
6  }
```

Beide Methoden haben das Zugriffsrecht public, zusätzlich ist bei der Deklaration der Methode berechneGehalt der Modifikator final angegeben. Finale Methoden dürfen in Unterklassen nicht überschrieben werden; es ist also nicht erlaubt, die Arbeitsweise derartiger Methoden in Unterklassen anzupassen.

Die Methode `addiere` ist eine *Klassenmethode* (auch *statische Methode* genannt), da sie den Modifikator `static` hat. Anders als die Methoden, die wir bisher gesehen haben, werden Klassenmethoden nicht auf Objekten aufgerufen, sondern auf Klassen. Wir werden in Abschnitt 4.1 genauer auf Klassenmethoden eingehen.

3.3.5 Methoden ohne Rückgabewert

Bei der Deklaration einer Methode kann statt des Rückgabetyps auch das Wort `void` stehen:

Modifikatoren `void` *Methodenname* (*Typ$_1$ Name$_1$*,... , *Typ$_n$ Name$_n$*) {
  Methodenrumpf
}

Eine so definierte Methode liefert keinen expliziten Wert zurück. Die Ausführung der Methode ist also nur dann sinnvoll, wenn sie eine Operation durchführt, die Auswirkungen außerhalb des Methodenrumpfs hat. Eine solche Operation bezeichnet man als Seiteneffekt. Zum Beispiel sind das Ausgeben eines Textes oder die Zuweisung eines Wertes an eine Instanzvariable Seiteneffekte, da die Effekte dieser Operationen auch nach Beendigung der ausführenden Methode Bestand haben: Der Text bleibt auf dem Bildschirm sichtbar und der Objektzustand kann von einer anderen Methode abgefragt werden. Die Zuweisung eines Wertes an eine lokale Variable ist dagegen in Java kein Seiteneffekt, da die Zuweisung nicht außerhalb des Methodenrumpfs sichtbar ist.

Typische Beispiele für `void`-Methoden sind Setter, die den Wert einer Instanzvariablen überschreiben, und Methoden, die den Objektzustand ausgeben:

```java
public void setId(String id){
  this.id = id;
}
public void printStudent(){
  System.out.format("Student: %s", name);
}
```

Selbstverständlich können im Rumpf von `void`-Methoden wieder andere Methoden aufgerufen werden, wie im Beispiel die `format`-Methode.

Eine weitere wichtige Anwendung von `void`-Methoden sind *Unit-Tests*, wie wir sie in Abschnitt 11.10 kennenlernen werden.

Die Ausführung des Rumpfes von `void`-Methoden kann durch eine `return`-Anweisung (ohne Argumente) abgebrochen werden, in `void`-Methoden ist es allerdings nicht nötig, dass eine `return`-Anweisung vorkommt.

Aufgabe 3.1. Schreiben Sie ein Programm zur Verwaltung der Mitarbeiter mehrerer Firmen. Das Programm soll aus zwei Klassen, `Mitarbeiter` und `Firma`, bestehen. Jeder Mitarbeiter soll einen Namen, ein Gehalt, eine Mitarbeiternummer und eine Referenz auf seine Firma haben. Dem Konstruktor der Klasse `Mitarbeiter` soll der Name des Mitarbeiters, seine Mitarbeiternummer und eine Referenz auf seine Firma übergeben werden. Jede Firma soll einen Namen, die Branche, in der sie tätig ist, und eine Liste ihrer Mitarbeiter besitzen. Im Konstruktor sollen der Name und die Branche entsprechend der übergebenen Argumente gesetzt werden und die Mitarbeiterliste durch eine leere Liste initialisiert werden.

Fügen Sie, nachdem Sie die Klassen erstellt haben, folgende Methoden hinzu:

- Setter-Methoden für alle Attribute der beiden Klassen.
- Eine Methode zum Ausdrucken des aktuellen Zustands eines Mitarbeiters.
- Eine Methode zum Ausdrucken von Name und Branche einer Firma.

Geben Sie die Signatur von void-Methoden an, mit denen Sie die folgenden Aufgabenstellungen lösen könnten:

- Ein Mitarbeiter stellt einen Antrag um Gehaltserhöhung um $p\%$.
- Die Firma erhöht das Gehalt eines Mitarbeiters um $p\%$.

Da das die erste Aufgabe in diesem Buch ist, weisen wir darauf hin, dass auf der Website zum Buch Musterlösungen für die Aufgaben zu finden sind. Wir empfehlen Ihnen jedoch ausdrücklich, dass Sie erst einmal versuchen, die Aufgaben alleine zu lösen. Alle Aufgaben sind so gestellt, dass Sie sie mit dem in diesem Buch vorher behandelten Stoff vollständig und selbständig lösen können, und Sie lernen wesentlich mehr, wenn Sie selber versuchen, eine Lösung zu finden, als wenn Sie nur die Musterlösung durchlesen.

3.3.6 Methoden mit Rückgabewert

Wenn der Rückgabetyp einer Methode nicht void ist, so muss die Methode einen Wert dieses Typs zurückgeben. Das muss durch eine return-Anweisung im Rumpf der Methode erfolgen, daher muss in jeder Methode mit Rückgabewert mindestens einmal das Schlüsselwort return in ihrem Rumpf vorkommen. Selbstverständlich können auch Methoden mit Rückgabewert andere Methoden aufrufen. Typische Beispiele für Methoden mit Rückgabewert sind

- Getter-Methoden, die den Wert eines Attributs zurückgeben. Der Name einer Getter-Methode besteht in Java typischerweise aus get, gefolgt von dem Namen des Attributs:

```java
public String getId(){
  return id;
}
```

- Validierungsmethoden, die überprüfen, ob eine Aktion erfolgreich war oder nicht; Validierungsmethoden haben oft den Rückgabetyp boolean und der Name beginnt oft mit dem Wort is:

```java
public boolean isConnected(){
  boolean connected = false;
  ... // Überprüfung ob eine Verbindung besteht
  return connected;
}
```

- Berechnungsmethoden, die einen neuen Wert berechnen

```java
public int berechneWert(int n){
  if (n <= 0) {
    return 1;
  }
  else {
    int result = 1;
    ... // Berechnung und Zuweisung des Wertes von result
    return result;
  }
}
```

Methoden, die einen Wert zurückgeben und keine Seiteneffekte haben, bezeichnet
man auch als *Queries*. Es wird manchmal empfohlen, dass alle Seiteneffekte in Methoden ohne Rückgabewert erfolgen sollten und Methoden mit Rückgabetyp keine
Seiteneffekte haben sollten; das bezeichnet man als *Command-Query-Separation*

Aufgabe 3.2. Erweitern Sie die Klassen `Mitarbeiter` und `Firma` aus Aufgabe 3.1:

- Implementieren Sie Getter-Methoden für alle Attribute der Klassen.
- Implementieren Sie eine Methode, die überprüft, ob ein Mitarbeiter eine Gehaltserhöhung bekommt (diese Methode soll sehr mitarbeiterfreundlich sein und immer true zurückgeben).
- Implementieren Sie die Methoden zum Beantragen und Bearbeiten von Gehaltserhöhungen aus Aufgabe 3.1.
- Implementieren Sie eine Methode zum Einstellen eines neuen Mitarbeiters (beachten Sie dabei, dass ein Mitarbeiter seine Firma kennt).
- Implementieren Sie eine Methode zum Entlassen eines Mitarbeiters. (Was ist dabei ein sinnvoller Wert für die Firma?)

Schreiben Sie dann eine Klasse `TesteFirma` mit einer `main`-Methode, die die Klassen `Mitarbeiter` und `Firma` verwendet.

- Erzeugen Sie mindestens zwei Firmen und drei Mitarbeiter.
- Stellen Sie Mitarbeiter ein.
- Beantragen Sie Gehaltserhöhungen.
- Entlassen Sie Mitarbeiter.

Ist die Sichtbarkeit, die Sie den Setter-Methoden gegeben haben sinnvoll? Gibt es
Möglichkeiten, dass Sie in der Klasse `TesteFirma` einen inkonsistenten Zustand
des Programms erzeugen? (Denken Sie z.B. daran, was das Ergebnis von

```java
firma1.getMitarbeiter().get(0).getFirma()
```

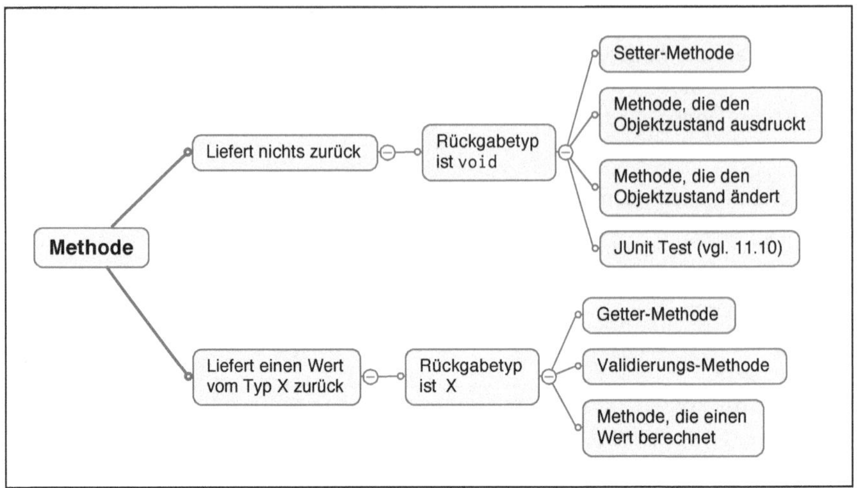

Abb. 3.7 Methoden mit und ohne Rückgabewert

sein sollte, wenn `firma1` mindestens einen Mitarbeiter hat.)

Abbildung 3.7 gibt einen Überblick über Methoden mit und ohne Rückgabewerte.

3.3.7 Das Schlüsselwort `this`

Wir haben oben schon gesehen, dass das Schlüsselwort `this` im Rumpf einer Methode eine Referenz auf das aktuelle Objekt ist. Man verwendet `this` häufig, um auf verschattete Instanzvariablen zuzugreifen. Konstruktoren und Setter werden meistens auf folgende Weise implementiert:

```java
public Variablen(int n1, int fn1) {
  this.n1 = n1;
  this.fn1 = fn1;
}
public void setN1(int n1) {
  this.n1 = n1;
}
```

Man bezeichnet also den Parameter mit dem gleichen Namen wie die Instanzvariable, die verändert werden soll, und verwendet die Syntax `this.`*Variablenname*, um auf die Instanzvariable zuzugreifen.

Es gibt eine zweite Bedeutung von `this`: In Konstruktoren kann man mit der speziellen Syntax

`this(`*Argument*$_1$`, ..., `*Argument*$_n$`);`

auf einen anderen Konstruktor der gleichen Klasse zugreifen. Das ist sinnvoll, um beim Überladen von Konstruktoren die Implementierung des Rumpfs nicht mehrmals hinschreiben zu müssen. Diese Verwendung von `this` ist nur als erste Anweisung im Rumpf eines Konstruktors erlaubt; an anderen Stellen ist sie ein Syntaxfehler. Ein Beispiel für diese Verwendung von `this` ist in Abschnitt 3.5.3.

3.4 Objekte

In Java dienen Klassen als eine Art Schablone für ihre Objekte. Die tatsächliche Arbeit wird aber zur Laufzeit von Objekten erledigt. Dazu werden beim Start des Programms Instanzen verschiedener Klassen erzeugt. Diese Objekte arbeiten zusammen und senden einander Nachrichten in Form von Methodenaufrufen, um eine bestimmte Aufgabe zu lösen. Dabei werden üblicherweise weitere Objekte erzeugt.

Ein *Objekt* ist in Java immer eine Instanz einer Klasse. Jedes Objekt ist (über seine Adresse auf dem Heap) eindeutig identifizierbar und verfügt über Speicherplatz für die Werte aller in der Klasse definierten Instanzvariablen. Alle in seiner Klasse definierten Methoden können auf dem Objekt aufgerufen werden.

Betrachten wir zwei Objekte *objekt1*, *objekt2* der folgenden Klasse `Student`:

```java
public class Student {
  private String name;
  private String matrikelnummer;
  private int semester;
  ... // Konstruktoren, Methoden, etc.
}
```

Da jedes Objekt über alle Attribute und Methoden seiner Klasse verfügt, muss das Objekt *objekt1* Speicherplatz für den Namen, die Matrikelnummer und das Fachsemester des Studenten besitzen. Das gleiche gilt für *objekt2*. Jedes Objekt stellt also Speicherplatz für die in seiner Klasse deklarierten Instanzvariablen bereit. Erstellt man z.B. 1000 Instanzen der Klasse `Student`, so erzeugt man im Speicher 1000 Kopien der Instanzvariablen `name`, `matrikelnummer` und `semester`.

3.4.1 Die drei wichtigsten Eigenschaften eines Objekts

Jedes Objekt in Java gehört zu einer bestimmten Klasse und verfügt daher über alle Eigenschaften und Methoden dieser Klasse. Man kann jedes Objekt durch seine Identität, seinen Zustand und sein Verhalten charakterisieren.

- **Die Identität eines Objekts.** Wie jeder und jede von uns Menschen einzigartig ist und selbst eineiige Zwillinge unabhängig voneinander existieren, so hat auch jedes Objekt in Java eine eigene Identität. Es können also auch Objekte, die die gleichen Werte für alle Instanzvariablen haben, in Java unterschieden werden.

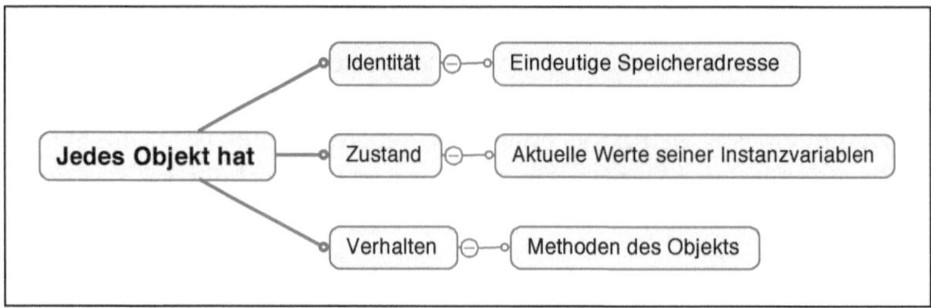

Abb. 3.8 Eigenschaften von Objekten

Die eindeutige Identität eines Objekts wird in Java durch seine Adresse im Speicher ausgedrückt: Es kann keine zwei Objekte geben, die gleichzeitig dieselbe Speicheradresse im Rechner belegen, selbst wenn sie die gleichen Wertbelegungen haben.

- **Der Objektzustand.** Der Zustand eines Objekts besteht aus den momentan in seinen Instanzvariablen gespeicherten Werten, oder wie man auch sagt, aus der Belegung seiner Instanzvariablen mit Werten. Angenommen, das Objekt *objekt1* hat folgende Werte in seinen Instanzvariablen gespeichert ⟨name: "Christian", matrikelnummer: "12345", semester: 5⟩, dann nennt man diese momentane Wertbelegung den Zustand des Objekts *objekt1*. Wir betonen hier das Wort "momentan" weil sich diese Wertbelegung im Laufe des Objektlebens ändern kann. Wenn, z.B. der durch *objekt1* repräsentierte Student ein neues Semester beginnt, dann bekommt *objekt1* beispielsweise den neuen Zustand ⟨name: "Christian", matrikelnummer: "12345", semester: 6⟩. Durch die Änderung des Zustandes wird aber die Identität des Objekts *objekt1* nicht verändert; es belegt immer noch den gleichen Speicherbereich.

- **Das Objektverhalten.** Das Verhalten eines Objekts wird durch die Methoden charakterisiert, die das Objekt ausführen kann. Diese Methoden werden in der Klasse des Objekts definiert und sind für alle Instanzen der Klasse gleich. Objekte mit dem gleichen Typ unterscheiden sich also durch ihre Identität und möglicherweise die Werte ihrer Instanzvariablen, sie haben aber alle das gleiche Verhalten.

Die Eigenschaften von Objekten sind graphisch in Abb. 3.8 zusammengefasst.

3.5 Konstruktoren

Sie haben sicher schon oft Schokoladenfiguren wie z.B. Weihnachtsmänner oder Osterhasen gesehen. Wie werden solche Figuren erzeugt? Wahrscheinlich werden sie sofort sagen: Dafür gibt es fertige Metall- oder Plastikformen. Man gießt die heiße Schokolade in die Form, wartet bis sie kalt wird, dann hat man eine Schokoladenfigur, die ein Abbild der Form darstellt. Anschließend wird die Figur noch individuell bemalt oder in Aluminiumfolie eingepackt.

Klassen und Konstruktoren spielen in Java eine ähnliche Rolle: Die Klasse entspricht der Metallform, indem Sie die „Form" der Objekte festlegt; der Konstruktor entspricht dem Bemalen der Figur, da er die erzeugten Objekte individuell anpasst, indem er den Attributen Werte zuweist. Es gibt aber einen wichtigen Unterschied: Der Produktionsprozess in der Schokoladenfabrik ist darauf ausgelegt, viele standardisierte Objekte zu erzeugen, z.B. lauter Weihnachtsmänner mit gleicher Größe, Form und Bemalung. Bei der Erzeugung von Objekten in Java ist es hingegen möglich, den Zustand durch den Konstruktor sehr flexibel zu initialisieren. Zum Beispiel hat in Abschnitt 3.4 das von *objekt1* referenzierte Objekt den Namen Christian und den Studiengang Informatik, während *objekt2* beispielsweise den Namen Julia und den Studiengang Jura haben könnte. Diese Flexibilität erreicht man, indem Konstruktoren genau wie Methoden Parameter haben, mit denen der Programmierer den gewünschten Objektzustand festlegen kann.

In Java werden Objekte meistens durch new-Ausdrücke erzeugt. Diese haben die folgende Form

new *Klassenname*($Argument_1$, ..., $Argument_n$)

Für Strings und Arrays ist es auch möglich, neue Instanzen durch Literale zu erzeugen. Durch einen new-Ausdruck wird zuerst der Speicherplatz für das neue Objekt bereitgestellt und alle Instanzvariablen werden mit den Standardwerten initialisiert; anschließend wird von der JVM der zur Argumentliste passende Konstruktor aufgerufen. Aufrufe von Konstruktoren erfolgen nie mit der normalen Syntax von Methodenaufrufen, sondern entweder implizit durch new, oder durch eine der speziellen Anweisungen this(...) oder super(...) am Beginn eines anderen Konstruktors.

3.5.1 Deklaration und Syntax von Konstruktoren

Ein *Konstruktor* ist sehr ähnlich zu einer Methode, abgesehen davon, dass Konstruktoren von der JVM nur bei der Erzeugung von Objekten aufgerufen werden. Daher ähnelt auch die Deklaration eines Konstruktors einer Methodendeklaration. Allerdings hat eine Konstruktordeklaration keinen Rückgabetyp und der Name des Konstruktors entspricht immer dem Namen seiner Klasse. Wir erhalten also:

Klassenname (Typ_1 $Parameter_1$, ..., Typ_n $Parameter_n$) {
   Konstruktorrumpf
}

Wie bei anderen Elementen von Klassen können vor der Konstruktordeklaration noch Modifikatoren stehen. Typischerweise wird eines der Zugriffsrechte private oder public angegeben. Ein Konstruktor für die Klasse Student könnte also folgendermaßen aussehen:

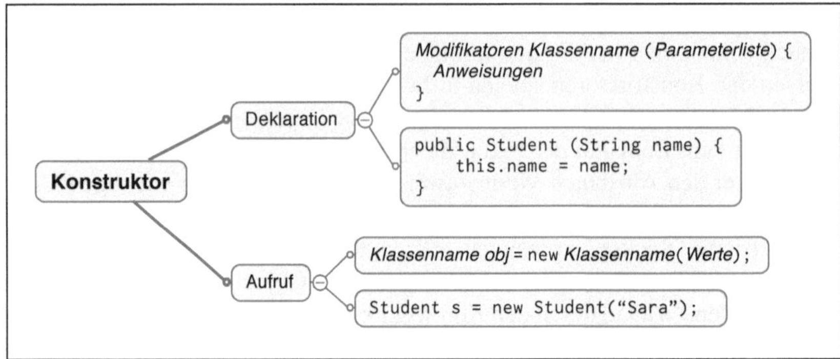

Abb. 3.9 Deklaration und Aufruf von Konstruktoren

```
public Student(String name, String matrikelnummer, int semester) {
    this.name = name;
    this.matrikelnummer = matrikelnummer;
    this.semester = semester;
}
```

Das Überladen und die Auflösung der Überladung beim Aufruf von Konstruktoren geschieht genau wie bei Methoden. Deklaration und Aufruf von Konstruktoren sind in Abb. 3.9 graphisch zusammengefasst.

3.5.2 Der Standardkonstruktor

Die erste Version der Klasse Speise in Kapitel 2 enthielt keine Konstruktordeklaration; trotzdem konnten wir Instanzen dieser Klasse erzeugen. Wie ist das möglich?

Wenn wir keinen eigenen Konstruktor deklarieren, so stellt Java implizit einen leeren Konstruktor zur Verfügung, der keine Parameter hat. Einen solchen Konstruktor nennt man auch *Standardkonstruktor*. Der von Java erzeugte Standardkonstruktor verhält sich so, als ob wir den folgenden Konstruktor manuell zur Klasse hinzufügen würden:

```
public Klassenname() {}
```

Wenn ein Objekt mit diesem Konstruktor initialisiert wird, so erhalten alle Instanzen die Standardwerte.

Deklariert man selber einen Konstruktor, so wird von Java kein Standardkonstruktor mehr erzeugt. Wenn Sie also einen Konstruktor mit Parametern deklarieren und gleichzeitig noch Instanzen erzeugen wollen, ohne Argumente zu übergeben, so müssen Sie zusätzlich einen Konstruktor ohne Parameter deklarieren.

3.5.3 Konstruktoren: was passiert im Hintergrund?

Im folgenden Beispiel erläutern wir Schritt für Schritt, was bei der Erzeugung eines Objekts durch einen new-Ausdruck geschieht. Dazu geben wir zunächst eine vollständige Deklaration der Klasse Student an, die drei Konstruktoren enthält: Der erste Konstruktor bekommt Werte für alle Instanzvariablen als Argumente und erzeugt eine Instanz von Student, deren Attribute mit diesen Werten initialisiert sind. Die beiden anderen Konstruktoren bekommen weniger Information und setzen für die Attribute, deren Werte nicht vom Benutzer übergeben wurden, sinnvolle Defaults ein. Bei Konstruktor II gehen wir davon aus, dass er für die Immatrikulation neuer Studenten gedacht ist, daher soll das Fachsemester den Wert 1 annehmen. Wir implementieren Konstruktor II, indem wir in Zeile 15 Konstruktor I aufrufen. In diesem einfachen Beispiel ist das nur unwesentlich kürzer, als die Instanzvariablen direkt zu initialisieren. Wenn wir aber in den Konstruktoren zusätzliche Funktionalität realisieren wollen, z.B. indem wir die Studenten in eine Datenbank eintragen oder keine negativen Werte für das Fachsemester zulassen, dann erleichtert diese Vorgehensweise die Implementierung erheblich.

```java
public class Student {
    private String name;
    private String matrikelnummer;
    private int semester;

    // Konstruktor I
    public Student(String name, String matrikelnummer, int semester) {
        this.name = name;
        this.matrikelnummer = matrikelnummer;
        this.semester = semester;
    }

    // Konstruktor II
    public Student(String name, String matrikelnummer) {
        this(name, matrikelnummer, 1);
    }

    // Konstruktor III
    public Student(String name) {
        this(name, null, 0);
    }

    // Methode zum Drucken eines Studenten
    public void printStudent() {
        System.out.println("Student<name: " + name
                        + ", matrikelnummer: " + matrikelnummer
                        + ", semester: " + semester + ">");
    }
```

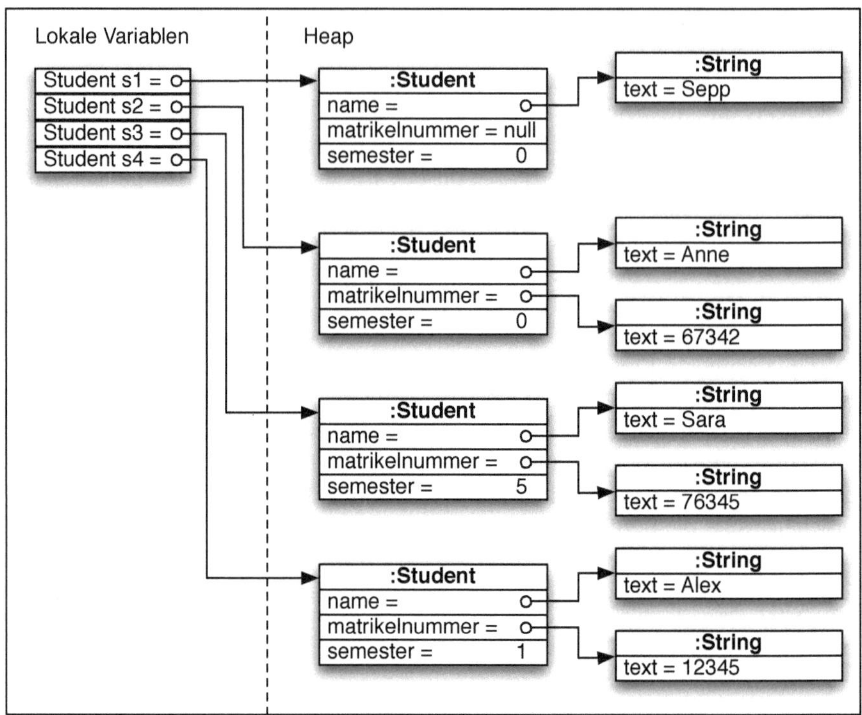

Abb. 3.10 Objektdiagramm nach Ausführung von Zeile 34

```
29
30    public static void main(String args){
31      Student s1 = new Student("Sepp");
32      Student s2 = new Student("Anne", "67342");
33      Student s3 = new Student("Sara", "76345", 5);
34      Student s4 = new Student("Alex", "12345", 1);
35
36      s1.printStudent();
37      s2.printStudent();
38      s3.printStudent();
39      s4.printStudent();
40    }
41  }
```

Abb. 3.10 illustriert den Vorgang bei der Erzeugung der vier Instanzen von Student im Beispiel. Wir erklären im Folgenden Schritt für Schritt, wie das Objekt s3 durch den Aufruf new Student("Sara", "76345", 5) in Zeile 33 erzeugt wird.

1. Der Compiler ermittelt anhand der Argumente des new-Ausdrucks die Signatur des Konstruktors, der aufgerufen werden muss. Im new-Ausdruck sind die ersten beiden Argumente, `"Sara"` und `"76345"`, Werte vom Typ `String`, das dritte Argument, 5, ist ein Wert vom Typ `int`. Also muss ein Konstruktor mit der Signatur `Student(String, String, int)` aufgerufen werden.
2. Der Compiler sucht in der Klasse `Student` nach einem Konstruktor mit der Signatur `Student(String, String, int)`. Der Compiler sucht dabei nur anhand der Typen und ihrer Reihenfolge; die Namen der Variablen werden nicht berücksichtigt. Falls der Compiler keine Übereinstimmung findet, bricht er die Übersetzung des Programms mit einer Fehlermeldung ab. In unserem Beispiel ist Konstruktor I anwendbar, die Übersetzung des Programms wird also erfolgreich beendet.
3. Wenn der new-Ausdruck zur Laufzeit ausgeführt wird, wird Speicherplatz für die neue Instanz von `Student` reserviert.
4. Der in Schritt 2 vom Compiler gefundene Konstruktor wird ausgeführt. Dazu wird zuerst Speicherplatz für die Konstruktorparameter bereitgestellt und die an den new-Ausdruck übergebenen Argumente werden in diesen Speicherplatz kopiert.
5. Anschließend werden durch die Anweisungen in Zeilen 8–10 die Werte der Konstruktorparameter in die Instanzvariablen des neuen Objekts kopiert.
6. Der Speicherplatz für die Konstruktorparameter wird von der JVM freigegeben, und das neu erzeugte Objekt wird als Wert des new-Ausdrucks zurückgegeben.

Die Erzeugung der anderen Objekte läuft ähnlich ab; allerdings werden bei s1 und s2 zuerst die Konstruktoren III bzw. II aufgerufen. Diese Konstruktoren rufen in Zeile 20 bzw. 15 dann Konstruktor I auf.

Aufgabe 3.3. In dieser Aufgabe geht es darum, dass Sie das Konzept von Konstruktoren praktisch anwenden.

1. Erweitern Sie die Klasse `Student` um die Instanzvariablen für Studienfach und Adresse.
2. Ändern Sie Konstruktor I so ab, dass er alle Instanzvariablen der Klasse initialisiert. Passen Sie die Konstruktoren II und III so an, dass sie geeignete Werte für die neuen Instanzvariablen übergeben.
3. Deklarieren Sie einen neuen Konstruktor, der Parameter für Name, Matrikelnummer und Semester hat und Konstruktor I aufruft.
4. Deklarieren Sie einen neuen Konstruktor, der Parameter für Name, Matrikelnummer, Semester und Studienfach hat und Konstruktor I aufruft.
5. Erzeugen Sie jeweils drei neue Objekte mit Hilfe der neuen Konstruktoren und geben Sie den Zustand jedes Objekts aus.

Aufgabe 3.4. In dieser Aufgabe geht es darum, dass Sie das Konzept von Konstruktoren praktisch anwenden:

1. Implementieren Sie eine Klasse `Mitarbeiter`. Beschränken Sie sich auf drei Instanzvariablen, die mögliche Attribute eines Mitarbeiters beschreiben, und eine Methode `printMitarbeiter`, die den Zustand des Mitarbeiters ausgibt.

2. Schreiben Sie für die Klasse `Mitarbeiter` vier verschiedene Konstruktoren.
3. Erzeugen Sie vier Objekte mit Hilfe ihrer Konstruktoren und geben Sie den Zustand der Objekte auf der Konsole aus.

3.6 Regeln zum Klassendesign

Wir haben jetzt alle wichtigen Elemente von Klassendeklarationen kennengelernt. An dieser Stelle wollen wir einige Regeln angeben, die hilfreich sind, wenn Sie selber Java-Klassen schreiben. So lange Sie noch am Anfang Ihrer Programmierkarriere sind, sollten Sie sich streng an diese Regeln halten. Mit zunehmender Erfahrung werden Sie gelegentlich Situationen finden, in denen es angebracht ist, diesen Regeln nicht zu folgen. Aber auch für routinierte Programmierer vereinfachen Regeln das Arbeiten in einem Team und helfen, einen einheitlichen Codestil zu erreichen.

- **Benutzen Sie Standardformate für Ihre Klassendeklaration**: Schreiben Sie erst Konstanten und statische Variablen, dann Instanzvariablen, gefolgt von Konstruktoren und Methoden.
- **Benutzen Sie aussagekräftige Namen für Klassen, Variablen und Methoden.** Das erleichtert das Verständnis und die Wartbarkeit des Codes.
- **Deklarieren Sie Instanzvariablen als** `private`. (Das bezeichnet man manchmal als *Kapselungsprinzip*.) Dadurch wird es leichter, die interne Struktur der Klasse später anzupassen, da Sie alle Stellen kennen, von denen aus auf Instanzvariablen zugegriffen werden kann.
- **Deklarieren Sie Hilfsmethoden als** `private`. (Das bezeichnet man manchmal als *Abstraktionsprinzip*.) Der Grund hierfür ist der gleiche wie für das Kapselungsprinzip: Je weniger Information über die interne Arbeitsweise Ihrer Klassen Sie öffentlich zugänglich machen, desto mehr Freiheiten haben Sie später bei der Weiterentwicklung.
- **Deklarieren Sie Methoden, die von anderen Klassen benötigt werden, als** `public`. (Das bezeichnet man manchmal als *Schnittstellenprinzip*.) Jede Klasse soll eine gut dokumentierte und leicht benutzbare Schnittstelle für ihre Funktionalität anbieten. Diese Schnittstelle wird durch die `public`-Methoden der Klasse realisiert. (Vergl. auch Abschnitt 9.3)
- **Bevorzugen Sie benutzerdefinierte Typen.** Bei der Deklaration von Instanzvariablen besteht manchmal die Versuchung, primitive Typen für Aufgaben einzusetzen, die nicht genau der Semantik der Typen entsprechen. Zum Beispiel ist es verlockend, Mitarbeiternummern als `int`-Werte zu repräsentieren. Das ist aber in vielen Fällen schlecht, da z.B. führende Nullen dabei verloren gehen. Außerdem sind Operationen wie Addition und Multiplikation für Mitarbeiternummern nicht sinnvoll, während andere Operationen, wie z.B. der Test, ob eine Mitarbeiternummer dem gültigen Format entspricht, für `int`-Werte nicht verfügbar sind. In solchen Fällen ist es besser, einen benutzerdefinierten Typ für Mitarbeiternummern einzuführen.

- **Halten Sie sich an die Codekonventionen für Java.** Das erleichtert anderen Programmierern den Umgang mit Ihrem Code und es erleichtert Ihnen das Verstehen von anderem Code, der den gleichen Konventionen folgt.
- **Halten Sie Klassen kohärent.** Eine Klasse sollte eine wohldefinierte Aufgabe haben. Wenn Klassen zu komplex werden, ist das oft ein Zeichen dafür, dass sie zu viele Funktionen des Programms gleichzeitig wahrnehmen. Teilen Sie solche Klassen in zwei oder mehrere Klassen auf, die jeweils auf eine Aufgabe fokussiert sind.
- **Halten Sie Ihre Methoden kurz.** Lange Methoden sind schwer zu verstehen und zu debuggen. Definieren Sie Hilfsmethoden, wenn die Länge einer Methode ca. 15 Zeilen überschreitet.

3.7 Was haben wir gelernt?

In diesem Kapitel haben wir begonnen, Klassen und Objekten genauer zu besprechen. Dazu haben wir zuerst die Zugriffsberechtigungen besprochen und das Typsystem von Java eingeführt. In Java gibt es primitive Typen und Referenztypen. Klassentypen gehören zu den Referenztypen; andere Arten von Referenztypen sind Arraytypen und Interface-Typen. Die primitiven Typen umfassen Typen für ganze Zahlen und Gleitkommazahlen, deren Werte unterschiedlich viel Speicherplatz belegen und die dementsprechend verschieden große Wertebereiche haben. Außerdem gehören einzelne Zeichen und Wahrheitswerte zu den primitiven Typen.

Danach haben wir die sieben verschiedenen Arten von Variablen eingeführt, die es in Java gibt: Klassenvariablen, Instanzvariablen, Arraykomponenten, Methodenparameter, Konstruktorparameter, Exceptionparameter und lokale Variablen. Die Werte von Variablen kann man lesen und, falls die Variablen nicht als `final` deklariert sind, schreiben. Um auf verschattete Variablen zuzugreifen, verwendet man das Schlüsselwort `this`, das immer eine Referenz auf das Objekt ist, auf dem die gerade aktive Methode aufgerufen wurde. Instanz- und Klassenvariablen werden mit Default-Werten initialisiert. Variablen mit Referenztyp erhalten den Anfangswert `null`, der für eine Objektreferenz steht, die auf kein Objekt verweist und auf der deswegen keine Methoden aufgerufen werden dürfen. Lokalen Variablen muss vor der ersten Verwendung ein Wert zugewiesen werden.

Methoden werden deklariert, indem ihr Name, der Rückgabetyp, die Parameter und ein Rumpf angegeben werden. Die Kombination aus Namen und Parametertypen nennt man Signatur. Innerhalb einer Klasse dürfen mehrere Methoden mit dem gleichen Namen angegeben werden, sofern sie unterschiedliche Signaturen haben; dann spricht man vom Überladen der Methode. Der Aufruf normaler Methoden erfolgt immer auf einer Objektreferenz; bei statischen Methoden gibt man statt dessen den Klassennamen an. Der Zugriff auf Instanz- und Klassenvariablen erfolgt üblicherweise über Getter- und Setter-Methoden.

Methoden, die keinen Wert zurückgeben, haben typischerweise Seiteneffekte; sonst könnte man ihren Aufruf weglassen. Typische Beispiele dafür sind Setter und JUnit-Tests. Beispiele für Methoden, die einen Wert zurückgeben, sind Getter-Methoden, Validierungsmethoden und Berechnungsmethoden.

Objekte sind eindeutig identifizierbare Instanzen einer Klasse, die Speicherplatz für die Instanzvariablen enthalten und auf denen alle Methoden der Klasse aufgerufen werden können. Diese Eigenschaften kann man kurz als „Identität, Zustand, Verhalten" zusammenfassen.

Konstruktoren dienen zum Initialisieren von neu erzeugten Objekten. Genau wie Methoden können sie Parameter haben; einen Konstruktor ohne Parameter nennt man auch Standardkonstruktor. Wenn kein Konstruktor definiert wird, erzeugt Java automatisch einen Standardkonstruktor.

Die wichtigsten Punkte dieses Kapitels sind in der Mindmap in Abb. 3.11 zusammengefasst.

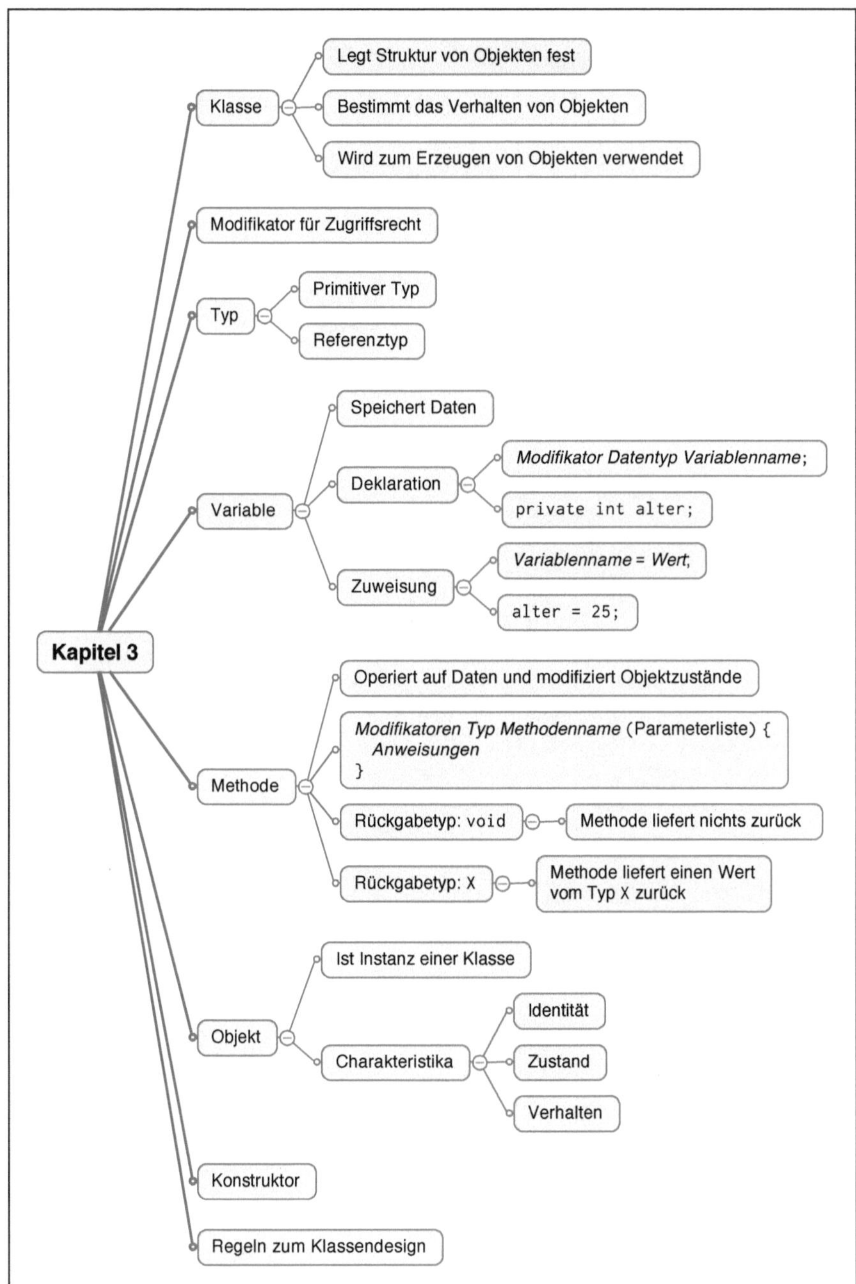

Abb. 3.11 Was haben wir gelernt? Mindmap zu Kapitel 3 – Klassen und Objekte

Kapitel 4
Mehr zu Klassen und Objekten

In diesem Kapitel werden wir einige vertiefende Themen zu Klassen und Objekten behandeln. Wie wir in den vorhergehenden Kapiteln gesehen haben, sind Methoden ein wichtiger Baustein von Java-Programmen, da sie die Aufteilung des Verhaltens in verständliche Einheiten ermöglichen. In diesem Kapitel wollen wir zuerst statische Methoden und Variablen genauer betrachten. Danach beschreiben wir *Rekursion*, eine wichtige Implementierungsstrategie für Algorithmen. Im letzten Abschnitt gehen wir kurz auf einen Ansatz ein, um Klassen und ihre Funktionalität zu identifizieren, wenn man eine Beschreibung des zu lösenden Problems hat.

4.1 Statische Variablen und Methoden

Wie wir im letzten Kapitel gesehen haben, können durch das Schlüsselwort `static` Attribute und Methoden als statische Variablen und Methoden gekennzeichnet werden.

4.1.1 Statische Variablen

Eine statische Variable ist ein Attribut, das zu einer Klasse gehört und nicht zu den Objekten dieser Klasse. Im Gegensatz zu normalen Instanzvariablen beschreibt eine statische Variable also keine Eigenschaft von Objekten, sondern eine Eigenschaft der Klasse selber. Somit existieren statische Variablen unabhängig von den erzeugten Instanzen der Klasse. Erzeugt man 100 Instanzen einer Klasse, dann existieren 100 Kopien von jeder Instanzvariable, während jede statische Variable nur einmal existiert. Zum Beispiel könnte man eine statische Variable verwenden, um die Instanzen zu zählen, die von einem Typ erzeugt wurden:

```
class GezaehltesObjekt {
    private static int anzahlObjekte = 0;
```

M. Hölzl, A. Raed, M. Wirsing, *Java kompakt*, eXamen.press,
DOI 10.1007/978-3-642-28504-2_4, © Springer-Verlag Berlin Heidelberg 2013

```
public GezaehltesObjekt() {
  anzahlObjekte = anzahlObjekte + 1;
}
}
```

Die statische Variable `anzahlObjekte` gibt an, wie viele Objekte vom Typ `Ge-zaehltesObjekt` bisher erzeugt wurden. Im Allgemeinen sollten Sie statische Variablen aber nur sehr spärlich einsetzen; wenn Sie viele statische Variablen in Ihren Programmen verwenden, ist das typischerweise ein Zeichen dafür, dass Sie in einem prozeduralen Stil programmieren, der nicht gut zum Programmiermodell von Java passt.

Die Deklaration einer statischen Variable hat folgende Form:

Modifikatoren `static` *Typ Variablenname*;

Der Zugriff auf eine statische Variable erfolgt üblicherweise nicht über ein Objekt, sondern direkt über die Klasse:

Klassenname. *Variablenname*

Wenn *obj* eine Instanz der Klasse ist, so ist auch ein Zugriff mit der Syntax *obj*. *Variablenname* möglich. Diese Variante sollte aber vermieden werden und wird von Eclipse mit einem Warnsymbol gekennzeichnet.

4.1.2 Statische Methoden

Eine statische Methode ist eine Methode, die zu einer Klasse gehört und nicht zu einzelnen Instanzen. Statische Methoden beschreiben also nicht das Verhalten von Objekten, sie können deshalb auch nicht auf Instanzvariablen und Methoden von Objekten ihrer Klasse zugreifen, sondern nur auf statische Variablen. Zum Beispiel könnten wir die oben definierte Klasse `GezaehltesObject` folgendermaßen erweitern;

```
class GezaehltesObjekt {
  private static int anzahlObjekte = 0;
  public GezaehltesObjekt() {
    anzahlObjekte = anzahlObjekte + 1;
  }
  public static int getAnzahlObjekte() {
    return anzahlObjekte;
  }
}
```

Mit der statischen Methode `getAnzahlObjekte` können wir dann die Anzahl der erzeugten Instanzen von `GezaehltesObjekt` abfragen. Wenn wir das folgende Programm ausführen:

```
public static void main(String[] args) {
  System.out.println(GezaehltesObjekt.getAnzahlObjekte());
  GezaehltesObjekt object1 = new GezaehltesObjekt();
  GezaehltesObjekt object2 = new GezaehltesObjekt();
  System.out.println(GezaehltesObjekt.getAnzahlObjekte());
}
```

so erhalten wir als Ausgabe die zwei Zahlen 0 und 2, da beim ersten Aufruf von
getAnzahlObjekte noch keine Instanz von GezaehltesObjekt existierte, während
vor dem zweiten Aufruf zwei Instanzen erzeugt wurden.

Ebenso wie bei statischen Variablen wird außerhalb der deklarierenden Klasse
mit dem Klassennamen auf statische Methoden zugegriffen und nicht über einen
Objektnamen: *Klassenname.Methodenname(Argument, ...)*. Ein typischer An-
wendungsfall für statische Methoden ist ein Zähler für die Anzahl der erzeugten
Instanzen (wie im Beispiel). Sie sollten statische Methoden ebenso wie statische
Variablen nur spärlich verwenden.

Die Java-Standardbibliothek definiert einige Klassen, die nur Konstanten und statische Methoden enthalten. Beispiele dafür sind die Klasse Math, die numerische
Funktionen wie Logarithmus oder Quadratwurzel anbietet, oder die Klasse Arrays,
die häufig benötigte Hilfsfunktionen für den Umgang mit Arrays als statische Methoden implementiert.

Aufgabe 4.1. Erweitern Sie die Klasse Mitarbeiter aus Aufgabe 3.1 um eine statische Variable, die die Anzahl der bereits erzeugten Mitarbeiter-Instanzen speichert,
und schreiben Sie eine (statische) Getter-Methode, die diese Anzahl zurückgibt.

Aufgabe 4.2. Implementieren Sie eine Klasse MyConversions, die statische Methoden zum Umwandeln von Zentimetern in Zoll und umgekehrt anbietet. 1 Zoll
entspricht 2.54 cm. Testen Sie diese Implementierung.

4.2 Rekursive Methoden

Wir haben gesehen, dass eine Methode andere Methoden aufrufen kann. In manchen Fällen ist es aber sogar sinnvoll, dass eine Methode sich selbst aufruft. Das
bezeichnet man als *direkte Rekursion*. In anderen Fällen erfolgt der Aufruf nicht
direkt, sondern über eine Kette von Methodenaufrufen. Zum Beispiel kann es sein,
dass eine Methode f eine Methode g aufruft, welche dann wieder f aufruft. Diesen
Fall nennt man *indirekte Rekursion*.

4.2.1 Direkte Rekursion

Ein erstes Beispiel für eine Methode, für die sich eine rekursive Definition anbietet, ist die Fakultät einer Zahl: Die Fakultät einer natürlichen Zahl n, mathematisch
geschrieben als $n!$, ist das Produkt aller Zahlen von 1 bis n, also

$$n! = 1 \times 2 \times \cdots \times (n-1) \times n.$$

Zum Beispiel ist $3! = 1 \times 2 \times 3 = 6$. Außerdem definieren wir noch, dass die Fakultät von 0 und allen negativen Zahlen den Wert 1 haben soll: $0! = 1$ und $-5! = 1$.

Wir können mit diesen Festlegungen die Definition der Fakultät folgendermaßen aufschreiben:

$$n! = \begin{cases} 1 & \text{für } n \leq 1 \\ 1 \times 2 \times \cdots \times (n-1) \times n & \text{für } n > 1 \end{cases}$$

Die zweite Zeile besteht aus dem Produkt aus $1 \times \cdots \times (n-1)$ und n. Der erste Faktor darin, $1 \times \cdots \times (n-1)$, ist aber genau die Fakultät von $n-1$. Somit können wir die Fakultät auch ohne „Pünktchen" (oder, wie man sagt, in geschlossener Form) aufschreiben.

$$n! = \begin{cases} 1 & \text{für } n \leq 1 \\ (n-1)! \times n & \text{für } n > 1 \end{cases}$$

Diese Definition ist aber rekursiv! Für alle Werte n größer als 1 definieren wir die Fakultät, indem wir auf die Fakultät eines anderen Wertes zurückgreifen. Allerdings ist dieser Wert kleiner als n, so dass wir nach maximal n Schritten versuchen, die Fakultät von 1 zu berechnen, und diesen Fall können wir ohne weiteren Rückgriff auf die Fakultät direkt angeben. Zum Beispiel erhalten wir:

$$
\begin{aligned}
3! &= 2! \times 3 && \text{nach Definition von } 3! \\
&= (1! \times 2) \times 3 && \text{nach Definition von } 2! \\
&= (1 \times 2) \times 3 && \text{nach Definition von } 1! \\
&= 6 && \text{Ausgerechnet}
\end{aligned}
$$

Ein ähnliches Prinzip liegt jeder Rekursion zugrunde: Eine rekursive Methode benötigt immer eine Abbruchbedingung und einen Abbruchwert. Wenn die Abbruchbedingung erfüllt ist, hört die Methode auf, sich selber aufzurufen, und gibt den Abbruchwert aus. Die Abbruchbedingung bei der Fakultät ist $n \leq 1$, der Abbruchwert ist immer 1, egal ob $n = 1$, $n = 0$ oder n negativ ist. Um eine „vernünftige" Rekursion zu erhalten, muss die Methode bei jedem rekursiven Aufruf „näher" an die Abbruchbedingung herankommen; bei der Fakultät ist das der Fall, weil jeder rekursive Aufruf für $n \geq 2$ mit dem kleineren Argument $n-1$ erfolgt, so dass jede Kette von rekursiven Aufrufen irgendwann mit dem Argument 1 abbricht. Wir können die Fakultät jetzt direkt in Java implementieren:

```
public static int berechneFakultaet(int n) {
  if (n <= 1) {
    return 1;
  }
  else {
    return berechneFakultaet(n-1) * n;
  }
}
```

Durch die if-Anweisung überprüfen wir die Abbruchbedingung; wenn sie erfüllt ist, geben wir sofort den Abbruchwert 1 zurück. Andernfalls rufen wir in Zeile 6 die Methode berechneFakultaet rekursiv auf, multiplizieren das Ergebnis des Aufrufs mit dem Argument n und geben das Resultat als Ergebnis des Methodenaufrufs zurück.

Aufgabe 4.3. Implementieren Sie eine Klasse MyMath mit der oben angegebenen statischen Methode berechneFakultaet. Testen Sie Ihre Implementierung, indem Sie in der main-Methode eine Zahl von der Konsole einlesen und die Fakultät der eingelesenen Zahl ausgeben.

Aufgabe 4.4. Die Fibonacci-Zahlen sind folgendermaßen definiert:

$$fib(n) = \begin{cases} 0 & \text{falls } n \leq 0 \\ 1 & \text{falls } n = 1 \\ fib(n-1) + fib(n-2) & \text{falls } n \geq 2 \end{cases}$$

Erweitern Sie die Klasse MyMath aus Aufgabe 4.3 um eine statische Methode berechneFib(int n), die für jede positive Eingabe n die n-te Fibonacci-Zahl berechnet und für negatives n den Wert 0 zurückgibt. Testen Sie Ihre Implementierung, indem Sie in der main-Methode eine Zahl von der Konsole einlesen und die Methode berechneFib auf die eingelesene Zahl anwenden.

In manchen Programmiersprachen, wie etwas Lisp, ist Rekursion die bevorzugte Art, Schleifen zu schreiben, und wird daher von den Implementierungen der Sprache effizient unterstützt. In Java ist dies nicht der Fall; jeder einzelne Aufruf einer rekursiven Methode benötigt in Java zusätzlichen Speicherplatz[1]. Lange Ketten von rekursiven Aufrufen können in Java also dazu führen, dass das Programm mit einer Fehlermeldung abgebrochen wird. Daher ist es in Java oft vorteilhaft, Methoden in einer nicht-rekursiven Form zu schreiben. Die Fakultäts- und Fibonacci-Funktionen sollen Sie in Aufgabe 7.8 als nicht-rekursive Methoden deklarieren.

Bei vielen Datenstrukturen ist eine rekursive Implementierung von Algorithmen leichter zu realisieren als eine Lösung ohne Rekursion. Daher geht man in Java oft so vor, dass man zuerst die einfache, rekursive Implementierung schreibt und sie später nochmals in einer Form ohne Rekursion implementiert.

4.2.2 Indirekte Rekursion

Bei der direkten Rekursion ruft eine Methode a sich selber auf, wir haben also eine Folge von Aufrufen der Form $a \to a \to \cdots \to a$. Es ist möglich, dass ein rekursiver Aufruf nicht direkt erfolgt, sondern dass z.B. a eine Methode b aufruft und dass b

---

[1] Aufgrund des in Java integrierten Sicherheitskonzepts, das die Ausführung von nicht vertrauenswürdigem Code mit beschränkten Rechten erlaubt, ist es für eine Java-Implementierung nicht ohne Probleme möglich, die in anderen Sprachen vorhandenen Optimierungen vorzunehmen.

wieder a aufruft. Wir erhalten dann bei der Ausführung des Programms abwechselnde Aufrufe von a und b, was wir in der Form a → b → a → b → ⋯ schreiben können. Man spricht in diesem Fall von *indirekter Rekursion*. Die Methoden a und b können dabei in der gleichen Klasse oder in verschiedenen Klassen sein.

Wie bei der direkten Rekursion ist bei der *indirekten Rekursion* entscheidend, dass es eine klare Abbruchbedingung gibt, die die Folge von abwechselnden Aufrufen von a und b unterbricht. Eine solche Abbruchbedingung kann in a, in b oder in beiden Methoden vorhanden sein. Der Abbruchwert ist wieder derjenige Wert, den die Methode zurückgibt, in der die Abbruchbedingung erfüllt wird.

Programme, die indirekte Rekursion verwenden, tendieren dazu, unübersichtlich und schwer verständlich zu sein. Deshalb sollten Sie indirekte Rekursion nicht zu häufig einsetzen. Allerdings gibt es einige Probleme, in denen indirekte Rekursion ein Problem klarer strukturiert als andere Lösungsansätze.

Aufgabe 4.5. Erweitern Sie die Klasse MyMath aus Aufgabe 4.3 um zwei statische Methoden istGerade(int n) und istUngerade(int n), die genau dann true (bzw. false) zurückgeben, wenn n eine positive gerade (bzw. ungerade) Zahl ist. Dabei soll folgender Algorithmus verwendet werden:

- istGerade(0) gibt true zurück
- istUngerade(0) gibt false zurück
- istGerade(n) gibt den Wert von istUngerade(n-1) zurück
- istUngerade(n) gibt den Wert von istGerade(n) zurück.

Testen Sie Ihre Implementierung mit verschiedenen Werten. Was passiert beim Aufruf der Methoden mit sehr großen Zahlen? Was passiert beim Aufruf mit negativen Zahlen?

4.3 Software-Design

In den bisherigen Abschnitten haben wir uns hauptsächlich auf die „technischen" Aspekte von Java konzentriert, also auf Fragen wie „Was sind Klassen und Objekte?" oder „Wie funktionieren Methodenaufrufe?". Wenn Sie aber eine Programmieraufgabe in Java bewältigen wollen, so müssen Sie geeignete Klassen finden, die Struktur der Klassen festlegen und Methoden einführen, mit denen das gegebene Problem gelöst werden kann. Man spricht bei der Festlegung der Klassen, ihrer Beziehungen, Struktur und Methoden vom *Design* der Software. Ein gutes Design zu finden ist nicht einfach, aber mit etwas Erfahrung wird es Ihnen immer leichter fallen. Um Ihnen den Einstieg zu erleichtern, wollen wir in diesem Abschnitt einige Hinweise geben, wie Sie dabei vorgehen können. Dazu stellen wir eine einfache Aufgabe und erklären daran eine mögliche Vorgehensweise.

Die Programmieraufgabe lautet „Programmieren Sie für das Prüfungsamt einer Universität ein Java-Programm, das die wichtigsten Daten von Studenten verwalten kann."

Eine vollständige Lösung würde natürlich viele Elemente enthalten, auf die wir in diesem Kurs nicht eingehen können, z.B. eine graphische Oberfläche sowie eine Datenbankanbindung. Wir beschränken uns hier auf die minimale Funktionalität, die das System haben muss: das Speichern und Verwalten von Studentendaten.

Typischerweise geht man bei der Softwareentwicklung iterativ vor und wiederholt die einzelnen Phasen im Entwicklungsprozess mehrmals. Zur Vereinfachung beschränken uns wir in diesem Abschnitt auf einen Durchlauf durch die Design-Phase und unterteilen sie in 4 Schritte:

1. Klassen identifizieren und deklarieren
2. Objekteigenschaften durch Instanzvariablen abbilden
3. Konstruktoren zum Erzeugen von Objekten deklarieren
4. Objektverhalten durch Methoden realisieren

In den folgenden Abschnitten gehen wir genauer auf die einzelnen Schritte ein; die Mindmap in Abb. 4.1 bietet einen Überblick über die wichtigsten Punkte.

4.3.1 Klassen identifizieren und deklarieren

Substantive in der Aufgabenstellung ergeben oft Hinweise auf die Dinge, die im Programm durch eine Klasse ausgedrückt werden. Im Allgemeinen sind Lebewesen (Person, Tier), Gegenstände (Speisekarte, Gerät, Fahrzeug), Organisationen (Universität, Firma) und Konzepte (Name, Speisekarteneintrag, Bestellung, Rechnung, Treiber, Kontroll-Logik) heiße Kandidaten für Klassen. In unserer Aufgabenstellung sind „Prüfungsamt", „Universität", „Daten" und „Student" die entscheidenden Substantive.

Das Substantiv "Student" beschreibt die Studenten aller Fachrichtungen, die für unser System relevant sind; alle Studenten haben ähnliche Eigenschaften – jedenfalls aus dem Blickwinkel unseres Systems gesehen. Daher ist es der naheliegendste Kandidat für eine Klasse. Das Substantiv "Daten" bezieht sich hier auf die Information, die wir für jeden Studenten speichern müssen. Es ist nicht sinnvoll, einen Unterschied zwischen einem Student und seinen Daten im Programm einzuführen: Der Zustand eines Studenten in unserem Programm besteht aus den Daten dieses Studenten. Daher implementieren wir eine Klasse Student, die alle Daten eines Studenten zusammenfasst:

```
public class Student {
}
```

Im Moment wissen wir noch nicht genau, welche Attribute oder Methoden die Klasse Student haben soll, daher ist die Deklaration sehr einfach.

Sie sollten vorsichtig sein, wenn Sie sehr allgemeine Substantive wie „Daten," „Information" oder „Zustand" als Klasse repräsentieren wollen: Im Allgemeinen beschreiben sie die Attribute einer anderen Klasse und nicht ein eigenes Konzept.

Das Substantiv „Prüfungsamt" verwaltet die Daten aller Studenten und bietet sich als die Stelle im Programm an, bei der man z.B. nach Studenten suchen kann. Daher

implementieren wir eine zweite Klasse Pruefungsamt, die genau so einfach ist wie
die Klasse Student:

```
public class Pruefungsamt {
}
```

Da unsere Software die Daten für ein einziges Prüfungsamt verwalten soll, gibt
es im Moment scheinbar keine Notwendigkeit, die Universität im Programm abzubilden. Daher brauchen wir keine Klasse Universitaet deklarieren. Es könnte
allerdings gut möglich sein, dass eine genauere Analyse der Aufgabenstellung die
Notwendigkeit ergibt, z.B. Studenten verschiedener Universitäten zu verwalten; in
diesem Fall kann es sinnvoll sein, eine zusätzliche Klasse für Universitäten im Programm einzuführen.

4.3.2 Objekteigenschaften durch Instanzvariablen abbilden

Wir haben uns im ersten Schritt dafür entschieden, dass die Klasse Student die
Eigenschaften festlegen soll, die für jeden Studenten gespeichert werden. Jeder Student wird also durch ein Objekt vom Typ Student im Programm repräsentiert. Als
nächstes müssen wir wissen, welche gemeinsamen Eigenschaften alle Studenten
teilen. In der Realität ist es ein wichtiger Teil des Entwicklungsprozesses herauszu-
finden, welche Daten vom Programm benötigt werden und wie diese Daten im Computer abgebildet werden. Für unser kleines Beispielprogramm gehen wir davon aus,
dass für jeden Studenten sein Name, seine Matrikelnummer, sein momentanes Stu-
diensemester, sein Studienfach und seine Adresse gespeichert werden sollen. Wir
beschränken uns hier auf die ersten drei Eigenschaften und überlassen es Ihnen als
Übungsaufgabe, die Klasse um die letzten beiden Eigenschaften zu erweitern.

Natürlich hat ein Student auch viele weitere Eigenschaften wie z.B. Größe, Augenfarbe, Hobbies usw. Doch solche Eigenschaften sind für das Prüfungsamt irrelevant. Beim Erstellen von Programmen versuchen wir nicht die „ganze Welt" nach-
zubilden, sondern wir beschränken uns auf die Aspekte, die zur Lösung der Aufgabe nötig sind. Stellen Sie sich vor, Sie würden ein Programm zur Ausstellung von
Personalausweisen in einem Einwohnermeldeamt schreiben. Dann wären natürlich
Größe und Augenfarbe wichtige Eigenschaften, während Studienfach oder Matrikelnummer irrelevant und sogar sinnlos wären (da ja nicht jeder Bürger ein Student
ist). Wir versuchen also gar nicht, alle Eigenschaften, über die ein Objekt in der
Realität verfügt, in ein Java-Programm zu übertragen, und bilden statt dessen nur
den Teil der Realität ab, der zur Lösung der Aufgabe nötig ist.

Nachdem wir die wichtigsten gemeinsamen Eigenschaften von Studenten identifiziert haben, müssen wir diese Eigenschaften in unsere Klasse übertragen. Dies
geschieht mit Hilfe der Instanzvariablen. In unserem Beispiel brauchen wir in
der Klasse Student Instanzvariablen für Name, Studienfach und Matrikelnummer, die wir entsprechend der Java-Namenskonvention name, matrikelnummer und
semester nennen.

Welche Typen haben diese Instanzvariablen? Es kommt häufig vor, dass wir beim Abbilden der Objekteigenschaften auf neue Klassen kommen, die im Programm benötigt werden. In unserem Beispiel gibt es gute Argumente dafür, sowohl den Namen des Studenten als auch die Matrikelnummer durch benutzerdefinierte Klassen abzubilden: Zum Beispiel hat ein Name typischerweise eine Struktur; in europäischen Ländern sind Namen, die aus (möglicherweise mehreren) Vornamen und einem Nachnamen bestehen, üblich. Außerdem kann ein Name noch Bestandteile wie akademische Titel, Adelstitel, oder einen Postfix („jun.") enthalten. Bei der formalen Anrede benötigt man nur gewisse Teile des Namens (z.B. Titel, Nachnamen und Postfixe), die nach relativ komplizierten Regeln zusammengesetzt werden. Außerdem sollte eine Klasse für Namen auch mit Namen aus anderen Kulturkreisen zurechtkommen, die anderen Konventionen folgen. In unserem Beispiel ignorieren wir der Einfachheit halber diese Komplexität und definieren eine einfache Klasse Name mit den Attributen vorname und nachname:

```java
public class Name {
  private String vorname;
  private String nachname;
}
```

Die Matrikelnummer speichern wir der Einfachheit halber als String. Damit erhalten wir in der Klasse Student drei Instanzvariablen: name vom Typ Name, matrikelnummer vom Typ String und semester vom Typ int:

```java
public class Student {
  private Name name;
  private String matrikelnummer;
  private int semester;
}
```

Die Klasse Pruefungsamt enthält lediglich eine Liste der Studenten. Wir haben in Kapitel 2 bereits gesehen, dass das mit einer ArrayList<Student> implementiert werden kann:

```java
public class Pruefungsamt {
  private ArrayList<Student> studenten;
}
```

Durch die Instanzvariable studenten entsteht eine *Assoziation* zwischen den Klassen Pruefungsamt und Student: Instanzen der Klasse Pruefungsamt enthalten Referenzen auf Instanzen der Klasse Student. Das ist eine Situation, die sehr häufig in Programmen vorkommt. Wenn die Assoziation nur in eine Richtung geht (wie hier von Pruefungsamt zu Student), treten dabei keine Probleme auf. Die Situation wäre komplizierter, wenn es mehrere Prüfungsämter gäbe und Instanzen von Student eine Referenz auf ihre Pruefungsamt-Instanz speichern würden. Dann müssten wir bei der Implementierung der Methoden aufpassen, dass beide Richtungen der Assoziation konsistent gehalten werden, nämlich wenn ein Prüfungsamt einen Studenten referenziert und man das Prüfungsamt für jeden Studenten angeben muss.

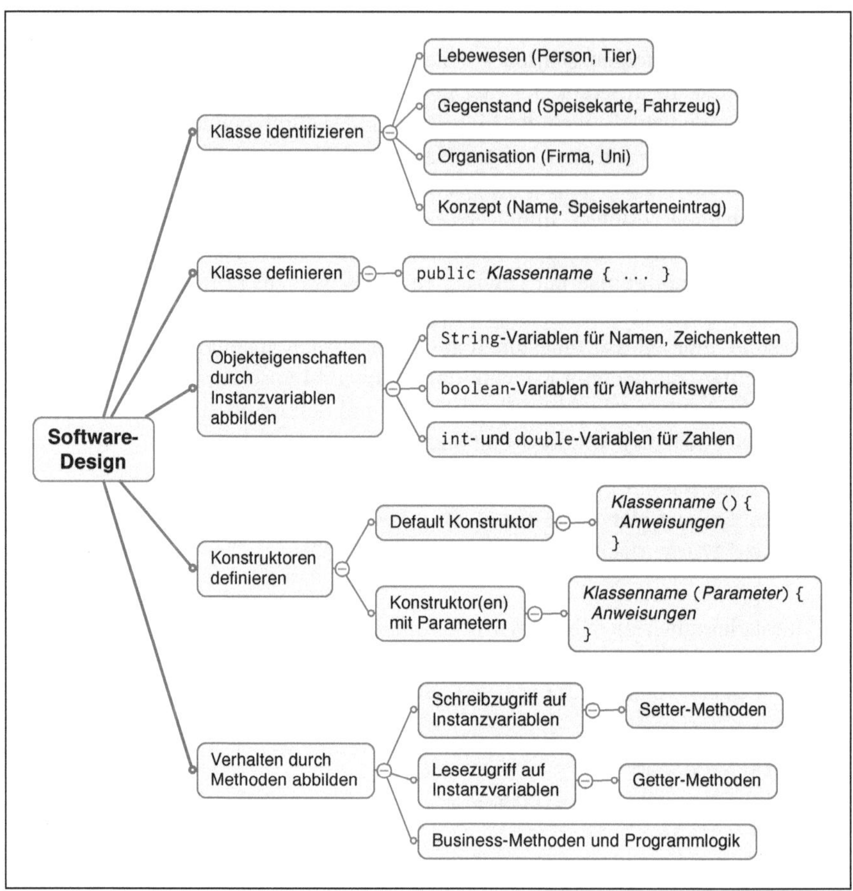

Abb. 4.1 Mindmap zu Software-Design

4.3.3 Konstruktoren zum Erzeugen von Objekten deklarieren

Wir haben bis jetzt unsere Klassen Name, Student und Pruefungsamt sowie ihre
wichtigsten Attribute identifiziert und als Java-Klassen mit den entsprechenden Instanzvariablen implementiert. Es empfiehlt sich, gleich Konstruktoren für die Klassen zu implementieren. Bei der Klasse Name übergeben wir einfach den Vornamen
und den Nachnamen als Argumente an den Konstruktor:

```java
public class Name {
  private String vorname;
  private String nachname;

  public Name(String vorname, String nachname) {
    this.vorname = vorname;
```

```
    this.nachname = nachname;
  }
}
```

Bei der Klasse Student könnten wir genau so verfahren und den Namen, die Matrikelnummer und das Fachsemester an den Konstruktor übergeben. Um Benutzern der Klasse die explizite Konstruktion des Namens zu ersparen, übergeben wir aber Vor- und Nachnamen als Strings und Konstruieren die Name-Instanz im Konstruktor von Student:

```
public class Student {
  private Name name;
  private String matrikelnummer;
  private int semester;

  public Student(String vorname, String nachname,
                 String matrikelnummer, int semester) {
    this.name = new Name(vorname, nachname);
    this.matrikelnummer = matrikelnummer;
    this.semester = semester;
  }
}
```

Man könnte für die Klasse Student mehrere überladene Konstruktoren anbieten, z.B. einen zusätzlichen Konstruktor, der den Namen als Name-Instanz erhält, oder Konstruktoren, die das Semester mit dem Wert 1 initialisieren.

Bei der Klasse Pruefungsamt entschließen wir uns, dem Konstruktor keine Parameter zu geben und bei neuen Instanzen der Klasse die Liste der Studenten immer mit einer leeren Liste zu initialisieren. Das ist für Instanzvariablen, die als Wert ein Array oder eine Collection haben, ein häufiges Vorgehen. Auch hier könnte man überlegen, einen überladenen Konstruktor zu definieren, mit dem man den Wert der Instanzvariable studenten beim Erzeugen des Prüfungsamts explizit initialisieren kann:

```
public class Pruefungsamt {
  private ArrayList<Student> studenten;

  public Pruefungsamt() {
    studenten = new ArrayList<Student>();
  }
}
```

4.3.4 Objektverhalten durch Methoden realisieren

Wir haben die Struktur unseres Programms durch die Klassen und ihre Instanzvariablen festgelegt. Bis jetzt hat unser Programm aber noch keinerlei Verhalten. Dazu müssen wir Methoden einführen. In der Beschreibung des Problems ist das

gewünschte Verhalten des Programms nur sehr knapp dargestellt: Unser Programm
soll „Daten von Studenten verwalten" können. Mit einer derartig knappen Beschreibung der Anforderungen sollten Sie sich bei der Entwicklung eines Programms nie
zufrieden geben. Wenn der Auftraggeber Ihnen keine genauere Beschreibung der
gewünschten Funktionalität liefert, ist das Risiko sehr groß, dass das von Ihnen ent-
wickelte Programm nicht dem entspricht, was er eigentlich wollte. Wir präzisieren
die Anforderungen also:

- Es soll für das Prüfungsamt möglich sein, einen neuen Studenten anzulegen,
  wenn sein Name, seine Matrikelnummer und sein Semester bekannt sind.
- Es soll für das Prüfungsamt möglich sein, einen Studenten anhand seiner Matri-
  kelnummer zu finden.
- Es soll möglich sein, alle Attribute eines Studenten auszulesen und zu verändern.
- Man soll den Vornamen, den Nachnamen oder den vollständigen Namen eines
  Studenten als String erhalten können.

Wenn wir diese Anforderungen realisieren, erhalten wir die folgenden Versionen
der Klassen:

```java
public class Name {
  private String vorname;
  private String nachname;

  public Name(String vorname, String nachname) {
    this.vorname = vorname;
    this.nachname = nachname;
  }

  public String getVorname() {
    return vorname;
  }
  public void setVorname(String vorname) {
    this.vorname = vorname;
  }
  public String getNachname() {
    return nachname;
  }
  public void setNachname(String nachname) {
    this.nachname = nachname;
  }

  public String vollstaendigerName() {
    return vorname + " " + nachname;
  }
}
```

Bei der Klasse Name haben wir lediglich Getter und Setter für die Instanzvariablen hinzugefügt und eine Methode vollstaendigerName deklariert, die den vollständigen Namen zurückgibt. Die Klasse Student ist ähnlich einfach:

```java
public class Student {
  private Name name;
  private String matrikelnummer;
  private int semester;

  public Student(String vorname, String nachname,
                 String matrikelnummer, int semester) {
    this.name = new Name(vorname, nachname);
    this.matrikelnummer = matrikelnummer;
    this.semester = semester;
  }

  public Name getName() {
    return name;
  }
  public void setName(Name name) {
    this.name = name;
  }

  public String getMatrikelnummer() {
    return matrikelnummer;
  }
  public void setMatrikelnummer(String matrikelnummer) {
    this.matrikelnummer = matrikelnummer;
  }

  public int getSemester() {
    return semester;
  }
  public void setSemester(int semester) {
    this.semester = semester;
  }
}
```

Die Klasse Pruefungsamt enthält die interessante Funktionalität des Programms: Mit der Methode neuerStudent kann man einen neuen Student erzeugen und zur Liste der vom Prüfungsamt verwalteten Studenten hinzufügen; mit findeStudent kann man einen Student anhand seiner Matrikelnummer finden:

```java
public class Pruefungsamt {
  private ArrayList<Student> studenten;

```

```java
 4    public Pruefungsamt() {
 5      studenten = new ArrayList<Student>();
 6    }
 7
 8    public Student neuerStudent(String vorname, String nachname,
 9                                String matrikelnummer, int semester) {
10      Student student = new Student(vorname, nachname,
11                                    matrikelnummer, semester);
12      studenten.add(student);
13      return student;
14    }
15
16    public Student findeStudent(String matrikelnummer) {
17      for (Student student : studenten) {
18        if (student.getMatrikelnummer().equals(matrikelnummer)) {
19          return student;
20        }
21      }
22      return null;
23    }
24  }
```

In der Methode neuerStudent erzeugen wir in Zeilen 10–11 eine neue Instanz
von Student, die wir in Zeile 12 in die ArrayList-Instanz studenten einfügen.
Anschließend geben wir den neu erzeugten Student an den Aufrufer der Methode
zurück. In der Methode findeStudent gehen wir die Liste aller Studenten mit einer
for-each-Schleife durch, bis wir den Studenten mit der gesuchten Matrikelnummer
finden. Falls kein solcher Student existiert, wird die Schleife beendet, ohne dass
die return-Anweisung ausgeführt wurde. In diesem Fall geben wir den Wert null
zurück. Die Funktionalität dieser beiden Methoden können wir z.B. mit folgender
main-Methode testen:

```java
public static void main(String[] args) {
  Pruefungsamt p = new Pruefungsamt();
  Student hans = p.neuerStudent("Hans", "Maier", "1234", 1);
  Student sara = p.neuerStudent("Sara", "Winter", "2468", 4);
  System.out.println(hans == p.findeStudent("1234"));
  System.out.println(sara == p.findeStudent("2468"));
  System.out.println(null == p.findeStudent("12345678"));
}
```

Abbildung 4.2 fasst die wichtigsten Punkte dieses Abschnitts zusammen.

Aufgabe 4.6. In dieser Aufgabe geht es darum, dass Sie Klassen identifizieren und
in Java implementieren. Vermeiden Sie bitte bei der Benennung Ihrer Klassen und
Instanzvariablen Sonderzeichen und deutsche Umlaute. Beschränken Sie sich dabei
auf höchstens fünf Eigenschaften pro Klasse.

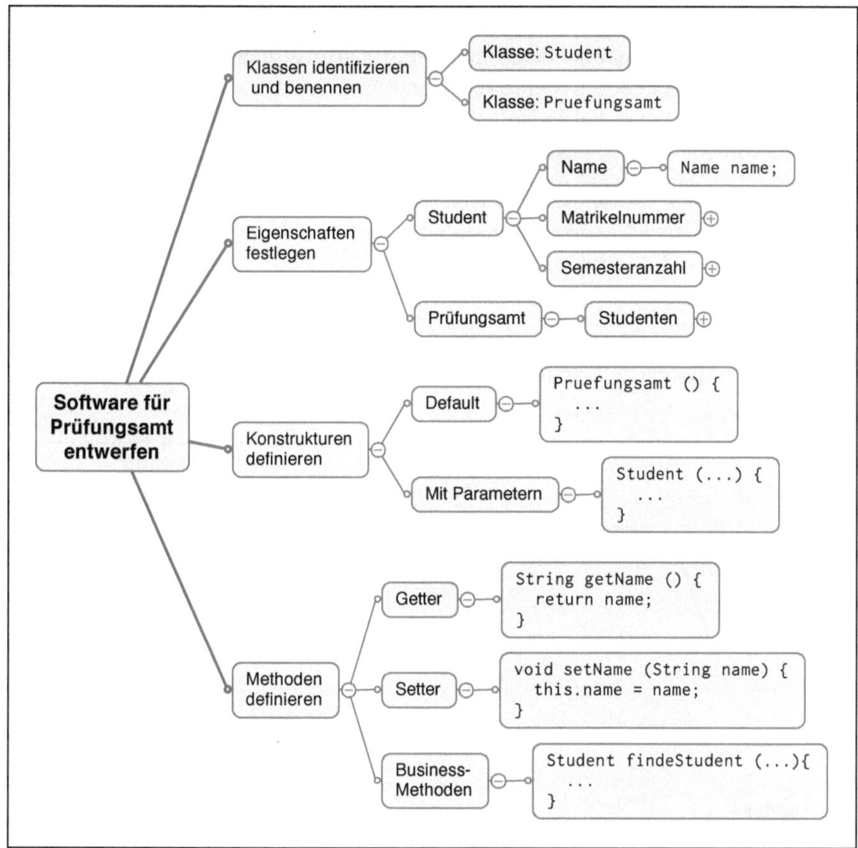

Abb. 4.2 Vorgehen bei der Implementierung der Klassen Student und Prüfungsamtœ

1. Programmieren Sie eine Klasse, die die Daten beschreibt, die benötigt werden, um in einem Einwohnermeldeamt Personalausweise zu erstellen.
2. Programmieren Sie eine Klasse, durch die Mitarbeiter im Buchhaltungssystem einer Firma beschrieben werden können.
3. Programmieren Sie eine Klasse, die eine Firma im Handelsregister beschreiben kann.

4.4 Was haben wir gelernt?

In diesem Kapitel haben wir statische Variablen und Methoden besprochen, die Speicherplatz und Verhalten bereitstellen, das zu Klassen und nicht zu einzelnen Objekten gehört. Danach habe wir rekursive Methoden kennengelernt, die sich entweder direkt oder indirekt selber aufrufen. Rekursive Methoden müssen immer eine Abbruchbedingung haben, bei der kein rekursiver Aufruf mehr erfolgt.

Als letzten Punkt haben wir eine sehr kurze Einführung in das Design von Software gegeben, die Ihnen helfen soll, eigene Programme zu schreiben. Die vorgeschlagene Vorgehensweise besteht aus den Schritten

- Identifizieren der vorkommenden Klassen
- Abbilden der Objekteigenschaften durch Instanzvariablen
- Deklarieren von Konstruktoren
- Realisieren des Objektverhaltens durch Methoden

Abb. 4.1 veranschaulicht dieses Vorgehen in einer Mindmap; Abb. 4.3 bietet eine Überblick über das ganze Kapitel.

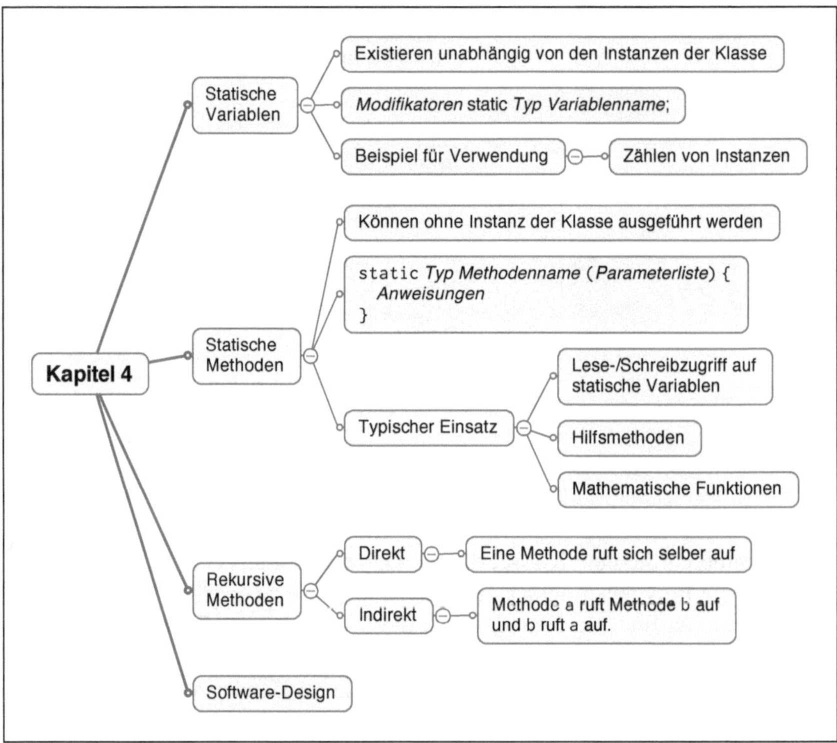

Abb. 4.3 Was haben wir gelernt? Mindmap zu Kapitel 4 – Mehr zu Klassen und Objekten

Kapitel 5
Primitive Typen

In Kapitel 3 haben wir Klassen und Objekte kennengelernt. Java ist aber keine rein objektorientierte Sprache: Einige Typen, z.B. `int` oder `real`, sind keine Klassen und ihre Werte keine vollwertigen Objekte. Diese sogenannten *primitiven Typen* werden wir in diesem Kapitel genauer betrachten.

Wir haben in den Kapiteln 2 und 3 gesehen, dass Objekte sehr flexibel sind, z.B. können wir Methoden auf Objekten aufrufen oder sie in einer `ArrayList` speichern. Außerdem können wir von den meisten Klassen neue Instanzen erzeugen. Bei primitiven Typen ist das anders: Sie haben einen fest vorgegebenen Wertebereich, z.B. einen Teilbereich der ganzen Zahlen oder Gleitkommazahlen mit einer gewissen Genauigkeit. Auf diesen Werten können wir keine Methoden aufrufen, wir können aber gewisse, von Java fest vorgegebene Operationen auf die Werte anwenden, z.B. die Addition und Multiplikation von Zahlen.

Java stellt acht primitive Typen zur Verfügung:

- `byte`, `short`, `int` und `long` für verschieden große Teilmengen der ganzen Zahlen
- `float` und `double` für verschieden genaue Gleitkommazahlen
- `boolean` für die Wahrheitswerte `true` und `false`
- `char` für einzelne Zeichen

Anders als in der Mathematik können Zahlen in Java nicht beliebig groß werden[1]. Daher gibt es mehrere numerische Typen; jeder davon hat eine größte und eine kleinste darstellbare Zahl. Die Spanne zwischen größter und kleinster darstellbarer Zahl nennt man den Wertebereich. Der Speicherplatz für Variablen eines numerischen Typs ist um so größer, je mehr Zahlen darstellbar sind. Das heißt aber nicht, dass Typen mit größerem Speicherbedarf auch einen größeren Wertebereich haben: selbst Gleitkommazahlen vom Typ `float` haben einen größeren Wertebereich als jeder ganzzahlige Typ. Allerdings können Gleitkommazahlen nicht jede ganze Zahl in ihrem Wertebereich exakt darstellen; an den „Rändern" des Wertebereichs werden die Lücken zwischen den darstellbaren Gleitkommazahlen sehr groß.

---

[1] Es gibt die Klassen `BigInteger` und `BigDecimal` zur Darstellung beliebig großer Zahlen, aber diese werden nur für spezielle Anwendungsfälle verwendet.

M. Hölzl, A. Raed, M. Wirsing, *Java kompakt*, eXamen.press,
DOI 10.1007/978-3-642-28504-2_5, © Springer-Verlag Berlin Heidelberg 2013

Typ	Speicher	Wert	Art
byte	8 bits	−128 bis 127	Integer
short	16 bits	−32 768 bis 32 767	Integer
int	32 bits	−2 147 483 648 bis 2 147 483 647	Integer
long	64 bits	−9 223 372 036 854 775 808 bis 9 223 372 036 854 775 807	Integer
float	32 bits	$\pm 3.40282347E + 38F$	Gleitkommazahl
double	64 bits	$\pm 1.79769313486231570E + 308$	Gleitkommazahl
char	16 bits	65 536 Unicode-Zeichen	Einzelzeichen
boolean	1 bit	true oder false	Wahrheitswert

Tabelle 5.1 Primitive Typen in Java

Typ	Einsatzgebiet
byte	low-level Programmierung, z.B. Datenübertragung, Transportprotokolle
short	kleine Zahlen, die wenig Speicherplatz benötigen sollen
int	ganze Zahlen
long	große ganze Zahlen, z.B. Millisekunden seit Januar 1970
float	rationale Zahlen mit geringer Genauigkeit
double	rationale Zahlen mit hoher Genauigkeit
char	Unicode-Zeichen, also Einzelzeichen wie 'B'
boolean	Bedingungen, Vergleiche und logische Operationen

Tabelle 5.2 Einsatz primitiver Typen in Java

In Tabelle 5.1 haben wir die Wertebereiche und den benötigten Speicherplatz für die verschiedenen numerischen Typen zusammengefasst.

Neben den numerischen Typen gibt es noch primitive Typen für Zeichen und Wahrheitswerte. Einzelne Zeichen sind in Java immer im Unicode-Standard codiert, sie können also außer Buchstaben, Ziffern und den gängigen Sonderzeichen noch eine Vielzahl von anderen Zeichen darstellen, z.B. Umlaute, griechische und kyrillische Zeichen, usw. Der Typ boolean hat nur die Werte true und false. Tabelle 5.2 gibt einen Überblick, für welche Aufgaben die verschiedenen primitiven Typen üblicherweise verwendet werden.

5.1 Wahrheitswerte

Der Typ boolean stellt Wahrheitswerte dar, die man auch als Boole'sche Werte bezeichnet.[2] Es ist der einfachste primitive Typ, da er nur die zwei Werte true

---

[2] Der Begriff bezieht sich auf den britischen Mathematiker George Boole, der Mitte des 19. Jahrhunderts als erster einen Kalkül zum Rechnen mit Wahrheitswerten entwickelt hat.

x	y	!x	x und y	x oder y
true	true	false	true	true
true	false	false	false	true
false	true	true	false	true
false	false	true	false	false

Tabelle 5.3 Operationen auf Wahrheitswerten

und `false` umfasst.[3] Wahrheitswerte werden häufig implizit verwendet, z.B. als Ergebnisse von Vergleichsoperationen in der Bedingung von `if`-Anweisungen. In Java gibt es drei Operationen, die auf Wahrheitswerten arbeiten, zwei davon haben jeweils eine strikte und eine nicht-strikte Variante: striktes und nicht-striktes „und" (&, &&), striktes und nicht-striktes „oder" (|, ||) und Negation (!). Die Bedeutung der Operationen auf Wahrheitswerten ist in Tabelle 5.3 zusammengefasst.

Um den Unterschied zwischen den strikten und nicht-strikten Operatoren zu verstehen, müssen wir etwas genauer auf die Ausführung von Java-Programmen eingehen. Oft verwendet man logische Operatoren, um eine Folge von Tests durchzuführen, z.B. in der folgenden Form:

```
y != 0 && x != 0
```

Wenn wir wissen, dass y den Wert 0 hat, dann wissen wir aus der Tabelle der Wahrheitswerte, dass der gesamte Test nicht mehr den Wert `true` ergeben kann, egal was der Wert von x ist. Wir brauchen also den zweiten Ausdruck gar nicht mehr auswerten, um zu wissen, dass der Test den Wert `false` ergibt. Und genau so arbeiten die nicht-strikten Operatoren && und ||: Falls das erste Argument von && den Wert `false` hat, so ist das Ergebnis der Operation ebenfalls `false` und das zweite Argument wird nicht mehr ausgewertet. Analog wird beim Operator || das zweite Argument nicht mehr ausgewertet, wenn das erste Argument den Wert `true` hat. Die strikten Operatoren & und | werten hingegen immer beide Argumente aus.

Es ist also schon aus Gründen der Performance besser, immer die nicht-strikten Formen der Operatoren zu verwenden. In manchen Fällen ist es aber sogar für die Korrektheit des Programmes notwendig. Zum Beispiel werden Sie oft Tests der folgenden Art sehen:

```
y != 0 && x/y > 1
```

Die Division x/y führt zu einem Laufzeitfehler, wenn $y = 0$ ist. Durch den ersten Test soll verhindert werden, dass dieser Laufzeitfehler ausgelöst wird, und dazu muss in diesem Fall der nicht-strikte Operator && eingesetzt werden. Eine ähnliche Situation ergibt sich, wenn das zweite Argument eine nicht terminierende (endlose) Berechnung ist. Die Fälle, dass ein Ausdruck einen Laufzeitfehlers auslöst oder

---

[3] Im Gegensatz zu manch anderen Programmiersprachen ist in Java eine Konvertierung zwischen Wahrheitswerten und anderen Typen nicht möglich; Sie können also z.B. weder die Zahl 0 anstelle von `false` verwenden, wie etwa in C++, noch können Sie die logischen Operatoren auf Werte anderer Typen anwenden.

Operation	Syntax	Bedeutung
striktes und	`x & y`	liefert `true`, wenn x und y `true` sind, sonst `false`
und	`x && y`	liefert direkt `false`, wenn x `false` ist, sonst y
striktes oder	`x | y`	liefert `true`, wenn x oder y `true` ist
oder	`x || y`	liefert sofort `true`, falls x `true` ist, sonst y
Negation	`!x`	liefert `true`, wenn x `false` ist, sonst `false`

Tabelle 5.4 Logische Operatoren. Die Wahrheitswerte für die strikten Operationen setzen voraus, dass sowohl x als auch y definiert sind. Sie sind undefiniert, wenn x oder y undefiniert ist. Die nicht-strikten Operationen sind immer undefiniert, wenn x undefiniert ist.

zu einer nicht terminierenden Berechnung führt, fasst man zusammen, indem man sagt, der Ausdruck sei *undefiniert* oder er habe einen *undefinierten Wert*. Ein strikter Operator hat einen undefinierten Wert, wenn eines seiner Argumente undefiniert ist. Beim nicht-strikten „und" wird das zweite Argument nicht ausgewertet, wenn das erste Argument falsch ist. Daher hat && den Wert `false`, wenn das erste Argument den Wert `false` hat und das zweite Argument undefiniert ist. Entsprechendes gilt für nicht-striktes „oder". Die logischen Operatoren sind in Tabelle 5.4 zusammengefasst.

Als Faustregel sollten Sie sich merken, dass Sie für die logischen Operationen immer die nicht-strikten Varianten && und || verwenden. In Java sind alle Operationen außer && und || strikt, auch Methoden- und Konstruktoraufrufe sind strikt, d.h., bevor der Aufruf ausgeführt wird, werden alle Argumente ausgewertet.

5.2 Numerische Typen

Um ganze Zahlen darzustellen, gibt es in Java die Typen byte, short, int und long. Der Typ byte belegt genau ein Byte Speicherplatz; er wird hauptsächlich verwendet, um Datenstrukturen für die Datenübertragung oder Zusammenarbeit mit anderen Programmen zu beschreiben. Die Typen short, int und long umfassen verschieden große Bereiche der ganzen Zahlen; sie haben jeweils einen Wertebereich von -2^n bis $2^n - 1$ (für $n = 15$, $n = 31$ und $n = 63$); auf allen drei Typen lassen sich die in Abschnitt 5.2.2 beschriebenen Operatoren anwenden.

Werte der Typen float und double repräsentieren Gleitkommazahlen. Sie werden in Java in Exponentialschreibweise geschrieben und müssen entweder einen Dezimalpunkt oder einen Exponenten enthalten. Für float-Werte wird der Beginn des Exponenten durch f oder F gekennzeichnet, für double-Werte durch e oder E. Ob man den Beginn des Exponenten mit einem großen oder kleinen Buchstaben kennzeichnet, ist eine rein stilistische Frage, beide haben die gleiche Bedeutung. Der Wert des Exponenten wird durch eine Dezimalzahl angegeben, die optional ein Vorzeichen haben kann. Die Schreibweise *men* bzw. *mfn* repräsentiert den Wert $m \cdot 10^n$, z.B. repräsentieren 10.0, 10.0f0, 10f0, 1f1 und 100.0f-1 alle den gleichen float-Wert $10.0 = 10.0 \cdot 10^0 = 1.0 \cdot 10^1 = 100.0 \cdot 10^{-1}$. Man nennt m die

Mantisse und *n* den *Exponenten* der Zahl. Falls kein Wert für den Exponenten angegeben wird, so wird der Wert 0 verwendet: 10f steht also ebenfalls für den float-Wert $10.0 \cdot 10^0 = 10.0$. Falls nur ein Dezimalpunkt angegeben wird, ist die Zahl ein double-Wert. So sind zum Beispiel 1.0, 123e10 und 123.456e4 double-Werte und 1.0f, 123f10 und 123.456f4 die entsprechenden float-Werte.

Beim Umgang mit Gleitkommazahlen müssen Sie beachten, dass ihre interne Darstellung in Java mit der Basis 2 erfolgt und daher nicht jeder Dezimalbruch exakt als Gleitkommazahl darstellbar ist. Deshalb kann es zu unerwarteten Rundungsfehlern kommen. Zum Beispiel ist $1.0 - 0.1 \approx 0.89999999999$, da die Zahl 0.9 keine exakte Darstellung als Gleitkommazahl hat. Wenn Sie z.B. mit Geldbeträgen rechnen, sollten Sie daher normalerweise die Klasse BigDecimal verwenden, die intern eine Darstellung mit der Basis 10 verwendet.

5.2.1 Typumwandlung (Cast, Boxing und Unboxing)

Durch die verschiedenen numerischen Typen ergeben sich mehrere Probleme. Eines der offensichtlichsten ist die Frage: „Welche Arten von Zahlen darf man an eine Variable von einem vorgegebenen Typ zuweisen und was passiert bei der Zuweisung?"

Wenn Sie z.B. einen Wert vom Typ int an eine int-Variable zuweisen wollen, dann sollte das kein Problem sein. Aber was passiert, wenn Sie z.B. einen int-Wert an eine byte-Variable zuweisen wollen? Der Wert könnte ja gar nicht als byte darstellbar sein, wie im folgenden Fall:

```
int i = 1000;
byte b;
b = i;              // Fehler! Implizites Narrowing!
```

Die Variable b kann nur Werte zwischen -128 und 127 speichern, daher ist die Zuweisung in der dritten Zeile in Java nicht erlaubt.

In Java sind die Regeln für die Zuweisung (bzw. Umwandlung) numerischer Typen folgendermaßen: Man kann Werte von jedem numerischem Typ T an Variablen vom Typ T zuweisen. Zum Beispiel kann man int-Werte an eine Variable vom Typ int zuweisen. Zusätzlich kann man ohne Probleme Werte von Typen mit kleinerem Wertebereich an Variablen von Typen mit größerem Wertebereich zuweisen, da dabei keine Information verloren geht. Z.B. kann man short-Werte an int-Variablen zuweisen, oder byte-Werte an long-Variablen. Außerdem kann man Werte der ganzzahligen Typen byte, short, int und long immer an Variablen vom Typ float oder double zuweisen. Andere Formen der Zuweisung sind nicht zulässig, ohne dem Compiler explizit anzugeben, dass der mögliche Umwandlungsfehler beabsichtigt ist. Die Zuweisung von einem Typ mit größerem Wertebereich an einen Typ mit kleinerem Wertebereich nennt man manchmal *Narrowing*. Die Regeln in diesem Absatz kann man also durch den Satz „Kein implizites Narrowing" zusammenfassen.

Dem Compiler teilt man durch einen sogenannten *Cast* mit, dass man den statischen Typ eines Ausdrucks ändern will. Dazu schreibt man den gewünschten Typ in Klammern vor den Ausdruck. Zum Beispiel ist folgendes Programm zulässig:

```
int i = 2;
byte b;
b = (byte) i;    // OK. Explizites Narrowing.
```

In diesem Beispiel liegt der Wert 2 von i im Wertebereich von `byte` und die Variable b wird auf den Wert 2 gesetzt. Falls der Wert von i größer ist als der maximale Wert von `byte`, so wird so lange der Wert 256 ($= 2^8 = 2^{\text{Größe von byte}}$) abgezogen, bis der neue Wert in den zulässigen Grenzen von `byte` liegt; entsprechend wird für zu kleine Werte von i so lange 256 addiert, bis der Wert größer ist als das zulässige Minimum von `byte`. Analog wird für Casts in die Typen `short`, `int` und `long` verfahren, allerdings mit den Werten 2^{16}, 2^{32} und 2^{64}.

In Java erben die primitiven Datentypen nicht von `Object` (siehe Kapitel 8 und 9 für Details zur Vererbung); es ist also z.B. nicht möglich, Werte mit primitiven Datentypen in Collections (siehe Kapitel 10) zu speichern. Java bietet daher die *Wrapper-Klassen* `Boolean`, `Byte`, `Character`, `Short`, `Integer`, `Long`, `Float`, und `Double` an, die von `Object` erben und einen Wert des entsprechenden primitiven Typs aufnehmen können. Das Speichern eines primitiven Werts in einem derartigen Wrapper nennt man *Boxing*, das Entnehmen des primitiven Wertes aus dem Wrapper *Unboxing*. Zum Beispiel kann man mit den folgenden Anweisungen den `int`-Wert 123 in einem von i referenzierten Wrapper speichern und dann den Wert des Wrappers in der Variable j speichern:

```
Integer i = new Integer(123);
int j = i.intValue();
```

Die Boxing- und Unboxing-Operationen können auch implizit erfolgen, es ist also möglich Werte der Wrapper-Typen an Stellen zu verwenden, an denen der entsprechende primitive Typ erwartet wird, und umgekehrt. Das Beispiel kann man daher kürzer schreiben als

```
Integer i = 123;
int j = i;
```

5.2.2 Arithmetische Operationen

Die arithmetischen Operatoren Addition (+), Subtraktion (−), Multiplikation (*), Division (/) und Modulo (Rest bei Division, %) sind auf den Typen `byte`, `short`, `int`, `long`, `float` und `double` definiert. Da der Wertebereich der numerischen Typen in Java begrenzt ist, verhalten sich die arithmetischen Operationen etwas anders, als Sie es von der Mathematik her gewohnt sind. Der wichtigste Effekt ist, dass Berechnungen *überlaufen* können, z.B. kann das Ergebnis einer Addition zweier großer positiver Zahlen negativ sein. Zum Beispiel ergibt in Java die Addition der int-Werte $2^{30} + 2^{30}$ nicht 2^{31}, da dieser Wert nicht mehr im Wertebereich von int liegt. Stattdessen ist das Ergebnis der Wert $-2\,147\,483\,648 = -2^{31} = 2^{31} - 2^{32}$; diesen Wert können Sie genau so berechnen wie in Abschnitt 5.2.1.

Der Typ des Ergebnisses hängt von den Typen der Argumente ab: Der Ergebnistyp ist immer der Typ des Arguments mit dem größeren Wertebereich und ist „mindestens" vom Typ int. Wenn also beide Argumente einen der Typen byte, short oder int haben, dann ist das Ergebnis vom Typ int. Ist ein Argument vom Typ long und das andere von einem der Typen byte, short, int oder long, so ist auch das Ergebnis vom Typ long. Falls mindestens eines der Argumente den Typ float hat und das andere Argument ganzzahlig oder vom Typ float ist, so ist das Ergebnis vom Typ float. Hat mindestens ein Argument den Typ double, so ist auch das Ergebnis vom Typ double.

Abgesehen davon, dass Überlauf möglich ist, funktionieren Addition (+), Subtraktion (-) und Multiplikation (*) ohne große Besonderheiten. Die Division (/) von ganzzahligen Werten gibt immer ein ganzzahliges Ergebnis zurück; ein eventuell auftretender Rest wird ignoriert. Zum Beispiel hat 9/4 das Ergebnis 2. Das Gegenstück dazu ist die Modulo-Berechnung (%), die den bei der ganzzahligen Division verbleibenden Rest berechnet; 9%4 ergibt also den Wert 1. Eine häufig vorkommende Anwendung der Modulo-Operation ist der Test, ob eine Zahl gerade oder ungerade ist: x ist genau dann gerade, wenn x % 2 den Wert 0 hat. Die Modulo-Berechnung ist auch bei Gleitkommazahlen anwendbar; zum Beispiel ergibt 10.16 % 2.5 das Ergebnis 0.16. Allerdings gibt es nur sehr wenige Anwendungsfälle, in denen die Modulo-Berechnung für Gleitkommazahlen sinnvoll ist.

Wenn man den Wert einer numerischen Variablen durch eine Operation ändern will, so erhält man häufig Ausdrücke der Form x = x + y. Um solche Ausdrücke etwas knapper schreiben zu können, gibt es in Java die folgenden Abkürzungen:

```
x += y;        // x = x + y;
x -= y;        // x = x - y;
x *= y;        // x = x * y;
x /= y;        // x = x / y;
x %= y;        // x = x % y;
```

Als noch kürzere Schreibweise gibt es noch die Inkrement- und Dekrement-Operatoren ++ und --. Diese Operatoren packen relativ viel Funktionalität in eine kompakte Syntax: Der Inkrement-Operator erhöht den Wert einer Variablen um 1, der Dekrement-Operator verringert ihn um 1. Daher können z.B. x++ und x-- als Abkürzungen für x += 1 bzw. x -= 1 aufgefasst werden. Daraus folgt, dass diese Operatoren nur mit Variablen als Argument verwendet werden können, nicht mit Literalen. Es ist z.B. nicht erlaubt, 1++ zu schreiben.

Die Operatoren ++ und -- ändern aber nicht nur den in der Variablen gespeicherten Wert, sie geben auch einen Wert als Ergebnis zurück. Für die Präfix-Varianten der Operatoren, ++x und --x, ist das der Wert nach der Operation (also 1 mehr oder weniger als der ursprüngliche Wert von x), für die Postfix-Operatoren x++ und x--

Operation	Syntax	Bedeutung
Addition	x + y	addiert zwei Zahlen
Subtraktion	x - y	subtrahiert zwei Zahlen
Multiplikation	x * y	multipliziert zwei Zahlen
Division	x / y	dividiert zwei Zahlen
Modulo	x % y	Rest einer ganzzahligen Devision
Postfix-Inkrementierung	x++	x wird ausgewertet, dann inkrementiert
Präfix-Inkrementierung	++x	x wird inkrementiert, dann ausgewertet
Postfix-Dekrementierung	x--	x wird ausgewertet, dann dekrementiert
Präfix-Dekrementierung	--x	x wird dekrementiert, dann ausgewertet

Tabelle 5.5 Arithmetische Operationen für Integer- und Gleitkommatypen

ist es der ursprüngliche Wert. Die Operatoren unterscheiden sich also nur, wenn man ihren Rückgabewert auch verwendet. Das folgende Programm

```
int x = 1, y = 1;
System.out.format("x:   %d, y:   %d\n", x, y);
System.out.format("++x: %d, y++: %d\n", ++x, y++);
System.out.format("x:   %d, y:   %d\n", x, y);
```

erzeugt die Ausgabe:

```
x:   1, y:   1
++x: 2, y++: 1
x:   2, y:   2
```

Beachten Sie, dass in der zweiten Zeile ++x schon den erhöhten Wert von x zurückgibt, während y++ den alten Wert zurückgibt. Wir könnten das Programm ohne Verwendung der Inkrement- und Dekrement-Operatoren folgendermaßen schreiben:

```
int x = 1, y = 1;
System.out.format("x:   %d, y:   %d\n", x, y);
x += 1;
System.out.format("++x: %d, y++: %d\n", x, y);
y += 1;
System.out.format("x:   %d, y:   %d\n", x, y);
```

Sie sollten Ausdrücke vermeiden, in denen die gleiche Variable mehrmals mit Inkrement- oder Dekrement-Operatoren verwendet wird, also z.B.

```
int x = 1;
System.out.format("Schlecht: %d", x++ + x++);
```

Dieses Programm gibt 3 auf dem Bildschirm aus; am Ende hat x ebenfalls den Wert 3, aber derartiger Code ist oft sehr fehleranfällig.

Tabelle 5.5 fasst die arithmetischen Operationen zusammen.

Operation	Syntax	Bedeutung
Gleichheit	x==y	liefert true, wenn x gleich y, sonst false
Ungleichheit	x!=y	liefert true, wenn x ungleich y, sonst false
größer als	x>y	liefert true, wenn x größer als y, sonst false
kleiner als	x<y	liefert true, wenn x kleiner als y, sonst false
größer-gleich	x>=y	liefert true, wenn x größer oder gleich y, sonst false
kleiner-gleich	x<=y	liefert true, wenn x kleiner oder gleich y, sonst false

Tabelle 5.6 Vergleichsoperatoren für Integer- und Gleitkommatypen

5.2.3 Vergleichsoperationen

In den meisten Programmen kommen außer Rechenoperationen auch Vergleiche
zwischen Zahlen vor. Dafür gibt es in Java die üblichen Operatoren: Gleichheit (==),
Ungleichheit (!=), strikt kleiner (<) und größer (>), kleiner gleich (<=) und größer
gleich (>=). Beachten Sie, dass der Operator für Gleichheit aus zwei Gleichheitszeichen besteht; das einfache Gleichheitszeichen ist in Java der Zuweisungsoperator! Die Vergleichsoperatoren sind für alle numerischen Typen definiert und geben
immer ein Ergebnis vom Typ boolean zurück, sie sind also entweder true oder
false. Deshalb ist es möglich, mehrere Vergleiche durch die logischen Operationen aus Abschnitt 5.1 zu verknüpfen. Das ist häufig nötig, um z.B. obere und untere
Schranken für eine Zahl festzulegen. Zum Beispiel testet der Ausdruck

```
0 <= n && n <= maxValue
```

für eine int-Variable n, ob n eine nicht-negative Zahl ist, die kleiner oder gleich
maxValue ist.

Die Vergleichsoperationen sind in Tabelle 5.6 zusammengefasst.

Beim Vergleich von Gleitkommazahlen müssen Sie auf Rundungsfehler aufpassen: Es gilt z.B.

```
5.0e9  * 0.2e-9  == 1.0
5.0e10 * 0.2e-10 != 1.0
```

obwohl die beiden Ausdrücke auf der linken Seite der Gleichungen als reelle Zahlen
betrachtet mathematisch äquivalent sind.

Die Klasse Math bietet viele statische Methoden, die mathematische Operationen auf Zahlen realisieren, darunter auch die Methode abs, die den Absolutbetrag
einer Zahl zurückgibt. Mit dieser Methode ist es möglich zu vergleichen, ob zwei
Gleitkommazahlen „fast gleich groß" sind:

```
Math.abs(x - y) < delta
```

prüft, ob der Absolutbetrag $|x - y|$ kleiner als delta ist, also ob x und y sich nicht
mehr als delta unterscheiden. Statt die Gleichheit zweier Gleitkommazahlen x und
y mit x == y zu testen, sollten Sie in den meisten Fällen Testen, ob x und y „fast
gleich groß" sind, indem Sie den Ausdruck Math.abs(x - y) < delta mit einer
kleinen Zahl delta verwenden.

5.2.4 Bitweise Operationen

Arithmetische Operationen und Vergleichsoperationen sind von der Darstellung der Zahl im Speicher des Rechners unabhängig; selbst für den Überlauf ist nur der Wertebereich der Zahlen entscheidend. Bei den bitweisen Operationen, die wir in diesem Abschnitt besprechen werden, ist das anders. Um diese zu verstehen, ist es notwendig, die Binärdarstellung der Zahlen zu betrachten. Für unsere Zwecke ist es dabei nur nötig zu wissen, dass in Java jede Zahl aus einer festen Anzahl von *Bits* besteht, die jeweils den Wert 0 oder 1 annehmen können. Ein byte-Wert besteht z.B. aus acht Bits; man kann den Wert eines Bytes also auch hinschreiben, indem man die Werte der einzelnen Bits nebeneinander schreibt. Um zu anzuzeigen, dass eine Zahl in dieser sogenannten *Binärdarstellung* notiert ist, kennzeichnet man sie mit dem Präfix 0b. Zum Beispiel hat die Zahl 4 die Binärdarstellung 0b00000100.

Die Operatoren für logisches und (&), logisches oder (|) und logisches exklusiv-oder (^) arbeiten bitweise auf der internen Darstellung der Zahlen. Für die Operation x & y ist ein Bit im Ergebnis genau dann 1, wenn es in x und y den Wert 1 hat. Für x | y ist es genau dann 1, wenn es in x oder in y oder sowohl in x als auch in y den Wert 1 hat. Ein Bit im Resultat der Operation x ^ y ist genau dann 1, wenn es entweder in x den Wert 1 hat und in y den Wert 0, oder wenn es in x den Wert 0 hat und in y den Wert 1. Wenn wir z.B. die beiden short-Werte x = 13777 = 0b0011010111010001 und -1704 = 0b1111100101011000 mit den bitweisen Operationen miteinander verknüpfen, so erhalten wir die folgenden Ergebnisse:

x	0	0	1	1	0	1	0	1	1	1	0	1	0	0	0	1
y	1	1	1	1	1	0	0	1	0	1	0	1	1	0	0	0
x & y	0	0	1	1	0	0	0	1	0	1	0	1	0	0	0	0
x | y	1	1	1	1	1	1	0	1	1	1	0	1	1	0	0	1
x ^ y	1	1	0	0	1	1	0	0	1	0	0	0	1	0	0	1

Die bitweise Negation kehrt in der Ausgabe einfach alle Bits des Operanden um: Wenn an einer Stelle im Operanden eine 1 steht, so steht im Ergebnis an dieser Stelle eine 0 und umgekehrt. Im Beispiel:

x	0	0	1	1	0	1	0	1	1	1	0	1	0	0	0	1
~x	1	1	0	0	1	0	1	0	0	0	1	0	1	1	1	0

Und zu guter Letzt gibt es noch die Verschiebungs- oder Shift-Operatoren. Diese erzeugen ihr Resultat, indem sie die Bits ihres Arguments nach links oder rechts verschieben. Die Linksverschiebung (<<) füllt dabei die Bits an der rechten Seite mit 0 auf. Bei der Rechtsverschiebung gibt es zwei verschiedene Operatoren: Die arithmetische Rechtsverschiebung (>>) füllt mit dem gleichen Wert auf, den das Bit an der höchsten Position (also ganz links) hat; die logische Rechtsverschiebung (>>>)

Operation	Syntax
bitweises logisches und	x & y
bitweises logisches oder	x | y
bitweises logisches exklusiv-oder	x ^ y
bitweise Negation	~x
Linksverschiebung	z << n
arithmetische Rechtsverschiebung	z >> n
logische Rechtsverschiebung	z >>> n

Tabelle 5.7 Bitweise Operationen für Integer-Typen

füllt immer mit dem Wert 0 auf. Hier sind wieder die Ergebnisse für unsere Beispielwerte:

x	0	0	1	1	0	1	0	1	1	1	0	1	0	0	0	1
x >> 1	0	0	0	1	1	0	1	0	1	1	1	0	1	0	0	0
x >>> 1	0	0	0	1	1	0	1	0	1	1	1	0	1	0	0	0
x << 1	0	1	1	0	1	0	1	1	1	0	1	0	0	0	1	0
y	1	1	1	1	1	0	0	1	0	1	0	1	1	0	0	0
y >> 1	1	1	1	1	1	1	0	0	1	0	1	0	1	1	0	0
y >>> 1	0	1	1	1	1	1	0	0	1	0	1	0	1	1	0	0
y << 1	1	1	1	1	0	0	1	0	1	0	1	1	0	0	0	0

Tabelle 5.7 gibt eine Zusammenfassung der bitweisen Operationen. Beachten Sie dabei, dass die bitweisen Operatoren auf ganzen Zahlen mit logischen Operatoren auf den einzelnen Bits verwandt sind, aber dass es bei den bitweisen Operatoren keine nicht-strikten Varianten gibt.

5.3 Zeichen

Der primitive Typ char repräsentiert ein einzelnes Zeichen, z.B. den Buchstaben „a", die Ziffer „3", das Sonderzeichen „?" oder ein mathematisches Symbol wie „$\int$." Literale vom Typ char werden in einfache Anführungszeichen eingeschlossen, z.B. sind 'a', '3', '?' und '$\int$' die den genannten Zeichen entsprechenden char-Literale. Der Typ char ist vom Typ String verschieden: Während char ein primitiver Typ ist und immer genau ein Zeichen darstellt, ist String eine Klasse, deren Instanzen beliebig viele Zeichen darstellen können. Es gibt nur relativ wenige Anwendungsfälle, in denen Sie den Typ char verwenden sollten; meistens werden Sie String-Instanzen verwenden, wenn Sie mit Text umgehen müssen.

Meist schreibt man char-Werte im Programmtext als Literale, z.B. würde die Anweisung char c = 'A' der char-Variablen c den Buchstaben „A" zuweisen. Die JVM repräsentiert char-Werte intern aber durch Zahlen; die Zuordnung zwi-

Escape-Sequenz	Name	Unicode Wert
\b	Backspace (Backspace)	\u0008
\t	Tabulator (Tab)	\u0009
\n	Zeilenvorschub (Linefeed)	\u000a
\r	die Zeilenumschaltung (Carriage return)	\u000d
\"	das Anführungszeichen (Double quote)	\u0022
\'	das einfache Anführungszeichen (Single quote)	\u0027
\\	der Backslash (Backslash)	\u005c

Tabelle 5.8 Escape-Sequenz für Sonderzeichen

schen den darstellbaren Zeichen und der internen Repräsentation erfolgt nach dem Unicode-Standard; jedem char-Wert wird eine positive 16-Bit Zahl, also eine Zahl zwischen 0 und 65 565, zugeordnet. Diese Zahl nennt sich auch Unicode *Code Unit*. Zum Beispiel entspricht dem Buchstaben „A" der interne Wert 65. Man kann deshalb den Wert eines Zeichens direkt durch seine Code Unit angeben; die Zuweisung char c = 'A' kann man auch als char c = 65 schreiben. Die erste Schreibweise ist wesentlich besser, wenn man das entsprechende Zeichen auf der Tastatur tippen kann.

Zeichenliterale können die am häufigsten vorkommenden Sonderzeichen durch sogenannte *Escape-Sequenzen* darstellen. Escape-Sequenzen stehen, wie alle anderen char-Literale, zwischen einfachen Einführungszeichen und werden durch den Backslash \ begonnen. Die meisten Escape-Sequenzen bestehen aus dem Backslash und einem anderen Zeichen, z.B. repräsentiert das Literal '\n' den Zeilenvorschub, '\t' einen Tabulator, '\'' ein einzelnes Anführungszeichen. Wenn Sie den Backslash als char-Literal darstellen wollen, müssen Sie '\\' schreiben; die Zeichenkette '\' ist kein gültiges char-Literal, sondern ein Syntaxfehler.

Zusätzlich zu diesen einfachen Escape-Sequenzen gibt es noch eine Escape-Sequenz, mit der man jede Code Unit darstellen kann: \u gefolgt von vier hexadezimalen Ziffern (0000 bis FFFF) repräsentiert das Zeichen mit dem entsprechenden Wert. Also kann man die Initialisierung der Variablen c mit dem Wert A auch so schreiben: char c = '\u0065'.

5.3.1 Prioritäten der Operatoren

Wenn Sie $3 + 5 \times 7$ ausrechnen, so ist das Ergebnis 38, nicht 56, da für derartige Gleichungen die „Punkt vor Strich" Regel angewandt wird. Ganz entsprechend sollte das folgende Fragment eines Java-Programms

```
x = 3 + 5 * 7;
```

den Wert 38 an die Variable x zuweisen, nicht 56. Um das zu erreichen haben die Operatoren in Java verschiedene *Prioritäten*. Operatoren mit höherer Priorität werden vor Operationen mit niedrigerer Priorität ausgewertet. Die „Punkt vor Strich" Regel besagt also, dass * eine höhere Priorität hat als +.

Operatoren	Auswertung
Methodenaufrufe	$\longrightarrow$
Unitäre Operatoren: ! ~ ++ --	$\longleftarrow$
* / %	$\longrightarrow$
+ -	$\longrightarrow$
>> << >>>	$\longrightarrow$
< <= > >=	$\longrightarrow$
== !=	$\longrightarrow$
&	$\longrightarrow$
^	$\longrightarrow$
|	$\longrightarrow$
&&	$\longrightarrow$
||	$\longrightarrow$

Tabelle 5.9 Prioritätsliste der Operatoren

Außerdem ist manchmal wichtig, in welcher Reihenfolge mehrfache Vorkommen des gleichen Operators abgearbeitet werden: Gilt $10 - 5 - 2 = (10 - 5) - 2 = 3$ oder $10 - 5 - 2 = 10 - (5 - 2) = 7$? Das wird durch die sogenannte *Assoziativität* der Operatoren bestimmt. Das Ergebnis 3 entspricht der (von Java gewählten) *links-assoziativen* Auswertung der Berechnung, das Ergebnis 7 der *rechts-assoziativen* Auswertung. In Tabelle 5.9 sind die Operatoren nach absteigender Priorität geordnet; die Auswertungsrichtung wird durch $\longrightarrow$ für links-assoziative Auswertung und $\longleftarrow$ für rechts-assoziative Auswertung angegeben.

Aufgabe 5.1. Programmieren Sie für die Klasse `Mitarbeiter` aus Aufgabe 3.1:

* Eine Methode, die zwei Mitarbeitergehälter miteinander vergleicht,
* Eine Methode, die zwei Mitarbeitergehälter miteinander vertauscht.

Testen Sie Ihre Implementierung.

Aufgabe 5.2. Programmieren Sie eine Klasse `TypDemo`,

* die von jedem primitiven Typ drei Instanzvariablen hat und
* alle Operationen der primitiven Typen in Methoden verwendet.

Testen Sie Ihre Implementierung.

5.4 Was haben wir gelernt?

In diesem Kapitel haben wir die primitiven Datentypen für Zahlen, Zeichen und Wahrheitswerte ausführlich besprochen. Wir sind dabei auf die verschiedenen Arten von Operatoren (arithmetische Operatoren, Vergleichsoperatoren, bitweise Operatoren) eingegangen und haben ihre Priorität und Assoziativität kurz diskutiert.

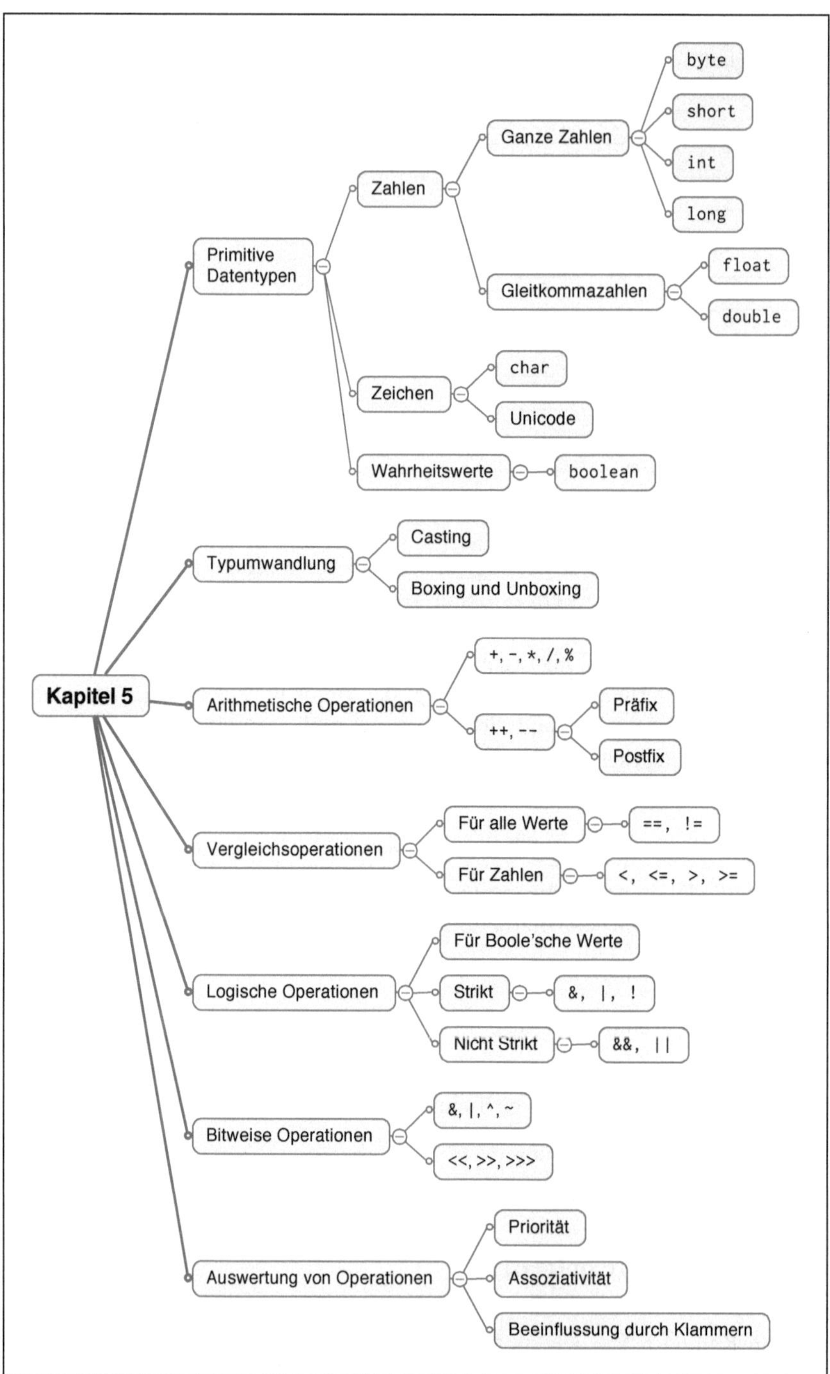

Abb. 5.1 Was haben wir gelernt? Mindmap zu Kapitel 5 – Primitive Datentypen

Kapitel 6
Referenztypen

In Java gibt es drei Arten von Referenztypen: Arraytypen, Klassentypen und Interfacetypen. Aufzählungstypen (*Enumerations*) sind eine besondere Art von Klassentypen, die speziell zur Darstellung von Konstanten geeignet sind.

Klassen haben wir in Kapitel 3 bereits besprochen. In Ihren eigenen Programmen werden Sie normalerweise selber Klassen schreiben, deren Instanzen zusammenarbeiten, um ein gegebenes Problem zu lösen. Zusätzlich bietet Java aber eine große Bibliothek an vordefinierten Klassen an. Zum Beispiel ist der Typ `String`, der Zeichenketten repräsentiert, eine Klasse. Ebenso sind `ArrayList`, `ByteStream` und `InputStreamReader` vordefinierte Klassen.

Ein *Array* ist eine geordnete Folgen von Elementen, ähnlich wie die `ArrayList`, die wir in Abschnitt 2.5 bereits kennengelernt haben. Allerdings sind Arrays weniger flexibel als `ArrayList`-Instanzen, z.B. kann man zu einem Array keine neuen Elemente hinzufügen. Dafür sind Arrays für manche Anwendungen etwas effizienter als andere Aggregattypen. In modernem Java-Code werden Arrays nur noch selten benötigt, meistens sind die als Klassen implementierten Aggregate flexibler und einfacher zu handhaben. Die wichtigsten Anwendungsfälle für Arrays sind Folgen von Werten primitiver Typen, die sich in Java nicht durch andere Aggregattypen darstellen lassen. Außerdem kommen Arrays oft in älteren Programmen vor und werden zur Implementierung leistungsfähiger Aggregattypen benötigt. Daher werden wir Arrays in den nächsten Abschnitten ausführlich besprechen.

6.1 Eindimensionale Arrays

Ein eindimensionaler Array repräsentiert eine Folge von Elementen des gleichen Typs. Die einzelnen Elemente eines Arrays bezeichnet man auch als *Arraykomponenten*. Eindimensionale Arrays sind statisch, d.h. ein Array hat eine festgelegte Größe, die bei seiner Erzeugung angegeben werden muss und danach nicht mehr verändert werden kann. Ein Array hat immer einen zugrundeliegenden Typ T. Jedes

M. Hölzl, A. Raed, M. Wirsing, *Java kompakt*, eXamen.press,
DOI 10.1007/978-3-642-28504-2_6, © Springer-Verlag Berlin Heidelberg 2013

Array kann Elemente vom Typ T speichern; falls T ein Objekttyp ist, so kann das
Array zusätzlich Objekte speichern, die Instanzen eines Subtyps von T sind.

6.1.1 Deklaration und Initialisierung

Der Typ „Array mit Elementen aus *Typ*" wird in Java durch die Syntax *Typ*`[]` dargestellt. Bei der Deklaration einer Variablen können die eckigen Klammern dabei vor
oder nach dem Variablennamen stehen. Es sind also die beiden folgenden Formen
der Deklaration möglich:

Typ`[]` *name*;
Typ *name*`[]`;

Zum Beispiel deklarieren Sie eine Variable `zahlen`, die ein Array von ganzen Zahlen referenziert folgendermaßen:

`int[] zahlen;`

Wenn Sie mehrere Variablen in einer Anweisung deklarieren, müssen Sie bei der
zweiten Form die eckigen Klammern für jede Variable wiederholen, bei der ersten
Form nicht:

Typ`[]` $name_1$, $name_2$, $name_3$;
Typ $name_1$`[]`, $name_2$`[]`, $name_3$`[]`;

Zwei Arrays, `primzahlen` und `teilerVon105`, die beide ganze Zahlen enthalten,
können Sie auf eine der folgenden Arten deklarieren:

```
int[] primzahlen, teilerVon105;
int primzahlen[], teilerVon105[];
```

Wir bevorzugen die erste Form, da diese die Typinformation an einer Stelle bündelt,
und empfehlen Ihnen, ebenfalls diese Form zu verwenden. Ähnlich wie Klassen sind
Arrays Referenztypen, d.h. Variablen mit Arraytyp speichern nicht das Array selber,
sondern lediglich einen Verweis auf ein Array. Deshalb ist es bei der Deklaration
des Typs auch nicht notwendig, die Anzahl der Elemente im Array anzugeben. Alle
Array-Variablen, die wir bisher erzeugt haben, enthalten die `null`-Referenz, d.h.,
sie verweisen noch nicht auf ein Array.

Eine neue Array-Instanz können wir wieder mit dem Operator `new` erzeugen;
allerdings steht bei einem Array nach dem Schlüsselwort `new` und dem Typ keine
Argumentliste, sondern die Anzahl der im Array enthaltenen Elemente, die in eckige
Klammern eingeschlossen wird:

`new` *Typ*`[`*Anzahl der Elemente*`]`

Zum Beispiel erzeugt man ein Array, das fünf ganze Zahlen aufnehmen kann, durch

`new int[5]`

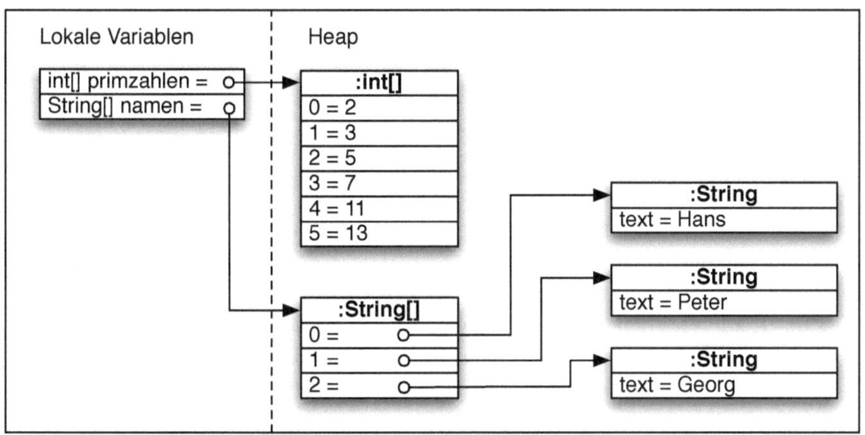

Abb. 6.1 Objektdiagramm nach der Initialisierung der Variablen namen

Um ein Array gleich bei seiner Erzeugung zu initialisieren, geben Sie die Elemente in geschweiften Klammern an:

```
int[] primzahlen = { 2, 3, 5, 7, 11, 13 };
String[] namen = { "Hans", "Peter", "Georg" };
Speise[] speisen = { new Speise("Kaffee", 2.25),
                     new Speise("Kuchen", 3.95) };
```

Diese Notation kann nur zur Initialisierung von Variablen verwendet werden; im Gegensatz zu vielen anderen Sprachen bietet Java keine Syntax für Array-Literale (oder Literale sonstiger Aggregattypen). Wir verwenden im Folgenden aber die Notation mit geschweiften Klammern, um den Wert von Ausdrücken anzugeben. So schreiben wir

```
primzahlen  → { 2, 3, 5, 7, 11, 13 }
```

als Abkürzung für „Der Wert der Variablen primzahlen ist ein Array mit 6 Elementen, das an erster Stelle (Index 0) den Wert 2 enthält, an zweiter Stelle den Wert 3, an dritter Stelle den Wert 5…". In Abb. 6.1 ist der Zustand nach der Initialisierung von namen als Objektdiagramm dargestellt.

6.1.2 Zugriff auf Arrays

Der Zugriff auf die Elemente eines Arrays *array* erfolgt in Java durch die spezielle Syntax *array[index]*. Dabei müssen Sie beachten, dass das erste Element im Array den Index 0 hat. Das letzte Element eines Arrays der Länge *len* hat daher den Index *len* − 1; der Versuch auf das Element mit Index *len* zuzugreifen, führt zu einem Laufzeitfehler. Zum Beispiel enthält das Array

```
String[] namen = { "Hans", "Peter", "Georg" };
```

die Elemente "Hans", "Peter" und "Georg" an den Index-Positionen 0, 1 und 2
(siehe Abb. 3.4):

Index	Zugriff	Wert
0	namen[0]	"Hans"
1	namen[1]	"Peter"
2	namen[2]	"Georg"

Der Zugriff auf namen[3] würde zu einem Laufzeitfehler führen.

Die gleiche Syntax wir für den Zugriff auf Array-Elemente wird auch für die
Zuweisung an Array-Elemente verwendet, zum Beispiel:

```
namen[0] = "John";
namen[2] = "George";
```

Nach diesen beiden Zuweisungen enthält das Array namen die Werte "John",
"Peter" und "George" an den Index-Positionen 0, 1 und 2. Sie dürfen neue Werte
nur an bereits existierende Indizes zuweisen; die Größe eines Arrays kann in Java
nicht mehr verändert werden, nachdem es erzeugt wurde.

Jede Array hat in Java das Attribut length, das die Länge des Arrays angibt. Für
die obigen Beispiele würden wir die folgenden Werte erhalten:

```
primzahlen.length   →  6
namen.length        →  3
speisen.length      →  2
```

Beachten Sie, dass für kein Array *array* der Zugriff auf den Index *array*.length
erlaubt ist; die gültigen Indizes sind immer 0 bis *array*.length - 1.

Um alle Elemente eines Arrays zu durchlaufen, verwenden Sie üblicherweise
eine for-each-Schleife:

```
for (int p : primzahlen) {
  System.out.println(p);
}
```

Wenn Sie zusätzlich auf den Index des in der Schleife verwendeten Elements zugreifen oder nur einen Teil der Array-Elemente betrachten wollen, so bieten sich
die anderen Schleifenkonstrukte von Java an, die wir in Abschnitt 7.3 genauer besprechen werden.

Abb. 6.2 fasst die wichtigsten Punkte zu eindimensionalen Arrays zusammen.

Aufgabe 6.1. Programmieren Sie eine Klasse ArrayDemo, die

- alle geraden,
- alle ungeraden und
- alle Primzahlen

zwischen 1 und 10 in drei eindimensionalen Arrays speichert.

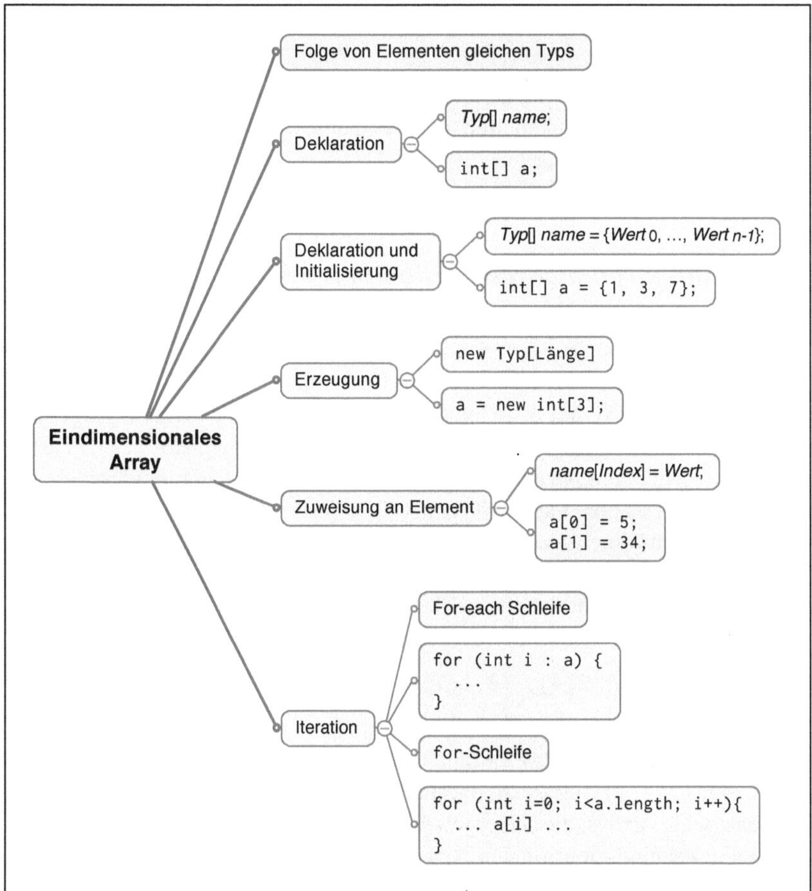

Abb. 6.2 Eindimensionale Arrays

- Lösen Sie die Aufgabe durch Deklaration und Initialisierung in einem Schritt.
- Lösen Sie die Aufgabe, indem Sie erst ein Array erzeugen und dann Werte zuweisen.

Aufgabe 6.2. Programmieren Sie eine Klasse Student, die folgende Daten für einen Studenten speichert:

- den Namen (im Attribut name), die Matrikelnummer (matrikelnr), das Studienfach (fach), und das Semester (semester).
- Implementieren Sie eine main Methode, die ein lokale Variable studenten vom Typ Student[] enthält und initialisieren Sie die Variable mit einem Array der Länge 4.
- Weisen Sie den Elementen des Arrays studenten Objektreferenzen auf Studenten zu.

6.2 Mehrdimensionale Arrays

In Java gibt es nicht die Möglichkeit, echte mehrdimensionale Arrays zu erzeugen. Man kann sich aber dadurch behelfen, dass man ein Array erzeugt, dessen Elemente selber wieder Arrays sind.

6.2.1 Definition von mehrdimensionalen Arrays

Ein mehrdimensionales Array ist ein Array, dessen Elemente selber wieder Arrays sind. Ein zweidimensionales Array hat als Elemente eindimensionale Arrays, ein dreidimensionales Array hat als Elemente zweidimensionale Arrays. Allgemeiner hat ein n-dimensionales Array als Elemente Arrays der Dimension $n-1$. Der Typ eines zweidimensionalen Arrays ganzer Zahlen ist also `int[][]`, ein dreidimensionales Array ganzer Zahlen hat den Typ `int[][][]`.

Wenn man mehrdimensionale Arrays gleich bei der Initialisierung erzeugt, so kann man die Elemente wieder in geschweifte Klammern einschließen. Da z.B. bei einem zweidimensionalen Array die Elemente selber wieder Arrays sind, müssen sie ebenfalls in geschweifte Klammern eingeschlossen werden:

```
int[][]   a2 = { {1,2,4}, {3,2,1}, {2,4,6} };
int[][][] a3 = {{{1,2,4},{3,2,1}}, {{1,2,4},{7,9}}};
```

Das zweidimensionale Array a2 enthält als Elemente die drei eindimensionalen Arrays `{1,2,4}`, `{3,2,1}` und `{2,4,6}`, das dreidimensionale Array a3 enthält zwei zweidimensionale Arrays, die selber jeweils zwei eindimensionale Arrays enthalten.

Genau wie bei eindimensionalen Arrays können Sie wieder zwei Schreibweisen für mehrdimensionale Arraytypen verwenden. Zum Beispiel haben die folgendermaßen definierten Arrays a und b beide den Typ „zweidimensionales Array ganzer Zahlen":

```
int[][] a;
int     b[][];
```

Wie bei eindimensionalen Arrays bevorzugen wir die erste Form und empfehlen Ihnen, ebenfalls diese Form zu verwenden.

6.2.2 Rechteckige Arrays

In vielen Fällen benötigt man „rechteckige" mehrdimensionale Arrays, also z.B. zweidimensionale Arrays, bei denen alle enthaltenen eindimensionalen Arrays die gleiche Länge haben. Solche Arrays erzeugt man durch einen Konstruktor der folgenden Form

```
new Elementtyp[Array-Länge][innere Länge]
```

Zum Beispiel erzeugen Sie ein zweidimensionales Array a ganzer Zahlen mit zwei eindimensionalen Arrays als Elementen, die jeweils drei Zahlen enthalten, durch den folgenden Ausdruck:

```
new int[2][3]
```

Beachten Sie dabei die Reihenfolge der Indizes! Die Größe der innersten Arrays steht an der letzten Stelle, die Größe des äußersten Arrays steht an der ersten Stelle.

Der new-Operator erzeugt, wenn Sie alle Dimensionen angeben, immer die komplette, verschachtelte Hierarchie von Arrays. Die Elemente der innersten Arrays werden mit den gleichen Werten initialisiert wie lokale Variablen vom entsprechendem Typ, also mit 0 für int-Werte, 0.0 für Gleitkommazahlen und null für Objekte. Zum Beispiel sind die beiden folgenden Arten, ein Array zu erzeugen, gleichwertig:

```
int[][] a = new int[2][3];
int[][] b = {{0,0,0}, {0,0,0}};
```

Bei der ersten Variante ist es leichter, große Arrays zu erzeugen, die zweite Variante bietet sich an, wenn ein Array viele von den Defaults verschiedene Werte enthält, die bereits bekannt sind, wenn Sie es erzeugen.

Um auf die (inneren) Elemente von mehrdimensionalen Arrays zuzugreifen verwenden Sie, genau wie bei der Erzeugung, mehrere Paare von eckigen Klammern:

name[*äußerer Index*][*innerer Index*]

greift auf ein Element eines zweidimensionalen Arrays zu. Zum Beispiel ergeben sich für das folgendermaßen erzeugte Array a:

```
int[][] a = {{1,2,3}, {4,5,6}};
```

die Werte

```
a[0][0]  →  1          a[1][0]  →  4
a[0][1]  →  2          a[1][1]  →  5
a[0][2]  →  3          a[1][2]  →  6
```

Sie können derartige Ausdrücke natürlich auch auf der linken Seite von Zuweisungen verwenden:

```
a[0][0] = 7;
```

weist dem Element mit Index (0,0) den Wert 7 zu. Es ist auch möglich, auf die kompletten inneren Arrays zuzugreifen, z.B. kann man durch

```
int[] b = a[1];
```

eine Referenz auf das innere Array {4,5,6}, das an Index 1 von a steht, an die Variable b zuweisen.

6.2.3 Mehrdimensionale Arrays variabler Größe

In Java legt der Typ eines Arrays nicht (zwingend) fest, wie viele Elemente das
Array enthält. Daher hindert uns nichts daran, bei mehrdimensionalen Arrays die
„verschachtelten" Arrays unterschiedlich groß anzulegen. Zum Beispiel ist es ohne
Probleme möglich, das folgende Array zu erzeugen:

```java
int[][] a = {{1}, {2,3}, {4,5,6}};
```

In diesem Fall gilt dann dann

```java
a[0]  →  {1}
a[1]  →  {2,3}
a[2]  →  {4,5,6}
```

Sie können auch den new-Operator verwenden, um derartige Arrays zu erzeugen.
Wenn Sie nicht alle Dimensionen angeben, setzt new den Wert null für die fehlenden Arrays ein:

```java
new int[2][]     →  {null,null}
new int[2][3][]  →  {{null,null,null}, {null,null,null}}
new int[2][][]   →  {null, null}
```

Zum Beispiel erhalten Sie das Array {{0,0,0}, {0,0}} auch auf folgende Weise:

```java
int[][] a = new int[2][]       // a → {null, null}
a[0] = new int[3]              // a → {{0,0,0}, null}
a[1] = new int[2]              // a → {{0,0,0}, {0,0}}
```

6.2.4 Durchlaufen mehrdimensionaler Arrays

Um die Elemente mehrdimensionaler Arrays zu durchlaufen, verwenden Sie mehrere ineinander geschachtelte Schleifen. Mit for-each-Schleifen geht das z.B. so:

```java
int[][][] a = {{{1,2,3}, {4,5}, {6,7,8}}};
for (int[][] outer : a) {
  for (int[] inner : outer) {
    for (int element : inner) {
        System.out.println(element);
    }
  }
}
```

Um auch auf die Indizes der Elemente zugreifen zu können, verwenden Sie wieder
die explizite Form der for-Schleife, siehe Abschnitt 7.3.

6.2.5 Regeln für mehrdimensionale Arrays

Für die Verwendung von mehrdimensionalen Arrays gibt es einige Regeln, die Sie befolgen müssen:

- **Die Angabe der Hauptarray-Länge ist obligatorisch.** Wenn Sie mit einer new-Anweisung ein neues Array erzeugen, müssen Sie immer mindestens die Länge des Hauptarrays angeben:

```
int[][][] a = new int[][][];          // Falsch!
int[][][] a = new int[5][][];         // Richtig!
```

- **Die Angabe der Längen der verschachtelten Arrays ist optional:**

```
int[][][] a = new int[5][][];         // Richtig!
int[][][] a = new int[5][3][];        // Richtig!
int[][][] a = new int[5][3][2];       // Richtig!
```

- **Die Angabe der geschachtelten Array-Längen darf keine Lücke haben:**

```
int[][][] a = new int[5][][2];        // Falsch!
int[][][] a = new int[5][3][];        // Richtig!
```

Abb. 6.3 fasst die wichtigsten Punkte zu mehrdimensionalen Arrays zusammen.

Aufgabe 6.3. Programmieren Sie eine Klasse `ArrayDemo2`, die

- alle geraden Zahlen,
- alle ungeraden Zahlen und
- alle Primzahlen

zwischen 1 und 10 in einem mehrdimensionalen Array speichert.

- Lösen Sie die Aufgabe durch Deklaration und Initialisierung in einem Schritt.
- Lösen Sie die Aufgabe, indem Sie erst ein Array erzeugen und dann Werte zuweisen.

Aufgabe 6.4. Programmieren Sie eine Klasse `Kurs` mit Attributen `name` und `id`. Schreiben Sie eine `main`-Methode, die ein zweidimensionales Array von Kursen erzeugt, in dem Kurse für Wintersemester und Sommersemester gespeichert werden können. Dabei soll im Wintersemester Speicherplatz für zwei Kurse und im Sommersemester Speicherplatz für drei Kurse vorhanden sein.

6.3 Aufzählungstypen (Enumerations)

Aufzählungstypen (die oft auch *Enumerationstypen* oder – nach dem Schlüsselwort enum – Enums genannt werden) sind spezielle Klassentypen, die mehrere Konstanten zusammenfassen. Zum Beispiel würde man Aufzählungstypen verwenden, um die Wochentage zu beschreiben oder die Richtungen, in die sich ein Roboter bewegen kann, zusammenzufassen.

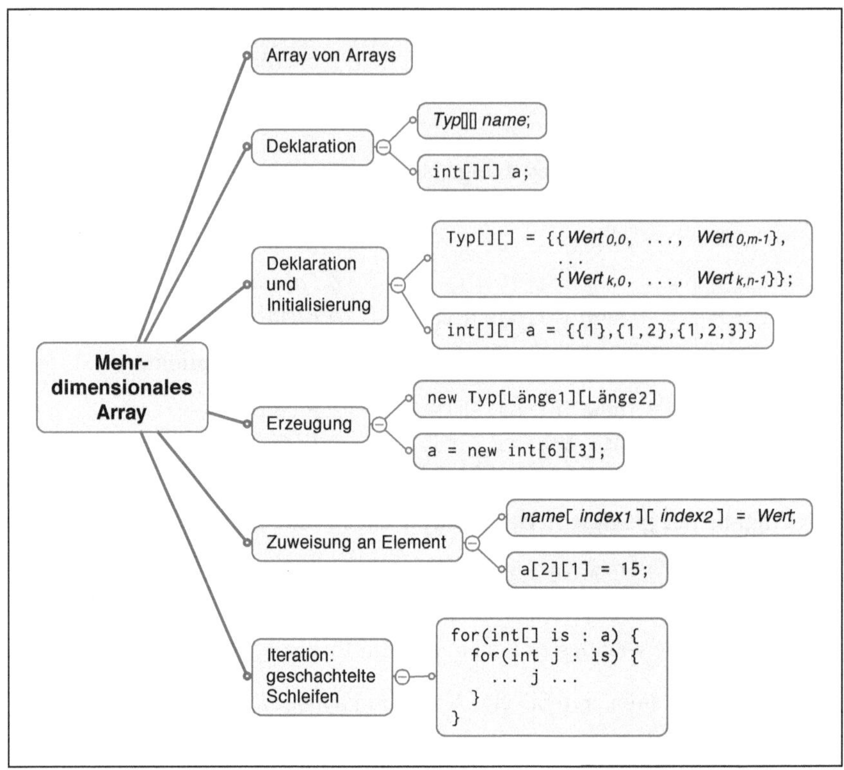

Abb. 6.3 Mehrdimensionale Arrays

Obwohl Aufzählungstypen zu den Klassentypen gehören, gibt es eine eigene Syntax dafür: Man definiert einen Aufzählungstyp mit dem Schlüsselwort enum:

```
public enum Enumerationsname {
    Konstante₁, ..., Konstanteₙ
}
```

Zum Beispiel können wir einen Aufzählungstyp für Wochentage folgendermaßen definieren:

```
public enum Tag {MO, DI, MI, DO, FR, SA, SO }
```

Entsprechend kann der Aufzählungstyp für Richtungen definiert werden:

```
public enum Richtung { NORD, SUED, OST, WEST }
```

Üblicherweise werden die Konstanten in Aufzählungstypen, wie andere Konstanten auch, in Großbuchstaben geschrieben.

Meistens wird die Definition eines Aufzählungstyps in eine eigene Datei geschrieben, die den gleichen Namen hat wie der Typ. Die obigen Definitionen würden also in Dateien mit den Namen `Tag.java` und `Richtung.java` stehen. In Klassen kann dann auf Aufzählungstypen genau so wie auf andere Klassen auch zugegriffen werden:

```
public class Roboter {
  double[] aufenthaltsort;
  Richtung richtung;
}
```

Wenn ein Aufzählungstyp hauptsächlich innerhalb einer einzigen Klasse verwendet wird, so kann man die Definition auch in diese Klasse schreiben:

```
public class Roboter2 {
  double[] aufenthaltsort;
  enum Richtung2 { NORD, SUED, OST, WEST };
  Richtung2 richtung;
}
```

Die Werte einer Enum brauchen nicht extra erzeugt zu werden; Sie müssen (und können) also keine Instanzen von Aufzählungstypen erzeugen. Auf einzelne Werte eines Aufzählungstyps greift man in der Form *Enumerationsname.Konstante$_i$* zu, also z.B.

```
Roboter r = new Roboter();
r.richtung = Richtung.NORD;
```

Das gilt auch für Enums, die innerhalb einer Klasse definiert wurden, so lange der Zugriff innerhalb der gleichen Klasse erfolgt. Will man von außerhalb der definierenden Klasse auf den Aufzählungstyp zugreifen, so muss man den Klassennamen voranstellen:

```
// Innerhalb von Roboter2
Richtung2 r = Richtung2.NORD;
// Außerhalb von Roboter2
Roboter2.Richtung2 r = Roboter2.Richtung2.NORD;
```

Die Berechtigung zum Zugriff auf innerhalb einer Klasse definierte Aufzählungstypen kann – genau wie der Zugriff auf Attribute und Methoden – durch die Modifikatoren `public`, `protected` und `private` beeinflusst werden.

Durch die statische Methode `values` erhält man von jedem Aufzählungstyp ein Array mit allen Konstanten des Typs zurück. Zum Beispiel enthält nach dem folgenden Code-Fragment

```
Richtung[] richtungen = Richtung.values();
```

die Variable `richtungen` ein Array der Länge 4 und es hat `richtungen[0]` den Wert `Richtung.NORD`, `richtungen[1]` den Wert `Richtung.SUED`, usw.

Häufig werden Aufzählungstypen in der hier angegebenen einfachen Form definiert und in Kombination mit `switch`-Anweisungen (siehe Abschnitt 7.2.3) verwendet. In Java bieten Enums aber noch viele weitergehende Möglichkeiten, die wir leider in dieser kurzen Einführung nicht behandeln können.

Aufgabe 6.5. Implementieren Sie den Aufzählungstyp Tag, der Konstanten für alle Wochentage enthält, und eine Klasse EnumDemo, die einen Tag in einer Instanzvariable wochentag speichern kann. Definieren Sie eine main-Methode, die

- eine Instanz von EnumDemo erzeugt und den Wert Tag.MO in der Instanzvariable wochentag speichert,
- alle Werte von Tag in einer lokalen Variable vom Typ Tag[] speichert und
- alle Elemente dieses Arrays ausgibt.

6.4 Die String-Klasse

Die KlasseString ist in der Java-Standardbibliothek vordefiniert. Sie repräsentiert Unicode-Zeichenketten und wird für viele Aufgaben eingesetzt, bei denen Text gespeichert oder dargestellt wird. Die Klasse String hat eine besondere Stellung in Java, weil Java eine Syntax für String-Literale anbietet: In doppelte Anführungszeichen (") eingeschlossener Text hat den Typ String. Zum Beispiel:

```
String anrede = "Hallo!";
String frage = "Wie heißt du?"
String formel = "x² = ∮f(t) dt"
```

Wie Sie an den letzten beiden Beispielen sehen können, dürfen String-Literale in Java auch Sonderzeichen und mathematische Symbole enthalten.

Außer der Repräsentation für String-Literale bietet Java noch einige weitere Besonderheiten für Strings an. Zum Beispiel können mehrere Strings mit dem +-Operator zusammengefügt werden:

```
String name;
// Einlesen von name
String anrede = "Hallo " + name;
```

Der +-Operator kann sogar immer angewendet werden, wenn das linke Argument den Typ String hat. Das rechte Argument wird dann in einen String umgewandelt:

```
String s = "Das Jahr ";
int jahr = 1986;
String titel = s + jahr;  // titel → "Das Jahr 1986"
```

Wenn Sie eine Klasse definieren, können Sie bestimmen, wie ihre Instanzen in Strings umgewandelt werden, indem Sie eine Methode toString implementieren:

```
public class Punkt {
  private double x, y;
  // Definition von Konstruktor, Getter- und Setter-Methoden, usw.
  public String toString() {
      return "Punkt(" + x + ", " + y + ")";
  }
}
```

Mit dieser Definition von Punkt erhalten Sie:

```
Punkt p = new Punkt(1.0, 2.0);
String s = "Position: " + p;   // s → "Position: Punkt(1.0, 2.0)"
```

In Java können Strings nicht modifiziert werden. Der +-Operator gibt einen neuen String zurück und verändert seine Argumente nicht, ebenso wie alle anderen Operationen auf Strings.

Strings sind, abgesehen von der Integration in die Syntax von Java, ganz normale Objekte. Daher müssen Sie beim Vergleich von Strings auf Gleichheit die gleichen Regeln beachten wie für alle anderen Objekte: Der Operator == vergleicht *Objektidentität*; um festzustellen, ob die Werte der Objekte gleich sind, müssen Sie die Methode equals verwenden. Da Objektidentität für Strings fast nie eine Rolle spielt, sollten Sie sich folgende Regel merken: *Strings werden immer mit* equals *auf Gleichheit getestet.* Zum Beispiel:

```
String s1 = "Hallo, Welt!";
String welt = "Welt!";
String s2 = "Hallo, " + welt;
```

Hier gilt: s1.equals(s2) ergibt true, während s1 == s2 den Wert false ergibt.

Um die Länge eines Strings festzustellen, können Sie die Methode size verwenden, die die Anzahl der Zeichen im String als ganze Zahl zurückgibt. Zum Beispiel gilt

```
"Hallo, Welt!".size()                    → 12
```

Um einen Substring aus einem String zu extrahieren, gibt es die Methode substring. Diese Methode können Sie mit einem oder mit zwei ganzen Zahlen als Argumenten aufrufen. Mit einem Argument gibt sie den Substring, der ab diesem Index beginnt und bis zum Ende des Arguments reicht, zurück; mit zwei Argumenten gibt sie den Substring zurück, der beim ersten Index beginnt und *vor* dem zweiten Index endet. Zum Beispiel:

```
"Hallo, Welt!".substring(7)          → "Welt!"
"Hallo, Welt!".substring(7, 12)      → "Welt!"
"Hallo, Welt!".substring(7, 11)      → "Welt"
"Hallo, Welt!".substring(7, 8)       → "W"
"Hallo, Welt!".substring(7, 7)       → ""
```

Aufgabe 6.6. Programmieren Sie eine Klasse StringDemo, die in der main-Methode

- den String "Hamburg" in einer lokalen Variable s1 speichert,
- daraus den String "Homburg" konstruiert und in einer lokalen Variable s2 speichert,
- und die Identität und den Wert von s2 mit dem String-Literal "Homburg" vergleicht.

Tipp: Benutzen Sie dafür den +-Operator sowie die substring Methode.

6.5 Was haben wir gelernt?

Wir haben in diesem Kapitel zwei Arten von Referenztypen besprochen, auf die wir
in den Kapiteln 3 und 4 noch nicht eingegangen waren: Arrays und Aufzählungstypen. Arrays sind Folgen von Elementen eines Typs und können entweder eindi-
mensional (linear) oder mehrdimensional sein. Mehrdimensionale Arrays werden in
Java als geschachtelte eindimensionale Arrays realisiert und müssen deshalb nicht
rechteckig sein.

Aufzählungstypen sind spezielle Klassentypen, die mehrere Konstanten zusammenfassen und für die es eine eigene Syntax gibt. Von Aufzählungstypen kann man
keine Instanzen erzeugen, es gibt nur die definierten Konstanten als Instanzen. Die
Konstanten einer Enumeration können als Werte in einer switch-Anweisung vorkommen.

Die String-Klasse wird in Java eingesetzt, wenn man mit Texten umgehen muss.
Instanzen von String können nicht modifiziert werden, Operationen auf Strings
liefern einen neuen String als Resultat zurück. Der Vergleich auf Gleichheit von
Zeichenketten erfolgt mit equals, nicht mit ==.

Eine Mindmap, die einen Überblick über dieses Kapitel gibt, zeigt Abb. 6.4;
Details zu ein- und mehrdimensionalen Arrays, sind in Abb. 6.2 und 6.3.

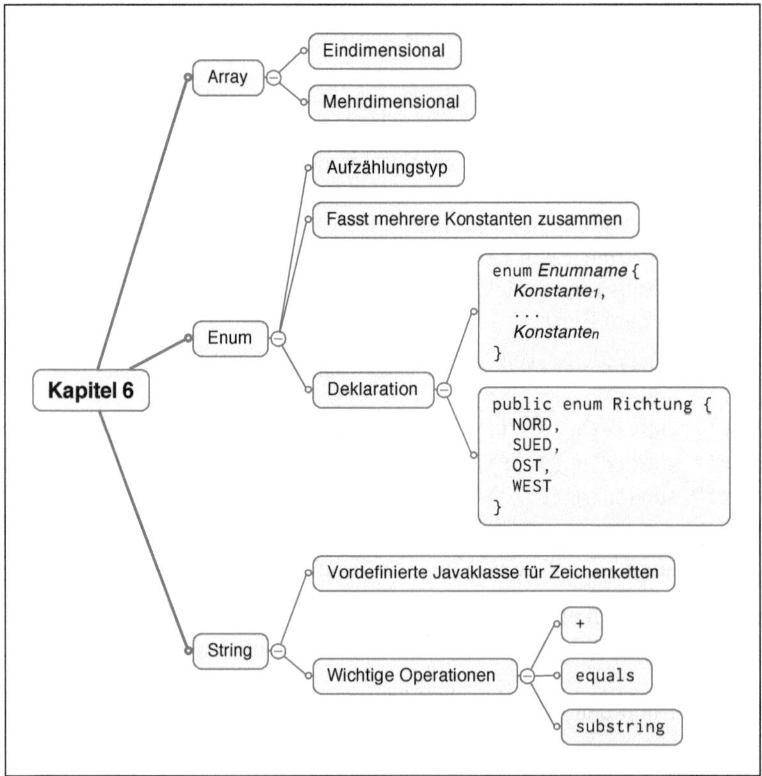

Abb. 6.4 Was haben wir gelernt? Mindmap zu Kapitel 6 – Komplexe Datentypen

Kapitel 7
Kontrollfluss

Java bietet vielfältige Möglichkeiten, den Kontrollfluss von Programmen zu kontrollieren. Wir gehen zunächst auf die Blockstruktur von Java ein, betrachten dann die Fallunterscheidungen mit `if` und `switch` und schließlich die verschiedenen Möglichkeiten, Schleifen zu implementieren.

7.1 Blöcke

Wie fast alle modernen Programmiersprachen basiert Java auf einer Blockstruktur. Ein *Block* fasst mehrere Anweisungen zusammen und ist dabei selber eine Anweisung. Das heißt, dass an jeder Stelle in Java, an der eine einzige Anweisung vorkommen kann, auch beliebig viele Anweisungen stehen können, wenn Sie in einem Block zusammengefasst werden. Das haben wir in den vergangenen Kapiteln schon oft ausgenutzt, zum Beispiel in `if`-Anweisungen oder `for`-Schleifen.

Ein Block besteht syntaktisch aus einer Folge von Anweisungen, die in geschweifte Klammern `{...}` eingeschlossen ist. Dabei ist es auch zulässig, dass keine Anweisung oder nur eine einzige Anweisung zwischen den Klammern steht. Die einzelnen Anweisungen innerhalb des Blocks werden durch Strichpunkte (`;`) getrennt; nach der schließenden geschweiften Klammer des Blocks steht kein Strichpunkt.

```
{
    Anweisung1;
    ...
    Anweisungn;
}
```

Blöcke fassen aber nicht nur Anweisungen zusammen, sie begrenzen auch die Sichtbarkeit und den Gültigkeitsbereich lokaler Variablen: Auf lokale Variablen kann nur innerhalb des Blocks zugegriffen werden, in dem sie definiert sind. Die lokalen Variablen, die in einem äußeren Block definiert werden, sind auch in allen

M. Hölzl, A. Raed, M. Wirsing, *Java kompakt*, eXamen.press,
DOI 10.1007/978-3-642-28504-2_7, © Springer-Verlag Berlin Heidelberg 2013

darin enthaltenen Blöcken sichtbar. In Java ist es nicht erlaubt, eine Variable, die bereits in einem äußeren Block definiert wurde, in einem inneren Block nochmals zu deklarieren. Ein Beispiel:

```java
{
  int x = 5;          // OK
  {
    int y = 10;       // OK
    int z = x + y;    // OK, z → 15
    int x = 3;        // Fehler! x ist bereits definiert!
  }
  x = y;              // Fehler! y ist an dieser Stelle nicht mehr gültig!
}
```

Der Rumpf von Methoden ist ebenfalls ein Block; die Parameter der Methode folgen den gleichen Sichtbarkeitsregeln wie lokale Variablen. Durch die geschweiften Klammern einer Klassendefinition wird allerdings kein Block erzeugt.

In Abschnitt 3.2 haben wir bereits das Verschatten von Variablen besprochen: Wenn eine lokale Variable den gleichen Namen hat wie eine Instanzvariable, so ist innerhalb des Blocks, in dem die lokale Variable definiert wird, die Instanzvariable nicht mehr sichtbar. Allerdings kann man mit this immer noch auf die Instanzvariable zugreifen. Zum Beispiel:

```java
public class Punkt {
  double x, y;
  public void multiply (double x) {
    // Der Parameter x verschattet die Instanzvariable x. Daher kann auf die
    // Instanzvariable nur noch mit this.x zugegriffen werden.
    // Im Methodenrumpf bezieht sich x (ohne vorangestelltes this) immer auf
    // den Parameter.
    this.x = x * this.x;
    // y ist nicht verschattet.
    y = x * y;
  }
}
```

7.2 Fallunterscheidungen

Fast kein Programm kommt ohne Fallunterscheidungen (auch *bedingte Anweisungen* genannt) aus. Java bietet dafür zwei Konstrukte an: if/then/else und switch/case.

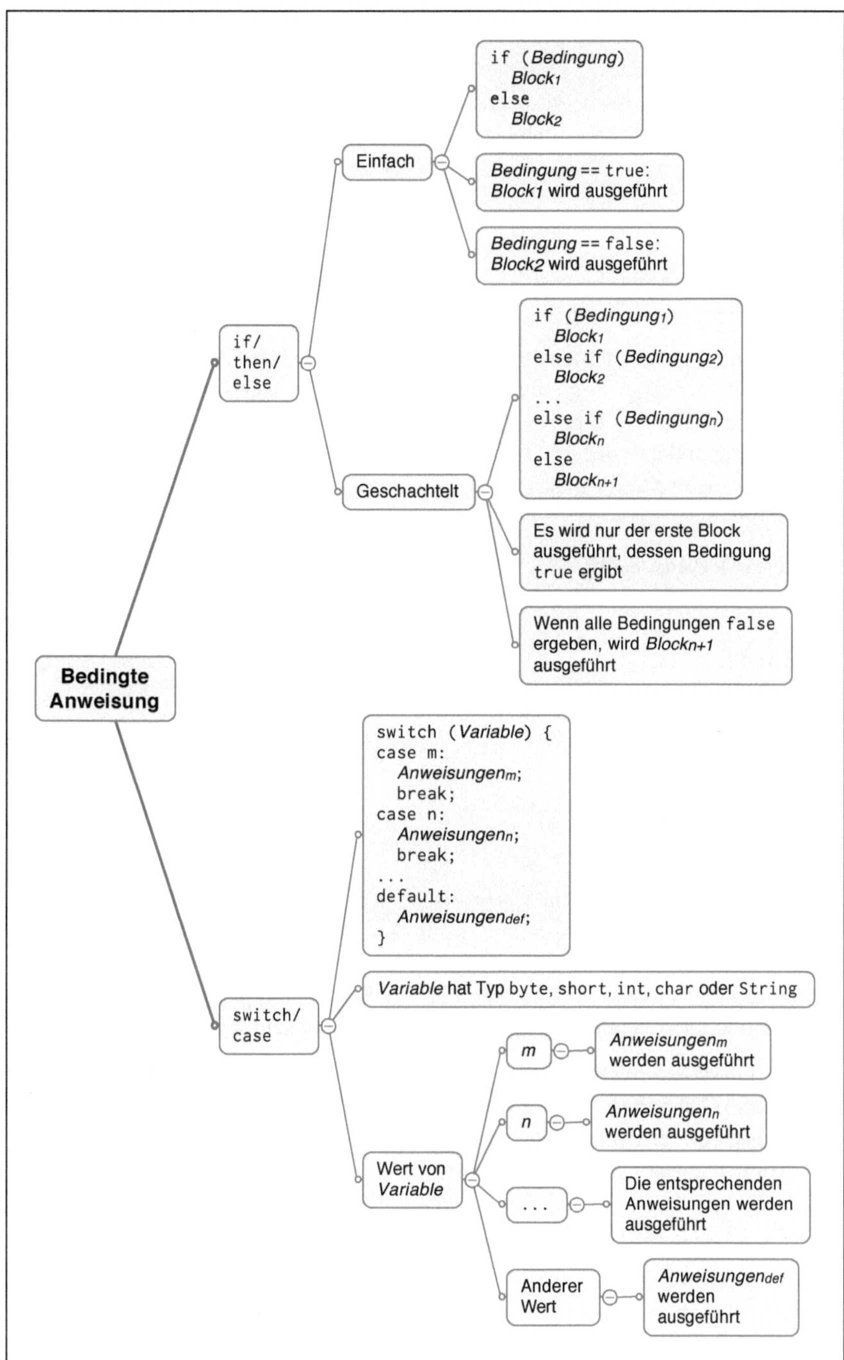

Abb. 7.1 Mindmap zu Fallunterscheidungen

7.2.1 Die if/then/else-Anweisung

Die if/then/else-*Anweisung* (oder if-*Anweisung*, if-*Statement*) ist die allgemeinste und am häufigsten eingesetzte Form der Fallunterscheidung. In Java hat sie die folgende Syntax:

```
if (Boolescher Ausdruck)
   Anweisung₁
else
   Anweisung₂
```

Die Funktionsweise der if-Anweisung ist leicht zu verstehen: Zuerst wird der *Boolesche Ausdruck* ausgewertet; falls das Ergebnis true ist, wird *Anweisung₁* ausgeführt, andernfalls *Anweisung₂*. Es wird also immer nur eine der Anweisungen ausgeführt, die andere wird ignoriert.

Üblicherweise schreibt man statt *Anweisung₁* und *Anweisung₂* Blöcke, so dass sich ergibt:

```
if (Boolescher Ausdruck) {
   Anweisung₁,₁;
   ...
   Anweisung₁,ₘ;
}
else {
   Anweisung₂,₁;
   ...
   Anweisung₂,ₙ;
}
```

Den else-Zweig kann man auch weglassen. In diesem Fall wird *Anweisung₁* bzw. der entsprechende Block ausgeführt, wenn der *Boolesche Ausdruck* wahr ist; andernfalls hat die ganze if-Anweisung keinen Effekt. Diese Form des if-Statements wird häufig in Kombination mit einer return-Anweisung genutzt, um den Rumpf einer Methode unter bestimmten Bedingungen nicht auszuführen:

```
void erzaehleGeschichte() {
  if (anzahlZuhoerer < 2) {
    System.out.println("Zu wenige Personen anwesend.");
    return;
  }
  ... // Erzähle die Geschichte.
}
```

Wie wir in Abschnitt 5.1 schon gesehen haben, gibt es viele Möglichkeiten, wie der *Boolesche Ausdruck* aussehen kann. Im einfachsten Fall handelt es sich einfach um eine Variable vom Typ boolean. Öfter kommen aber Vergleichsoperationen wie x < y oder logische Ausdrücke wie z.B. (x>y) || ((y<z) && (x+y==z)) vor.

Aufgabe 7.1. Programmieren Sie eine Klasse IfThenElseDemo, die eine Methode ausgehen() mit folgender Funktionalität enthält:

- Die Methode ausgehen liest eine ganze Zahl z von der Konsole ein.
- Ist z == 1, gibt die Methode die Nachricht „Lass uns in den Englischen Garten gehen." aus.
- Ist z != 1, so gibt die Methode „Oh jeh, es regnet, lass uns zu Hause Karten spielen!" aus.

Tipp: Hinweise zum Einlesen von Zahlen von der Konsole finden Sie in Abschnitt 2.12.

7.2.2 Geschachtelte if/then/else-Anweisung

Manchmal stehen wir vor dem Problem, dass wir nicht nur eine einzige Entscheidung zu treffen haben, sondern dass wir uns zwischen mehreren Alternativen entscheiden müssen, von denen wir aber nur eine auswählen wollen. In diesem Fall können wir die erste Alternative mit einer if/then/else-Anweisung überprüfen und im else-Zweig der Anweisung wieder eine if/then/else-Anweisung verwenden, um die zweite Alternative zu überprüfen. Dann erhalten wir die folgende Form:

```
if (Boolescher Ausdruck 1) {
  Anweisung₁;
  ...
}
else if (Boolescher Ausdruck 2) {
  Anweisung₂;
  ...
}
...
else if (Boolescher Ausdruck n) {
  Anweisungₙ;
  ...
}
else {
  Anweisungₙ₊₁;
  ...
}
```

Wenn dabei *Boolescher Ausdruck 1* wahr ist, wird der Block $Anweisung_1; ...$ ausgeführt und die folgenden Bedingungen und Anweisungen werden übersprungen. Ist $Anweisung_1$ falsch, so wird *Boolescher Ausdruck 2* ausgewertet und, falls er wahr ist, der Block $Anweisung_2; ...$ ausgeführt und die restlichen Bedingungen und Anweisungen übersprungen. So werden der Reihe nach alle Bedingungen überprüft.

Falls keine Bedingung zutrifft, wird der else-Block ausgeführt. Sie können beliebig viele if/then/else-Anweisungen auf diese Art schachteln. Das letzte else ist
nichts anderes als das else der letzten if-Anweisung in dieser Kette und deshalb
natürlich auch wieder optional.

Beachten Sie den Unterschied zwischen dem geschachtelten if/then/else und
mehreren nacheinander stehenden if/then/else-Anweisungen in den folgenden
beiden Beispielen:

```
int x, y, z;
...
if (x > 0)
  System.out.println("x > 0");
else if (y > 0)
  System.out.println("y > 0");
else if (z > 0)
  System.out.println("z > 0");
else
  System.out.println("keine Zahl > 0");
```

Dieses Programm gibt genau eine der Alternativen auf dem Bildschirm aus. Wenn
x > 0 ist, so werden die folgenden Bedingungen nicht mehr überprüft und die dazu
gehörigen println-Anweisungen nicht ausgeführt. Im Gegensatz dazu führt das
folgende Programm

```
int x, y, z;
...
if (x > 0)
  System.out.println("x > 0");
if (y > 0)
  System.out.println("y > 0");
if (z > 0)
  System.out.println("z > 0");
else
  System.out.println("z <=0");
```

immer alle drei Tests aus und gibt für x und y jeweils dann eine Nachricht auf
dem Bildschirm aus, wenn ihr Wert positiv ist. Für die Variable z wird auch eine Nachricht ausgegeben, wenn ihr Wert negativ ist. Dieses Programm druckt also
mindestens eine und höchstens drei Nachrichten aus.

Aufgabe 7.2. Programmieren Sie eine Klasse Mitgliedsbeitrag mit folgenden
Methoden:

- Eine Methode readGehalt(), die eine double-Zahl von der Konsole einliest
  und in einer Instanzvariable gehalt speichert
- Eine Methode berechneMitgliedsbeitrag(), die den Mitgliedsbeitrag nach
  folgenden Regeln ausrechnet und zurückgibt:

  – Ist das Gehalt > 48.000 Euro, so ist der Beitrag 300 Euro/Jahr.

- Ist das Gehalt $\leq$ 48.000 Euro und $>$ 38.000 Euro, so ist der Beitrag 200 Euro/Jahr.
- Ist das Gehalt $\leq$ 38.000 Euro und $>$ 32.000 Euro, so ist der Beitrag 100 Euro/Jahr.
- Ist das Gehalt $\leq$ 32.000 Euro, so ist der Beitrag 20 Euro/Jahr.

Verwenden Sie dazu geschachtelte if/then/else-Anweisungen und vermeiden Sie überflüssige Vergleiche. Testen Sie Ihre Implementierung und achten Sie darauf, dass mit den Tests alle möglichen Fälle abgedeckt werden.

Wie müssen Sie die Bedingungen modifizieren, wenn Sie nur if-Anweisungen ohne else-Zweige verwenden wollen?

7.2.3 Die Switch/Case-Anweisung

Wenn wir viele verschiedene Fälle für den Wert einer einzigen Variablen unterscheiden müssen, so sind verschachtelte if/then/else Anweisungen manchmal etwas umständlich aufzuschreiben. Deshalb bietet Java die switch/case-Anweisung, die diesen Spezialfall etwas kürzer notiert. Allerdings sind Fallunterscheidungen mit switch/case nicht gut erweiterbar; daher ist eine zu häufige Anwendung von switch/case oft ein Hinweis darauf, dass das Programm schlecht strukturiert ist.

Eine switch/case-Anweisung hat die folgende Form:

```
switch (Variable){
  case m:  {
    Anweisung;
    ...
    break;
  }
  ...
  case n:  {
    Anweisung;
    ...
    break;
  }
  default: {
    Anweisung;
    ...
  }
}
```

Dabei muss *Variable* einen der folgenden Typen haben:

- byte, short, int, oder char (oder ihre Wrapper-Klassen Byte, Short, Char und Int),
- String (seit Java 7) oder

- einen Aufzählungstyp.

Die m, ..., n müssen entweder Konstanten dieses Typs sein oder Ausdrücke, die einen Wert des entsprechenden Typs als Ergebnis haben und deren Wert schon zur Compilezeit ausgewertet werden kann. Zum Beispiel sind Variablen (und Ausdrücke, in denen Variablen vorkommen) an dieser Stelle nicht erlaubt, da ihre Werte erst zur Laufzeit berechnet werden können. Alle vorkommenden Werte müssen vom gleichen Typ sein, also dürfen entweder nur Zahlen, nur Strings oder nur Konstanten eines Aufzählungstyps als Werte vorkommen. Außerdem müssen alle vorkommenden Werte verschieden sein; es ist also nicht erlaubt, dass ein Wert in mehreren case-Klauseln vorkommt.

Eine switch/case-Anweisung wird folgendermaßen ausgewertet: Zur Laufzeit wird der Wert der *Variablen* ausgewertet und mit den $m, \ldots, n$ verglichen. Falls der Wert mit einer der Variablen übereinstimmt, so werden die danach folgenden Anweisungen ausgeführt, bis die switch-Anweisung durch break (siehe auch 7.3.5) beendet wird oder das Ende der kompletten switch-Anweisung erreicht wird. Andernfalls wird der default-Block ausgeführt. Falls keine der case-Klauseln zutrifft und kein default-Block vorhanden ist, so hat die switch/case-Anweisung keinen Effekt.

Beachten Sie, dass die case-Label in der switch-Anweisung nicht dazu führen, dass die Auswertung abgebrochen wird, wenn ein vorhergehendes case-Label zutreffend war. Zum Beispiel gibt das folgende Programm

```java
int i = 0;
switch (i) {
  case 0:
    System.out.println("i ist 0");
  case 1:
    System.out.println("i ist 1");
}
```

zwei Zeilen auf der Konsole aus, da vor case 1 kein break steht:

```
i ist 0
i ist 1
```

Diese Eigenschaft wird oft verwendet, um mehrere Fälle, die gleich behandelt werden, zusammenzufassen:

```java
int i;
...
switch (i) {
  case 0:
  case 1:
  case 2:
    System.out.println("i ist kleiner als 3");
    break;
  case 3:
```

```
case 4:
  System.out.println("i ist 3 oder 4");
  break;
default:
  System.out.println("i ist unbekannt");
  }
}
```

Dieses Programmfragment gibt i ist kleiner als 3 aus, wenn i den Wert 0, 1 oder 2 hat; es gibt i ist 3 oder 4 aus, wenn i einen der Werte 3 oder 4 hat, und es gibt i ist unbekannt aus, wenn i irgend einen anderen Wert hat.

Das unbeabsichtigte „Durchfallen" zur nächsten Gruppe von Anweisungen ist eine häufige Fehlerquelle für Anfänger in Java. Beachten Sie deshalb, dass Sie jeden Fall mit einem break abschließen.

Aufgabe 7.3. Programmieren Sie die Klasse Mitgliedsbeitrag aus Aufgabe 7.2 unter Zuhilfenahme einer switch-Anweisung und führen Sie die Tests aus.

Was passiert, wenn Sie aus Ihrer Lösung die break-Anweisungen entfernen?

Aufgabe 7.4. Programmieren Sie eine Klasse Notenbewertung mit folgenden Methoden:

- Eine Methode read(), die eine double-Zahl von der Konsole einliest.
- Eine Methode bewerteSchuelerin(), die zu jeder Note eine Nachricht auf der Konsole ausgibt:

  - Ist die Note gleich 1, so ist die Nachricht: „Die Schülerin ist sehr gut."
  - Ist die Note 2, dann ist die Nachricht „Die Schülerin ist gut."
  - Ist die Note gleich 3 oder 4: „Die Schülerin ist durchschnittlich."
  - Ist die Note gleich 5 oder 6: „Die Schülerin ist schlecht."
  - Ist die Note größer als 6 oder kleiner als 1: „Das Programm hat einen Fehler!"

Verwenden Sie eine switch-Anweisung, um die Aufgabe zu lösen. Testen Sie alle unterschiedlichen Fälle, die vorkommen können. Was passiert, wenn Sie aus Ihrer Lösung die break-Anweisungen entfernen und die Tests ausführen?

Aufgabe 7.5. Implementieren Sie einen Aufzählungstyp Wochentag, der die Wochentage repräsentieren kann. Schreiben Sie eine Klasse Woche mit folgenden Eigenschaften:

- Woche speichert die Wochentage in einer Instanzvariable tag vom Typ Wochentag.
- Woche hat eine Methode read(), die einen Wochentag von der Konsole einliest.
- Woche hat eine Methode bewerteTag(), die folgende Nachricht auf der Konsole ausgibt:

  - Hat tag den Wert FREITAG, so ist die Nachricht „Freitag ist gut."
  - Ist der Wert von tag ein Tag am Wochenende: „Wochenende ist super!"
  - Ist der gelesene Tag MONTAG: „Montag ist schlecht."

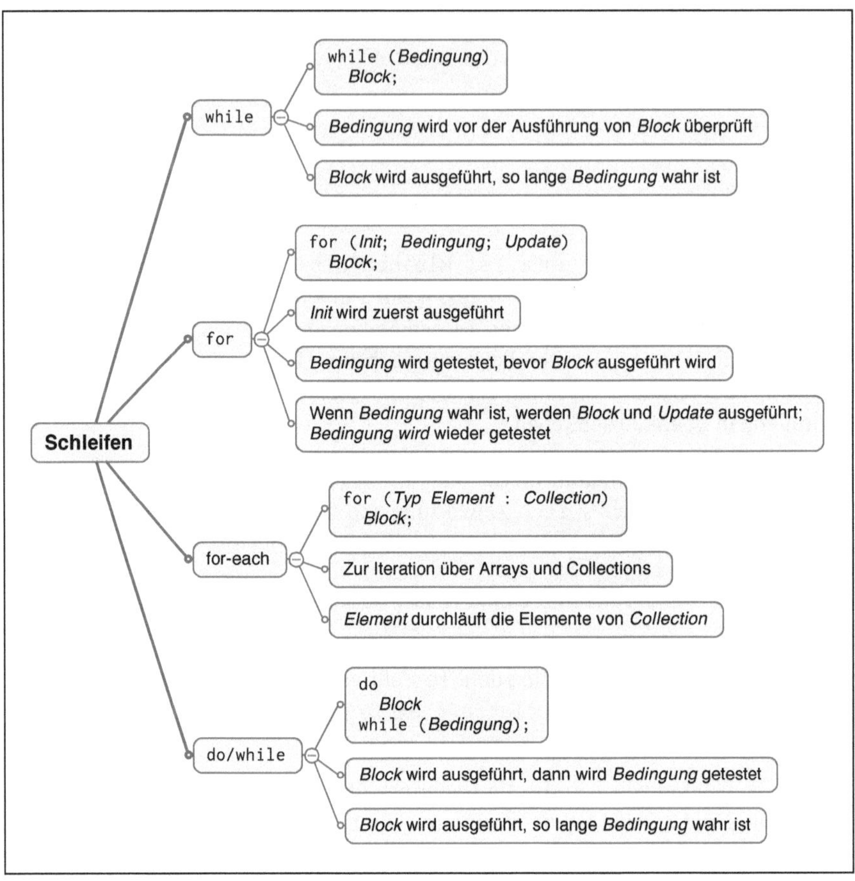

Abb. 7.2 Mindmap zu Schleifen

– Sonst ist die Nachricht „Wochenmitte ist so la la.“

Verwenden Sie eine `switch`-Anweisung, um die Aufgabe zu lösen. Testen Sie alle unterschiedlichen Fälle, die vorkommen können. Was passiert, wenn Sie aus Ihrer Lösung die `break`-Anweisungen entfernen und die Tests ausführen?

7.3 Schleifen

Fast jedes Programm muss gewisse Berechnungen oder Aufgaben immer wieder durchführen. Um das zu erleichtern, stellt Java verschiedene Konstrukte für Schleifen zur Verfügung.

7.3.1 while-Schleife

Die einfachste Schleife ist die `while`-Schleife, die einen Block ausführt, bis eine Boolesche Bedingung wahr wird. Ihre Syntax ist wie folgt:

```
while (Boolescher Ausdruck) {
  Anweisung;
  ...
}
```

Die `while`-Schleife testet zuerst den *Booleschen Ausdruck*. Wenn er den Wert `true` hat, werden die Anweisungen im Rumpf einmal ausgeführt und der *Boolesche Ausdruck* erneut getestet. Das geht so lange weiter, bis der *Boolesche Ausdruck* den Wert `false` ergibt. Wenn dieser Fall eintritt, wird die Ausführung des Programms mit der Anweisung nach dem Schleifenrumpf fortgesetzt.

Damit eine `while`-Schleife mit dieser Regel irgendwann abgebrochen werden kann, muss innerhalb des Schleifenrumpfs der Zustand des Programms verändert werden. Meistens geschieht das, indem einer Variablen, die im *Booleschen Ausdruck* verwendet wird, ein neuer Wert zugewiesen wird. Ein Beispiel dafür ist:

```
int i = 0;
while (i < 10) {
  System.out.println(i);
  i++;
}
System.out.println("Schleife beendet.");
```

Nach der Definition der Variablen i wird der Test i < 10 zum ersten Mal ausgewertet und gibt den Wert `true` zurück. Daher wird der Rumpf der Schleife ausgeführt und der aktuelle Wert von i, also 0, wird auf dem Bildschirm ausgegeben. Danach wird der Wert von i durch die Anweisung i++ erhöht und der Test erneut ausgewertet. Da i immer noch kleiner ist als 10, ist das Ergebnis wieder `true` und der Rumpf der Schleife wird erneut ausgewertet. Das geht so weiter, bis i den Wert 9 hat. Dann wird 9 auf der Konsole ausgegeben und der Wert von i auf 10 erhöht. Die Auswertung des Tests ergibt jetzt `false`, somit wird der Schleifenrumpf nicht mehr ausgeführt und das Programm gibt „Schleife beendet" auf der Konsole aus.

Die in diesem Beispiel vorkommende Form der Iteration (d.h. der wiederholten Ausführung von Programmteilen) kommt in Programmen so häufig vor, dass es dafür ein spezielles Konstrukt gibt, die im nächste Abschnitt vorgestellte for-Schleife. Die `while`-Schleife wird typischerweise in Situationen eingesetzt, in denen nicht von Vornherein klar ist, wie oft die Schleife durchlaufen werden muss. Zum Beispiel könnte ein Programm zur Steuerung eines Roboters folgendes Fragment enthalten:

```
while (hindernisZuNahe()) {
  weicheHindernisAus();
}
```

Diese Schleife bewirkt, dass der Roboter so lange Ausweichmanöver fährt, bis er
weit genug von allen Hindernissen entfernt ist und sich dann wieder seiner ursprünglichen Aufgabe widmet.

Aufgabe 7.6. Programmieren Sie eine Klasse `WhileArray`, die eine Instanzvariable
`zahlen` vom Typ `int[]` und die folgenden beiden Methoden enthält:

1. Die Methode `speichereZahlen(int n)` initialisiert die Instanzvariable `zahlen`
   mit einem Array der Länge `n+1` und speichert darin die Zahlen von 0 bis n in
   aufsteigender Reihenfolge.
2. Die Methode `druckeGeradeZahlen()` gibt alle geraden Zahlen und dann alle
   ungeraden Zahlen in `zahlen` auf der Konsole aus.

Verwenden Sie `while`-Schleifen zur Implementierung der Methoden. Testen Sie Ihre Implementierung. Überprüfen Sie in Ihren Tests auch, was passiert, wenn die
Methode `druckeGeradeZahlen` vor dem ersten Aufruf von `speichereZahlen` aufgerufen wird. Was wäre in diesem Fall ein vernünftiges Verhalten des Programms?

Aufgabe 7.7. Programmieren Sie eine Klasse `LeseEingaben`, die eine statische Methode `echo` enthält, die so lange Benutzereingaben zeilenweise von der Konsole
einliest und gleich wieder auf der Konsole ausgibt, bis der Benutzer eine leere Zeile
eingibt.
   Tipp: Beachten Sie dabei die Hinweise in Abschnitt 2.12.

Aufgabe 7.8. Implementieren Sie eine Klasse `F`, die folgende statische Methoden
enthält:

- `int fib(int n)` berechnet die n-te Fibonacci-Zahl. Dabei gilt:

```
F.fib(0)      → 0
F.fib(1)      → 1
F.fib(n)      → F.fib(n-1) + F.fib(n-2) für n > 1
```

- `int fact(int n)` berechnet die n-te Fakultät. Dabei gilt:

```
F.fact(0)     → 1
F.fact(n)     → n * F.fact(n-1) für n > 0
```

Implementieren Sie beide Methoden unter Zuhilfenahme von `while`-Schleifen und
ohne Rekursion. Testen Sie Ihre Implementierung.

7.3.2 For-Schleifen

Im vorhergehenden Abschnitt haben wir gesehen, wie man mit einer `while`-Schleife
alle Zahlen von 0 bis zu einer oberen Grenze n durchlaufen kann. Da es sich dabei
um eine häufig benötigte Iterationsstruktur handelt, bietet Java dafür eine kompak-
tere Notation an, die (ursprüngliche Form der) `for`-Schleife. Es gibt noch eine weitere Form der `for`-Schleife, die speziell zum Durchlaufen von Arrays und Listen

gedacht ist, und die wir im nächsten Abschnitt besprechen werden. Die in diesem Abschnitt behandelte for-Schleife hat folgende Form:

```
for (Initialisierung; Boolescher Ausdruck; Update) {
  Anweisung;

  ...

}
```

Diese for-Schleife hat genau die gleiche Bedeutung wie folgender Block:

```
{
  Initialisierung;
  while (Boolescher Ausdruck) {
    Anweisung;

    ...

    Update;
  }
}
```

Vor dem Durchlaufen der Schleife wird also einmalig die *Initialisierung* ausgeführt. Dabei wird typischerweise eine Variable eingeführt, die von *Update* dann verändert wird. Als nächstes wird der *Boolesche Ausdruck* überprüft; falls er den Wert true hat, werden die *Anweisungen* im Rumpf der Schleife ausgeführt, gefolgt von *Update*. Dann wird der *Boolesche Ausdruck* erneut überprüft; bei positivem Ergebnis werden die *Anweisungen* im Schleifenrumpf sowie das *Update* erneut ausgeführt. Das wiederholt sich so lange, bis der Boolesche Ausdruck den Wert false hat und die Ausführung des Programms nach dem Schleifenrumpf fortgesetzt wird. Wir haben bei der Übersetzung die *Initialisierung* und die while-Schleife in einen Block eingeschlossen, um kenntlich zu machen, dass die in der *Initialisierung* eingeführten Variablen nur die Schleife als Gültigkeitsbereich haben.

Die im letzten Abschnitt auf Seite 137 gezeigte while-Schleife lässt sich als for-Schleife kompakter und weniger fehleranfällig so schreiben:

```
for (int i = 0; i < 10; i++) {
  System.out.println(i);
}
System.out.println("Schleife beendet.");
```

Der Rumpf der Schleife wird 10-mal durchlaufen, dabei nimmt i die Werte 0 bis 9 an. Wenn Sie nach der Schleife den Wert von i noch verwenden wollen, müssen Sie i vor der Schleife definieren:

```
int i;
for (i = 0; i < 10; i++) {
  System.out.println(i);
}
System.out.println("Schleife beendet mit i = " + i);
```

Hier wird i in der Initialisierung der Schleife nur ein Wert zugewiesen; die eigentliche Definition von i erfolgt vor der Schleife. Sowohl *Initialisierung, Boolescher*

Ausdruck, als auch *Update* der Schleife können leer sein; allerdings müssen Sie die entsprechenden Strichpunkte trotzdem setzen. Ein leerer *Boolescher Ausdruck* wird dabei als true gewertet. Der Ausdruck

```
for ( ; ; ) {
  System.out.println("Endlos!");
}
```

ist eine Endlosschleife, die den gleichen Effekt hat wie

```
while (true) {
  System.out.println("Endlos!");
}
```

Zur Iteration über Arrays und Listen wird meist die im nächsten Abschnitt besprochene Form der for-Schleife verwendet. Allerdings erlaubt diese es nicht, im Schleifenrumpf den Index des gerade betrachteten Elements zu verwenden. Deshalb ist es oft nötig, folgendermaßen über die Elemente eines Arrays oder einer Liste zu iterieren:

```
int[] a = {2, 3, 5, 7, 11, 13, 17};
for (int i = 0; i < a.length; i++) {
  System.out.println("a[" + i + "] = " + a[i]);
}
```

Die Variable i läuft dabei von 0 bis zum maximalen erlaubten Index in a. Beachten Sie, dass der Test i < a.length ist, da die Indizes des Arrays a von 0 bis a.length - 1 reichen.

Im Allgemeinen ist es nicht empfehlenswert, sehr komplexe Boolesche Ausdrücke in Schleifen zu verwenden. Das gilt ganz besonders für die for-Schleife, da dort neben dem Test auch noch die Initialisierung und das Update im Kopf der Schleife stehen und dieser somit schnell unübersichtlich wird. Falls Sie komplexe Bedingungen in einer Schleife benötigen, sollten Sie überlegen, ob Sie den Test nicht in eine Methode auslagern können oder ob Sie die Bedingung mit den in Abschnitt 7.3.5 besprochenen Anweisungen vereinfachen können.

Aufgabe 7.9. Programmieren Sie eine Klasse ForArray, die eine Instanzvariable zahlen vom Typ int[] und die folgenden beiden Methoden enthält:

1. Die Methode speichereZahlen(int n) initialisiert die Instanzvariable zahlen mit einem Array der Länge n+1 und speichert darin die Zahlen von 0 bis n in aufsteigender Reihenfolge.
2. Die Methode druckeGeradeZahlen() gibt alle gerade Zahlen und dann alle ungeraden Zahlen in zahlen auf der Konsole aus.

Verwenden Sie for-Schleifen zur Implementierung der Methoden. Testen Sie Ihre Implementierung.

Aufgabe 7.10. Implementieren Sie die Klasse F aus Aufgabe 7.8 mit for-Schleifen. Welche Variante ist in diesem Fall Ihrer Meinung nach vorzuziehen?

7.3.3 Die for-each-Schleife

Es gibt noch eine zweite Variante der for-Schleife, die manchmal zur Unterscheidung auch *for-each-Schleife* genannt wird. Diese Schleife ist weniger allgemein als die im letzten Abschnitt besprochene for-Schleife, da sie nur zur Iteration über Arrays und Collections (siehe Kapitel 10) geeignet ist. Dafür ist sie aber oft die kürzeste, prägnanteste und am wenigsten fehleranfällige Form, um eine solche Schleife zu schreiben. Die for-each-Schleife hat folgende Syntax:

```
for (Typ Element : Collection) {
  Anweisung;
  ...
}
```

Die Elemente eines Arrays können Sie mit einer for-each-Schleife folgendermaßen ausdrucken:

```
int[] a = {2, 3, 5, 7, 11, 13, 17};
for (int n : a) {
  System.out.println("n = " + n);
}
```

In dieser Schleife durchläuft n nacheinander die Elemente aus a, ohne dass Sie sich über das Erhöhen des Index-Werts oder die Abbruchbedingung der Schleife Gedanken machen müssen. Im Gegensatz zur for-Schleife im vorhergehenden Abschnitt können Sie bei dieser Variante aber nicht auf den Index des gerade aktuellen Elements zugreifen. Daher ist es auch nicht möglich, mit einer for-each-Schleife die im Array gespeicherten Werte zu verändern.

Die for-each-Schleife kann für alle Collections in Java verwendet werden, nicht nur für Arrays.

Aufgabe 7.11. Programmieren Sie eine Klasse ForEachArray, die eine Instanzvariable zahlen vom Typ int[] und die folgenden beiden Methoden enthält:

1. Die Methode speichereZahlen(int n) initialisiert die Instanzvariable zahlen mit einem Array der Länge n+1 und speichert darin die Zahlen von 0 bis n in aufsteigender Reihenfolge.
2. Die Methode druckeGeradeZahlen() gibt alle gerade Zahlen und dann alle ungeraden Zahlen in zahlen auf der Konsole aus.

Verwenden Sie, falls möglich, for-each-Schleifen zur Implementierung der Methoden. Testen Sie Ihre Implementierung.

7.3.4 Die do/while-Schleife

Java bietet noch eine weitere Variation der while-Schleife an. Sehen wir uns das Problem aus Aufgabe 7.7 an, um einzusehen, weshalb diese Form der Schleife sinnvoll ist. Die Aufgabenstellung war das wiederholte Einlesen und Ausgeben einer Benutzereingabe, so lange bis der Benutzer eine leere Zeile eingibt. Mit einer while-Schleife könnten wir diese Aufgabe z.B. so lösen:

```java
Scanner scanner = new Scanner(System.in);
System.out.print("Neue Eingabe: ");
String eingabe = scanner.nextLine();
while (!eingabe.isEmpty()) {
  System.out.println(eingabe);
  System.out.print("Neue Eingabe: ");
  eingabe = scanner.nextLine();
}
```

Bevor wir überprüfen können, ob die Eingabe leer ist, müssen wir eine Eingabezeile vom Benutzer eingelesen haben. Für die erste Eingabe benötigen wir dazu genau den gleichen Code, der später im Schleifenrumpf vorkommt. Um diese Verletzung des „Don't Repeat Yourself"-Prinzips zu vermeiden, können wir eine do/while-Schleife verwenden. Diese funktioniert im Prinzip genau so wie eine while-Schleife, nur wird dabei der Schleifenrumpf in jedem Fall einmal durchlaufen und erst dann die Abbruchbedingung überprüft. Wir könnten das obige Beispiel also unter Einsatz der do/while-Schleife folgendermaßen schreiben:

```java
Scanner scanner = new Scanner(System.in);
String eingabe;
do {
  System.out.print("Neue Eingabe: ");
  eingabe = scanner.nextLine();
  System.out.println(eingabe);
} while (!eingabe.isEmpty());
```

Allerdings haben wir bei der Umstellung des Programms die Funktionsweise etwas verändert: Während das Original die leere Zeile, mit der die Schleife abgebrochen wird, nicht mehr ausgibt, wird diese vom aktuellen Programm noch auf der Konsole ausgegeben. Eine Version des Programms, das dieses Problem nicht hat und trotzdem ohne duplizierten Code auskommt, sehen wir im nächsten Abschnitt.

7.3.5 *Steueranweisungen:* break, continue

Wir haben gerade ein Beispiel gesehen, bei dem der von einer Schleife vorgegebene Kontrollfluss fast, aber nicht ganz, unseren Anforderungen entspricht. In solchen Fällen kann man manchmal mit den Anweisungen break und continue das gewünschte Resultat erreichen.

Die break-Anweisung haben wir im Abschnitt 7.2.3 bereits gesehen. Dort wurde sie eingesetzt, um einen Block von Anweisungen sofort zu beenden. Mit der gleichen Funktion kann break auch in Schleifen eingesetzt werden: Eine break-Anweisung im Rumpf einer Schleife führt dazu, dass die Schleife sofort verlassen wird. Die Ausführung des Programms wird unmittelbar nach der Schleife fortgesetzt.

Wenn nur der aktuelle Durchlauf durch den Schleifenrumpf beendet werden, aber die Schleife nicht komplett verlassen werden soll, dann kann die continue-Anweisung verwendet werden. Sie bewirkt, dass die nachfolgenden Anweisungen im Schleifenrumpf übersprungen werden und die Schleife sofort mit dem nächsten Test der Abbruchbedingung fortfährt. Zum Beispiel gibt das folgende Programm

```java
for (int i=0; i<10; i++) {
  if(i==5)
    continue;                    // 5 wird nicht ausgedruckt
  System.out.println(i);
  if(i==8)
    break;                       // 9, 10 werden nicht ausgedruckt
}
```

die Zahlen 1, 2, 3, 4, 6 und 7 auf der Konsole aus. Wenn i den Wert 5 hat, wird die Bedingung in Zeile 2 wahr und Zeilen 4–6 werden von der continue-Anweisung übersprungen. Sobald i den Wert 8 hat, wird die Bedingung in Zeile 5 wahr und die break-Anweisung bricht die Ausführung der Schleife ab.

Mit der break-Anweisung können wir jetzt noch eine Version von Aufgabe 7.7 implementieren, die ohne Verdopplung von Code auskommt und die abschließende Leerzeile nicht ausgibt:

```java
Scanner scanner = new Scanner(System.in);
String eingabe;
do {
  System.out.print("Neue Eingabe: ");
  eingabe = scanner.nextLine();
  if (eingabe.isEmpty()) {
    break;
  }
  System.out.println(eingabe);
} while (true);
```

Allerdings ist in dieser Version die Abbruchbedingung der Schleife im Schleifenrumpf versteckt, daher ist der Kontrollfluss nicht mehr ganz so klar wie in der ersten Version.

7.4 Was haben wir gelernt?

In diesem Kapitel haben wir gesehen, wie man in Java den Kontrollfluss eines Programms steuern kann. Blöcke dienen dazu, mehrere Anweisungen zusammenzufassen und können überall dort stehen, wo in der Java-Grammatik eine Anweisung vorkommt.

Fallunterscheidungen dienen dazu, den Kontrollfluss des Programms anhand einer Bedingung in mehrere Zweige aufzuspalten. Das wichtigste Sprachmittel dazu ist die if/then/else-Anweisung, die auch geschachtelt verwendet werden kann. Wenn viele Werte einer Variablen getestet werden sollen, bietet sich die switch/case-Anweisung an.

Mit den in Kapitel 4 besprochenen rekursiven Methoden kann man Schleifen realisieren, aber die Verwendung von Rekursion ist in Java unüblich. Statt dessen verwendet man üblicherweise eine der Schleifen-Anweisungen: while, for, for-each oder do/while. Die while-Schleife ist die allgemeinste Variante; for-Schleifen bieten eine kompakte Syntax, wenn in der Schleife ein Zähler inkrementiert werden soll; for-each-Schleifen bieten eine kompakte Notation zur Iteration über Arrays und Collections; die do/while-Schleife bietet sich an, wenn der Schleifenrumpf mindestens einmal durchlaufen werden muss.

Mit der Steueranweisung break kann eine Schleife oder Fallunterscheidung abgebrochen werden. Die Anweisung continue erlaubt es, die aktuelle Iteration einer Schleife abzubrechen und den nächsten Durchlauf durch die Schleife zu starten.

Abb. 7.3 bietet einen Überblick über das Kapitel; detailliertere Mindmaps zu Fallunterscheidungen und Schleifen und sind Abb. 7.1 und 7.2.

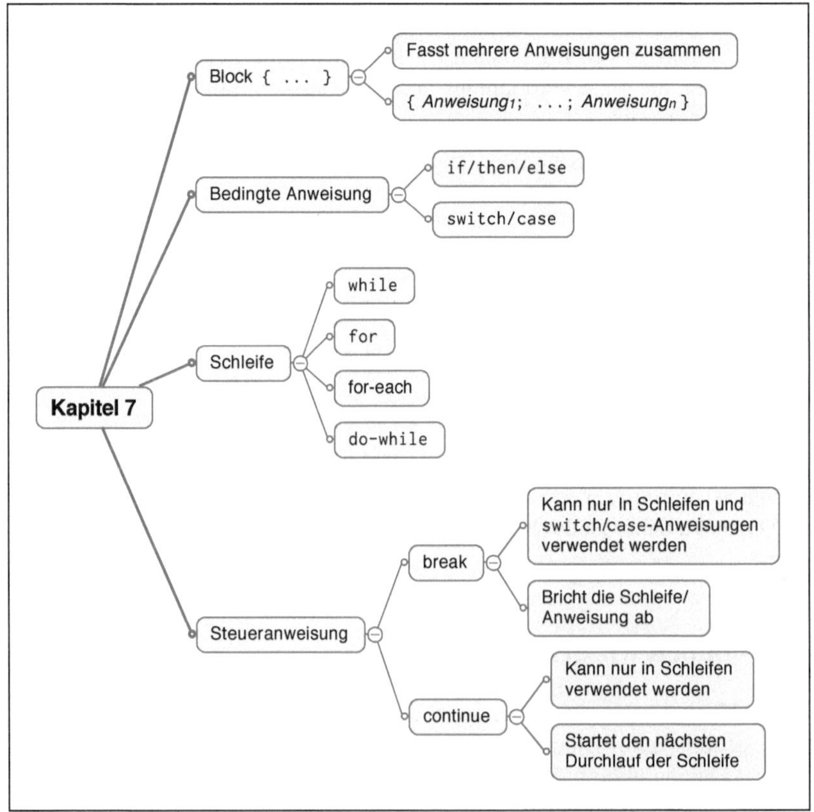

Abb. 7.3 Was haben wir gelernt? Mindmap zu Kapitel 7 – Kontrollfluss

Kapitel 8
Vererbung und Polymorphie

Wir haben in den vorhergehenden Kapiteln gesehen, dass Objekte in Java Zustand und Funktionalität zusammenfassen und dass sie die Details ihres Zustandes vor dem Rest des Programms verbergen. Die Struktur und Funktionalität von Objekten wird dabei durch Klassen beschrieben. Eine wichtige Eigenschaft von Klassen ist, dass sie Verhalten von anderen Klassen „erben" können. Mit den Konsequenzen, die sich daraus ergeben, setzen wir uns in diesem und im nächsten Kapitel auseinander.

8.1 Das Vererbungsprinzip

Sie kennen den Begriff „Vererbung" wahrscheinlich aus der Biologie. Dort besagt er, sehr laienhaft gesprochen, dass Lebewesen gewisse Eigenschaften und Verhaltensweisen von ihren Vorfahren übernehmen. Wenn zum Beispiel beide Elternteile blond und blauäugig sind, so ist die Wahrscheinlichkeit hoch, dass die Kinder ebenfalls blond und blauäugig sind. Allerdings ist Vererbung bei Menschen relativ kompliziert, weil die Genome beider Elternteile kombiniert werden und genetische Anlagen mit erlernten Verhaltensmustern zusammenspielen.

8.1.1 Die Grundidee der Vererbung in Java

Vererbung in Java hat nicht sehr viel mit dem Konzept aus der Biologie gemeinsam. In Java ist Vererbung eine Beziehung zwischen Klassen, bei der eine *Unterklasse* die Instanzvariablen und Methoden einer *Oberklasse* übernimmt. Statt Unterklasse sagt man auch *Subklasse*, *Kindklasse* oder *abgeleitete Klasse*, die Oberklasse nennt man auch *Superklasse*, *Elternklasse* oder *Basisklasse*. Im Gegensatz zur biologischen Vererbung hat in Java eine Klasse immer[1] genau eine Elternklasse. Eine Unterklasse kann die geerbten Eigenschaften verändern und erweitern; in vielen Situationen

---

[1] Eine Ausnahme ist lediglich die vom System zur Verfügung gestellte Klasse Object, die wir in Abschnitt 8.3 genauer besprechen werden.

M. Hölzl, A. Raed, M. Wirsing, *Java kompakt*, eXamen.press,
DOI 10.1007/978-3-642-28504-2_8, © Springer-Verlag Berlin Heidelberg 2013

können Instanzen einer Unterklasse anstelle von Instanzen der Oberklasse verwendet werden. Diese Austauschbarkeit von Instanzen der Ober- und Unterklasse nennt man *(Subtyp-)Polymorphie*, und wir werden uns in den kommenden Abschnitten noch intensiv damit beschäftigen. Zunächst wollen wir uns aber ein Beispiel für Vererbung ansehen.

Als einfaches Beispiel definieren wir zwei Klassen: Person zur Darstellung von Personen im Allgemeinen und Student, um Studenten zu repräsentieren. Dabei gehen wir davon aus, dass die Klasse Person Instanzvariablen name und adresse besitzt, während Studenten zusätzlich noch Instanzvariablen für die Matrikelnummer und ihr Studienfach benötigen. Wir wollen für alle Personen (also auch für Studenten) Methoden getName, getAdresse und info haben. Die Methode info soll dabei Information über die Person auf der Konsole ausgeben und in zwei überladenen Varianten vorliegen: Eine Variante soll ein Boolesches Argument akzeptieren, das angibt, ob ein Zeilenvorschub am Ende ausgegeben werden soll; eine Variante ohne Argument soll immer den Zeilenvorschub ausgeben. Um das Beispiel kurz zu halten gehen wir davon aus, dass alle Instanzvariablen im Konstruktor initialisiert werden und dass wir keine Setter benötigen. Die Klasse Person können wir folgendermaßen implementieren:

```java
public class Person {
  private String name;
  private String adresse;

  public Person(String name, String adresse) {
      this.name = name;
      this.adresse = adresse;
  }
  public String getName() {
      return name;
  }
  public String getAdresse() {
      return adresse;
  }
  public void info(boolean newline) {
    System.out.print(name + ", " + adresse);
    if (newline)
      System.out.println();
  }
  public final void info() {
    info(true);
  }
}
```

Wir können die Klasse Student ebenso leicht implementieren, wenn wir auf die Verwendung von Vererbung verzichten. Ein Ausschnitt aus der Definition ist:

```
public class Student {
  private String name;
  private String adresse;
  private String matrikelnummer;
  private String studienfach;

  ...
  public String getName() {
      return name;
  }
  ...
  public void info(boolean newline) {
    System.out.print(name + ", " + adresse);
    if (newline)
      System.out.println();
  }
  public final void info() {
    info(true);
  }
}
```

Allerdings haben wir jetzt zwei Probleme:

- Die Definitionen der Felder name und adresse sowie ihrer Getter (und, in realistischeren Beispielen, Setter) kommen mehrmals in identischer Form vor.
- Für Java gibt es keinen Zusammenhang zwischen den Klassen Person und Student: Variablen vom Typ Person können keine Instanzen von Student speichern; Methoden, die ein Argument mit Typ Person haben, können keine Instanz von Student als Parameter bekommen und Arrays des Typs Person können keine Instanzen von Student speichern.

Unser Programm funktioniert wesentlich besser, wenn wir die Klasse Student als Unterklasse von Person implementieren. Dann können wir die Implementierung der Klasse Person wiederverwenden und vermeiden es, den Code zweimal hinzuschreiben. Außerdem können wir dann Instanzen von Student an vielen Stellen verwenden, an denen Instanzen der Klasse Person verlangt sind.

Um die Klasse Student als Unterklasse von Person kenntlich zu machen, verwenden wir das Schlüsselwort extends:

```
class Student extends Person {
  // Implementierung von Student
}
```

Dadurch, dass Student von Person erbt, bekommen die Instanzen automatisch die beiden Felder name und adresse; ebenso sind die Methoden getName, getAdresse und info für Student definiert und verhalten sich genau so wie für Person.

Um Vererbungsbeziehungen graphisch zu repräsentieren, verwenden wir eine Notation, die an die weit verbreitete Modellierungssprache UML angelehnt ist.

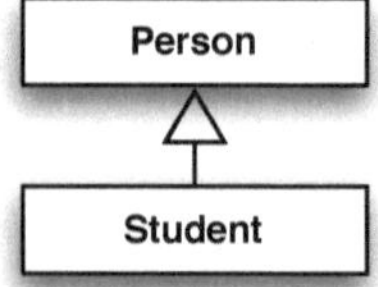

Abb. 8.1 Vererbungsbeziehung zwischen Oberklasse `Person` und Unterklasse `Student`

Dabei werden Klassen durch Rechtecke dargestellt und Vererbungs-Beziehungen durch ein Dreieck mit durchgezogener Linie angegeben. Ein einfaches Beispiel dafür ist Abb. 9.4: In dem dort dargestellten Diagramm werden die Attribute und Methoden der Klassen nicht berücksichtigt; nur die beiden Klassen und ihre Vererbungsbeziehung sind abgebildet.

Wir müssen `Student` noch mit den neuen Attributen ausstatten und Getter für diese Attribute definieren; außerdem benötigen wir auch noch einen Konstruktor, der alle Attribute initialisiert. Eine vollständigere Definition von `Student` ist also:

```
public class Student extends Person {
  private String matrikelnummer;
  private String studienfach;

  public Student(String name, String adresse,
              String matrikelnummer, String studienfach) {
    // Implementierung des Konstruktors
  }

  public String getMatrikelnummer() {
      return matrikelnummer;
  }
  public String getStudienfach() {
      return studienfach;
  }
}
```

Die so definierte Klasse hat vier Felder: die zwei geerbten Felder `name` und `adresse` und die zwei neu definierten Felder `matrikelnummer` und `studienfach`. Bei den Gettern ist die Situation genauso: `getName` und `getAdresse` werden geerbt, die Getter `getMatrikelnummer` und `getStudienfach` werden in der Klasse `Student` definiert. Die Methode `info` wird von `Person` geerbt.

Wie können wir den Konstruktor implementieren? Wenn wir versuchen, Werte an alle vier Instanzvariablen zuzuweisen, stoßen wir auf ein Problem: `name` und `adresse` sind in `Person` als `private` deklariert, daher ist der Zugriff nur von Methoden der Klasse `Person` erlaubt. Methoden in Unterklassen haben keine Zugriffsrechte auf `private`-Variablen der Oberklasse. Im Konstruktor von `Student` muss deshalb als erste Anweisung ein Aufruf eines Konstruktors von `Person` stehen. Dafür gibt es die spezielle Syntax super($Arg_1, \ldots, Arg_n$). Danach können wir die neuen Felder normal initialisieren:

```java
public Student(String name, String adresse,
               String matrikelnummer, String studienfach) {
  super(name, adresse);
  this.matrikelnummer = matrikelnummer;
  this.studienfach = studienfach;
}
```

Wir wollen jetzt noch die Methode info so anpassen, dass sie zusätzlich die Matrikelnummer des Studenten zurückgibt. Das können wir erreichen, indem wir in der Klasse Student eine Methode info definieren, die die gleiche Signatur hat wie die Methode info in Person. Um kenntlich zu machen, dass wir eine Methode aus der Oberklasse *überschreiben* wollen, schreiben wir vor die Definition der Methode die Annotation @Override:

```java
@Override
public void info(boolean newline) {
  // Implementierung von info
}
```

In der Implementierung von info können wir wieder nicht direkt auf die Attribute name und adresse zugreifen, aber da die Klasse Person Getter für beide Attribute anbietet, können wir diese verwenden:

```java
@Override
public void info(boolean newline) {
  System.out.print(getName() + ", " + getAdresse());
  System.out.print(", " + matrikelnummer);
  if (newline) System.out.println();
}
```

Allerdings haben wir damit den Code der info-Methode aus Person wieder (im Wesentlichen) dupliziert, obwohl wir nur etwas zusätzlichen Text ausgeben wollen. In diesem Beispiel ist das zugegebenermaßen kein großes Problem, weil die Methode info so einfach ist (und wir werden in diesem Beispiel auch keine wirkliche kürzere Implementierung angeben können), aber bei komplexeren Methoden kann sich die Wiederholung von Code sehr negativ auswirken. Daher bietet Java die Möglichkeit, Methoden der Oberklasse aufzurufen. Dazu dient wieder das Schlüsselwort super: super.*Methodenname*($Arg_1, \ldots, Arg_n$) ruft die Methode *Methodenname* der Oberklasse auf.

```java
@Override
public String info(boolean newline) {
  super.info(false);
  System.out.print(", " + matrikelnummer);
  if (newline) System.out.println();
}
```

Um mehr Flexibilität bei der Erzeugung von Listen zu haben, fügen wir zur Klasse
Student noch eine überladene Version von info hinzu, die den Namen des Studenten, gefolgt von einem beliebigen Postfix, ausgibt.

```java
public void info(String postfix) {
  System.out.println(getName() + ", " + postfix);
}
```

Als Letztes wollen wir zur Klasse Student noch eine zusätzliche Methode wechsle-
Studienfach hinzufügen. Es ist klar, dass diese Methode nur für Studenten sinnvoll
ist und nicht für andere Personen. Ihre Implementierung halten wir in unserem Beispiel sehr einfach:

```java
public void wechsleStudienfach(String neuesStudienfach) {
  studienfach = neuesStudienfach;
}
```

Damit haben wir die Klasse Student vollständig implementiert; hier ist noch einmal
der komplette Code:

```java
public class Student extends Person {
  private String matrikelnummer;
  private String studienfach;

  public Student(String name, String adresse,
                 String matrikelnummer, String studienfach) {
    super(name, adresse);
    this.matrikelnummer = matrikelnummer;
    this.studienfach = studienfach;
  }

  public String getMatrikelnummer() {
    return matrikelnummer;
  }
  public String getStudienfach() {
    return studienfach;
  }

  @Override
  public void info(boolean newline) {
    super.info(false);
    System.out.print(", " + matrikelnummer);
    if (newline)
      System.out.println();
  }
  public void info(String postfix) {
    System.out.println(getName() + ", " + postfix);
  }
```

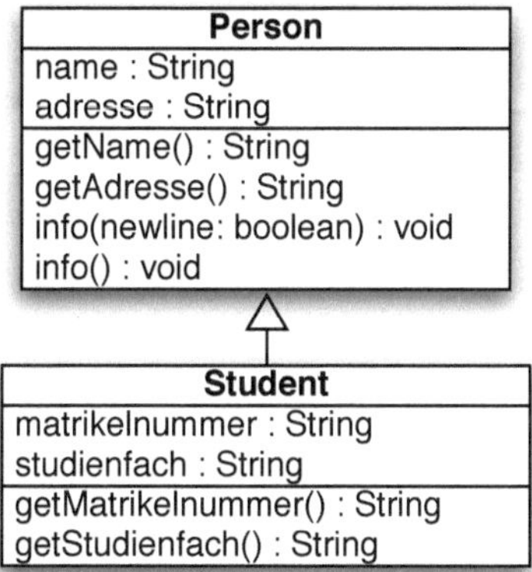

Abb. 8.2 Vererbungsbeziehung zwischen Person und Student, mit Attributen und Methoden

```
public void wechsleStudienfach(String neuesStudienfach) {
    studienfach = neuesStudienfach;
}
```

Abb. 8.2 zeigt, wie Attribute und Methoden von Klassen graphisch notiert werden.

Die Klasse Student zeigt den wichtigsten Anwendungsfall für Vererbung: Jeder Student ist (auch) eine Person, deshalb erbt die Klasse Student von der Klasse Person. Das wird häufig als der *„ist ein"-Test* (oder englisch: „is a"-Test) bezeichnet: Ob Klasse A von Klasse B erben sollte, kann man überprüfen, indem man fragt: „Ist A ein B?" oder besser: „Ist A eine Art von B?". Durch die zweite Form der Frage verringert man ein Problem, das bei der ersten Form des Tests häufig auftritt: Auch für Instanzen trifft die erste Form der Frage zu: Der (ganz normale) Student mit Namen Hans Müller aus München, mit Matrikelnummer 12345 und Studienfach Informatik „ist ein" Student, da man ihn als Instanz der Klasse Student im Programm repräsentiert. Die zweite Form der Frage macht es klarer, dass diese Form der „ist ein"-Beziehung nicht gemeint ist: Hans Müller ist ein Student, aber er ist keine spezielle Art von Student, d.h., er ist eine Instanz und keine Subklasse.

8.1.2 Das Schlüsselwort super

Ist B die Superklasse von A, so kann B selber wieder von einer Klasse C abgeleitet sein; C kann von D abgeleitet sein, usw. Man bezeichnet B und alle Klassen, von denen B erbt, also im Beispiel C, D, usw. als *(indirekte) Superklassen* von A. Man nennt B zur Verdeutlichung auch die *direkte Superklasse* von A.

Wenn Sie bei der Definition einer Klasse keine Oberklasse angeben, so setzt Java automatisch die Oberklasse Object ein (vgl. 8.3). Die Klasse Object hat als einzige Klasse in Java keine Oberklasse. Jede Kette von Oberklassen endet also schließlich bei der Klasse Object.

Das Schlüsselwort super kann genau so verwendet werden wie this, allerdings bezieht sich super immer auf die Superklasse und nicht auf die aktuelle Klasse. Wir fassen die Bedeutungen von super in den folgenden Punkten zusammen. Dabei gehen wir davon aus, dass super in der Definition einer Klasse A auftritt, die B als direkte Oberklasse und C, D, usw. als indirekte Oberklassen hat.

- super$(x,\ldots,z)$ ruft den Konstruktor von B mit den Argumenten $x,\ldots,z$ auf und darf nur als erste Anweisung in einem Konstruktor verwendet werden. In B muss also ein Konstruktor definiert sein, dessen Parameterliste mit $x,\ldots,z$ kompatibel ist.
- super.$f(x,\ldots,z)$ ruft die Methode f von B mit den Argumenten $x,\ldots,z$ auf. Diese Anweisung darf in den Konstruktoren und allen Methoden von A verwendet werden, wenn f mit der entsprechenden Signatur und passendem Zugriffsrecht in einer der Oberklassen von A definiert wurde. Der Aufruf greift immer auf die Implementierung von f zu, die für ein Objekt vom Typ B anwendbar wäre; eine Implementierung von f in A wird nicht berücksichtigt. Falls eine Methode f (mit passender Signatur und passendem Zugriffsrecht) in B definiert ist, so wird diese Implementierung hergenommen. Andernfalls werden der Reihe nach die Klassen C, D, usw. überprüft und die erste Implementierung von f (mit passender Signatur und passendem Zugriffsrecht) wird verwendet.
- super.a greift auf das Attribut a zu, das in einer der Superklassen von A definiert sein muss und Zugriffsrecht public, protected oder das Default-Zugriffsrecht haben muss. Diese Anweisung darf in den Konstruktoren und allen Methoden der Unterklasse verwendet werden. Da Attribute nicht überschrieben werden können, verhält sich super.a wie this.a, falls das Attribut a in einer der Oberklassen von A definiert wurde.

8.1.3 Vererbungsregeln

Wir fassen die wichtigsten Regeln zur Vererbung noch einmal stichpunktartig zusammen und vervollständigen dabei einige Punkte:

- Wenn Klasse A von B erbt, so heißt B die (direkte) Super-, Ober-, Wurzel-, oder Elternklasse und B die Sub-, Unter-, oder Kindklasse.
- Die Oberklasse wird nach dem Schlüsselwort extends angegeben: man schreibt class A extends B {...}.
- Definiert B keinen Default-Konstruktor, so muss A einen Konstruktor definieren. Im Konstruktor von A muss dann die erste Anweisung der Aufruf eines Konstruktors von B sein. Das geschieht in der Form super$(Arg_1,\ldots,Arg_n)$.
- A erbt alle Instanzvariablen und alle Methoden von B. In A kann man auf geerbte Instanzvariablen und Methoden nur dann zugreifen, wenn sie Zugriffsrecht public, protected oder das Default-Zugriffsrecht haben. Auf Instanzvariablen und Methoden von B mit Zugriffsrecht private kann man aus A nicht zugreifen.
- In der Klasse A kann man eigene Instanzvariablen und Methoden definieren.
- In der Klasse A kann man Methoden von B überschreiben. Die Implementierung dieser Methoden wird durch das Attribut @override gekennzeichnet.

- Im Rumpf von Konstruktoren und Methoden aus A kann mit dem Schlüsselwort super auf Attribute und Methoden aus B zugegriffen werden.
- Um zu verhindern, dass eine Methode überschrieben wird, kann man sie mit dem Schlüsselwort final kennzeichnen. Um zu verhindern, dass von einer Klasse geerbt wird, kann man die Klasse mit dem Schlüsselwort final kennzeichnen.
- Mit dem Schlüsselwort instanceof kann man überprüfen, ob ein Objekt indirekte Instanz einer Klasse ist, d.h. x instanceof A gilt genau dann, wenn x eine Instanz von A oder einer Unterklasse von A ist (vgl. S. 174).

In der Klasse Person haben wir die Methode info() als final gekennzeichnet, um zu verhindern, dass Unterklassen sie überschreiben. Dadurch können wir garantieren, dass für alle Instanzen p von Person oder einer Subklasse von Person gilt: p.info() verhält sich identisch zu p.info(true).

Aufgabe 8.1. Implementieren Sie eine Unterklasse Mitarbeiter von Person, die zusätzlich die Instanzvariablen gehalt vom Typ double und Position vom Typ String hat. Außerdem soll Mitarbeiter beim Aufruf von info auch die Position des Mitarbeiters ausgeben. Implementieren Sie für Mitarbeiter außerdem eine neue Methode

```
void erhoeheGehalt (double prozent)
```

die das Gehalt des Mitarbeiters um prozent % erhöht.

Implementieren Sie eine Klasse Manager, die von Mitarbeiter erbt und eine zusätzliche Instanzvariable praemie hat. Die Methode erhoeheGehalt soll für Manager sowohl Gehalt als auch Prämie um den gleichen Prozentsatz erhöhen.

8.2 Polymorphie und Dynamisches Binden

Wir haben im letzten Abschnitt Klassen definiert, die voneinander erben; aber wir haben noch nicht erläutert, wie sich Vererbung auswirkt. In diesem Abschnitt wollen wir darauf eingehen und die zwei zugrunde liegenden Konzepte – Polymorphie und dynamische Bindung – erläutern.

Polymorphie kommt vom griechischen Wort für Vielgestaltigkeit; in Java bezeichnet es die Fähigkeit von Variablen, die einen Typ B haben, auch Instanzen zu speichern, die zu einem *Subtyp* von B gehören. Wenn also x eine Variable vom Typ B ist und A von B (direkt oder indirekt) abgeleitet ist, so kann man in x Instanzen von A speichern, oder um es genauer auszudrücken, x kann Verweise auf Objekte vom Typ A speichern. Falls in A eine Methode f überschrieben wurde und in x ein Objekt vom Typ A gespeichert wurde, so bewirkt ein Aufruf von x.f(), dass die überschriebene Methode ausgeführt wird. Das bezeichnet man als *dynamisches Binden*.

Für die Klassen Person und Student bedeutet das, dass folgendes Programm

```
1  Person p = new Person("Person A", "Irgendwo");
2  System.out.println(p.info());
3  p = new Student("Student B", "Daheim", "1234", "Biologie");
4  System.out.println(p.info());
```

ein legales Java-Programm ist, und die Ausgabe

```
Person A, Irgendwo
Student B, Daheim, 1234
```

erzeugt. Beachten Sie, dass wir in Zeile 3 ein Objekt des Typs Student an eine Variable mit Typ Person zuweisen. In der zweiten Ausgabezeile wird trotzdem die Matrikelnummer des Studenten ausgegeben.

Um Polymorphie und dynamisches Binden besser zu verstehen, ist es hilfreich, zwischen dem *statischen* und dem *dynamischen Typ* einer Variable zu unterscheiden. Der statische Typ einer Variable ist immer der Typ, der bei der Definition der Variable angegeben wurde; der dynamische Typ ist der Typ des Objekts, das zu einem bestimmten Zeitpunkt an die Variable gebunden ist. Der statische Typ einer Variable ist während der gesamten Gültigkeit der Variable unverändert und wird bei der Definition der Variable festgelegt. Dagegen kann sich der dynamische Typ einer Variable bei jeder Zuweisung ändern. In Java ist der dynamische Typ immer der statische Typ der Variable oder ein Subtyp des statischen Typs.

Im vorhergehenden Beispiel hat die Variable p den statischen Typ Person und unmittelbar nach ihrer Initialisierung in Zeile 1 auch den dynamischen Typ Person. Nach der Zuweisung in Zeile 3 hat p immer noch den statischen Typ Person, aber den dynamischen Typ Student. Um zu entscheiden, welche Methodenimplementierung bei einem Aufruf der Form x.f(y,...,z) ausgeführt wird, geht Java in zwei Schritten vor:

1. Der statische Typ T_S von x entscheidet, welche Signatur von f ausgewählt wird: Aus den möglichen Signaturen von f wird diejenige ausgewählt, die am besten zu den statischen Typen von y,...,z passt. Dabei werden nur Signaturen ausgewählt, die in der Klasse T_S oder einer ihrer Oberklassen definiert sind. In dieser Phase spielen die dynamischen Typen von x und y,...,z keine Rolle.

2. Aus allen Implementierungen von f mit der im ersten Schritt festgelegten Signatur wird anhand des dynamischen Typs T_D von x die am besten passende ausgewählt. Dabei wird überprüft, ob in der Klasse T_D die Methode f mit der entsprechenden Signatur implementiert wurde. Falls das der Fall ist, wird diese Implementierung ausgeführt. Falls das nicht der Fall ist, wird die gleiche Überprüfung rekursiv mit der unmittelbaren Oberklasse von T_D fortgesetzt. Das Typsystem von Java stellt sicher, dass dabei immer mindestens eine Implementierung von f gefunden wird oder schon zur Compilezeit eine Fehlermeldung ausgegeben wird.

Um diese Regeln zu veranschaulichen, betrachten wir das folgende Programmfragment:

```
1  Person p = new Person("Person A", "Irgendwo");
2  p.info(true);
3  p.info();
4  p.info("**34");          // Fehler! p hat statischen Typ Person
5  p = new Student("Student B", "Daheim", "1234", "Biologie");
6  p.info(true);
```

```
7  p.info();
8  p.info("**34");              // Fehler! p hat statischen Typ Person
9  Student s;
10 s = p;                       // Fehler! p hat statischen Typ Person
11 s = (Student)p;
12 s.info("**34");        // OK
13 ((Student)p).info("**34"); // OK
```

In Zeile 1 wird die Variable p mit dem statischen Typ Person definiert und mit einem Objekt vom Typ Person initialisiert. Der dynamische Typ von p ist zu diesem Zeitpunkt also auch Person. In Zeile 2 wird die Methode info(boolean) von p aufgerufen. Da p den dynamischen Typ Person hat, wird die Methode der Klasse Person aufgerufen und gibt die Zeile

```
Person A, Irgendwo
```

auf der Konsole aus. In Zeile 3 wird die Methode info() von p aufgerufen; die zugehörige Implementierung ist ebenfalls in der Klasse Person selber zu finden: Im Rumpf von info() wird die Methode mit Signatur info(true) aufgerufen. Ein solcher Methodenaufruf ohne vorausgehendes Objekt entspricht immer einem Aufruf this.info(true). Da this hier den dynamischen Typ Person hat, wird, genau wie im ersten Fall, die Methode info(true) der Klasse Person aufgerufen. In Zeile 4 versuchen wir, die Methode info(String) aufzurufen. Diese Methode ist aber nur in der Klasse Student definiert, nicht in Person; daher ist dieser Aufruf in Java nicht zulässig und führt zu einem Fehler, wenn wir versuchen, das Programm zu übersetzen.

In Zeile 5 weisen wir ein Objekt vom Typ Student an die Variable p zu. Das ist zulässig, da Student eine Unterklasse von Person ist. Ab diesem Zeitpunkt hat p also den dynamischen Typ Student. Da sich der statische Typ einer Variablen nie ändert, bleibt er Person. Beim Aufruf in Zeile 6 wird die Methode mit Signatur info(boolean) aufgerufen. Da diese Methode in Student überschrieben wurde, findet Java die zum dynamischen Typ passende Implementierung in Student und gibt Name, Adresse und Matrikelnummer auf der Konsole aus:

```
Student B, Daheim, 1234
```

In Zeile 7 sucht Java wieder nach einer Methode mit Signatur info() in der Klasse Student. Da dort aber keine passende Methode definiert wird, setzt Java die Suche in der Oberklasse Person fort. Dort existiert die Methode und ruft wieder this.info(true) auf. this hat jetzt den dynamischen Typ Student, daher wird wieder die Implementierung von info(boolean) aus der Klasse Student ausgeführt.

Interessant ist Zeile 8: Hier versuchen wir, wieder die Methode mit Signatur info(String) auf p aufzurufen. Der dynamische Typ von p ist jetzt Student, so dass in p eine passende Methode vorhanden wäre. Im ersten Schritt der Methodenselektion wird aber nur der statische Typ von p betrachtet, der immer noch Person ist. Daher ist auch der Aufruf in Zeile 8 unzulässig und führt zu einem Fehler beim Übersetzen des Programms.

Typsysteme von manchen anderen Sprachen würden den Aufruf in Zeile 8 erlauben. Man spricht dann von *Duck Typing* („When I see a bird that walks like a duck and swims like a duck and quacks like a duck, I call that bird a duck."). Der Compiler-Fehler in Zeile 8 bedeutet also, dass Java Duck Typing nicht unterstützt. Einen Teil der Flexibilität, den man dadurch verliert, kann man durch Interfaces wieder ausgleichen, die wir im nächsten Kapitel besprechen werden.

Um die Methode info(String) auf dem Objekt in p aufzurufen, müssen wir seinen statischen Typ also in Student umwandeln. Eine Idee, wie wir das bewerkstelligen könnten, wäre, es an eine Variable vom Typ Student zuzuweisen. Wenn wir das so wie in Zeile 10 versuchen, erhalten wir aber wieder eine Fehlermeldung von Java: Polymorphie besagt, dass eine Variable vom Typ Person Objekte vom Typ Student enthalten kann, aber nicht umgekehrt. Das ist einleuchtend, denn ein Student verfügt über alle Attribute und Methoden einer Person, aber andersherum ist das nicht der Fall. Wie sollten wir denn, z.B. mit Aufrufen der Form s.wechsleStudienfach("Mathe") umgehen, wenn das in s gespeicherte Objekt gar kein Student ist?

In unserem Beispiel wissen wir aber, dass das in p gespeicherte Objekt wirklich ein Student ist, und keine beliebige Person. Um das Java mitzuteilen, können wir eine *Cast*-Anweisung verwenden. In Zeile 11 *casten* wir p in den statischen Typ Student. Syntaktisch wird das – wie bei den primitiven Typen (vgl. 5.2.1) – durch den in Klammern eingeschlossenen vorangestellten Typ ausgedrückt:

(Typ)Ausdruck

Der Effekt davon ist, dass Java zur Laufzeit überprüft, ob *Ausdruck* wirklich eine (möglicherweise indirekte) Instanz von *Typ* ist, und einen Laufzeitfehler erzeugt, wenn das nicht der Fall ist. Dafür wird aber der statische Typ von *Ausdruck* zu *Typ* geändert.

In unserem Beispiel heißt das, dass der statische Typ von (Student)p in Zeile 11 Student ist und deshalb die Zuweisung an Variable s zulässig ist. Auf der Variable s können wir jetzt die Methode info(String) aufrufen, da s den statischen Typ Student hat. Wenn wir keine zusätzliche Variable einführen wollen, können wir auch direkt auf dem gecasteten Ausdruck eine Methode aufrufen. Da Methodenaufrufe in Java stärker binden als Casts, müssen wir den Ausdruck (Student)p aber, wie in Zeile 13 gezeigt, in Klammern einschließen.

Polymorphie und dynamisches Binden erhöhen die Komplexität von Java beträchtlich. Daher sollten wir kurz überlegen, welche Vorteile sie bieten:

- Durch geschickten Einsatz von Vererbung kann die Struktur des Programms klarer gestaltet werden.
- Es wird durch Polymorphie und dynamisches Binden möglich, erweiterbare Programme zu schreiben, in denen man neue Funktionalität zu einem bestehenden Programm hinzufügt, ohne bestehenden Code zu modifizieren.
- Das erleichtert die Implementierung von Frameworks, die eine vorgegebene Funktionalität bereitstellen, die durch Vererbung erweitert werden kann.
- Durch Vererbung kann Code wiederverwendet werden. Das ermöglicht die Einhaltung des „Don't Repeat Yourself" (DRY)-Prinzips und erleichtert die Wartung

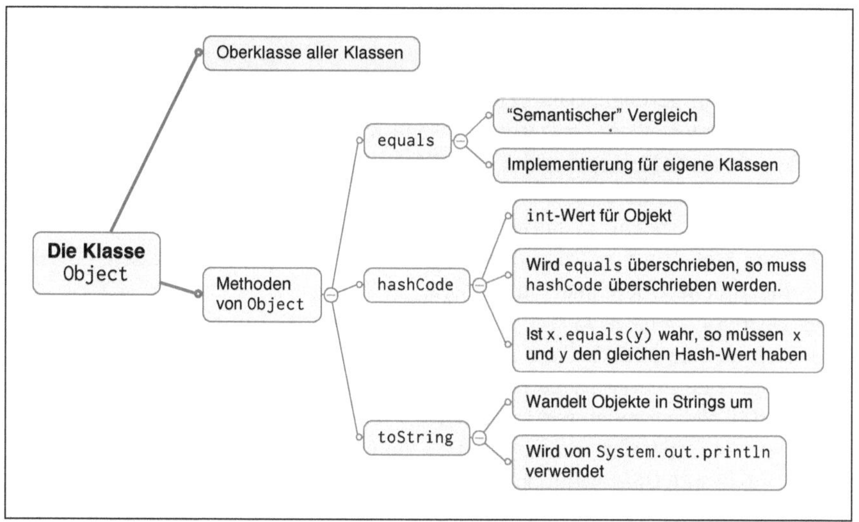

Abb. 8.3 Mindmap zur Klasse Object

von Code, da jede Funktionalität an nur einer Stelle implementiert wird und nicht mehrere ähnliche Implementierungen der gleichen Funktionalität im Programm vorliegen.

8.3 Die Klasse Object

Wir haben bereits gesehen, dass jede Klasse in Java indirekt von der vordefinierten Klasse Object erbt. Aufgrund der Polymorphie von Java folgt daraus, dass eine Variable vom Typ Object Verweise auf jedes beliebige Objekt speichern kann. Da in Java die primitiven Typen von Objekten verschieden sind, kann eine Variable vom Typ Object keine Werte von primitiven Typen speichern. Erlaubt ist zum Beispiel:

```
Object universalRef = new Person("Hans Dampf", "Berlin");
universalRef = "Jetzt ein String";
universalRef = null;
```

Was können wir mit Objektreferenzen anfangen, die wir in einer Variable vom Typ Object gespeichert haben? Wenn wir den Typ des Objekts kennen, können wir einen Cast verwenden, um Methoden darauf aufzurufen. Außerdem bietet die Klasse Object selber einige Methoden an, die wir auf jedes Objekt anwenden können. Die wichtigsten davon sind der Test auf Gleichheit (equals), die eng damit verwandte hashCode-Methode sowie die Methode toString, die bestimmt, wie ein Objekt in einen String umgewandelt wird. Diese Methoden wollen wir im Rest des Abschnitts genauer betrachten.

8.3.1 *Die* equals-*Methode*

Wir haben schon gesehen, dass der Operator == zwei Objekte auf Identität testet. Genauer gesagt testet der Operator ==, wenn man ihn auf zwei Objektreferenzen anwendet, ob beide Referenzen auf die gleiche Speicherstelle verweisen. Für viele Klassen ist ein solches Test ihrer Instanzen nicht sehr sinnvoll. Zum Beispiel interessiert uns bei String-Instanzen in der Regel nicht, ob beide Zeichenketten an der gleichen Stelle im Speicher liegen – es ist viel interessanter zu wissen, ob beide Strings die gleiche Zeichenkette darstellen.

Der Operator == ist in Java aber nicht erweiterbar. Damit nicht jeder Programmierer sich eine eigene Variante des Gleichheitstests ausdenken muss, bietet Java eine in Object definierte Methode equals an. Die Implementierung von equals in der Klasse Object ist genau wie == definiert: Wenn obj1 und obj2 direkte Instanzen von Object sind, so liefert ein Aufruf obj1.equals(obj2) genau dann true, wenn obj1 == obj2 gilt, d.h., wenn obj1 und obj2 auf das gleiche Objekt im Speicher verweisen. Wenn eine benutzerdefinierte Klasse A keinen Gleichheitstest definiert und keinen solchen Test von einer anderen Klasse erbt, so wird die equals-Methode von Object geerbt. Die vordefinierten Java-Klassen überschreiben die equals-Methode, wenn Objektidentität nicht der passende Vergleich zwischen Instanzen einer Klasse ist. Zum Beispiel definiert die Klasse String eine equals-Methode, die bei zwei Strings überprüft, ob sie als Zeichenketten betrachtet übereinstimmen. In eigenen Klassen sollten Sie die equals-Methode ebenfalls überschreiben, wenn die Identität nicht der „übliche" Vergleich zwischen Objekten ihrer Klasse ist.

In den meisten Fällen, in denen Sie equals überschreiben, müssen Sie auch hashCode überschreiben. Die Gründe dafür und die Implementierung von hashCode-Methoden werden wir im folgenden Abschnitt besprechen. An dieser Stelle sollten Sie sich aber schon folgende Regel merken: *Wenn in einer Klasse* equals *überschrieben wird, so muss auch* hashCode *überschrieben werden.* Die Missachtung dieser Regel ist eine Quelle für subtile Fehler in Java-Programmen: Die daraus resultierenden Fehler sind meist nicht reproduzierbar und deswegen schwer zu finden.

Die equals- und hashCode-Methoden werden von vielen Klassen der Java-Standardbibliothek verwendet. Zum Beispiel sind diese Methoden verantwortlich dafür, wie Java Ihre Klassen in manchen Collections speichert. Damit die Verwendung dieser Methoden ohne Probleme möglich ist, müssen sich Anwender darauf verlassen können, dass sie auch in benutzerdefinierten Klassen ihre Anforderungen erfüllen. Die Java-Spezifikation schreibt deshalb gewisse Regeln vor, die jede Implementierung von equals erfüllen muss. Wenn x, y, und z Objektreferenzen des gleichen Typs sind, so muss gelten:

1. x.equals(x) == true, jedes Objekt ist also gleich zu sich selber. Das ist eine naheliegende Eigenschaft der Gleichheit, die in der Mathematik mit *Reflexivität* bezeichnet wird.
2. x.equals(y) == y.equals(x), es ist also egal, in welcher Reihenfolge man zwei Objekte vergleicht (*Symmetrie*).

3. Wenn `x.equals(y)` und `y.equals(z)` beide `true` ergeben, so ergibt auch der Vergleich `x.equals(z)` den Wert `true` (*Transitivität*).

4. Jeder Aufruf von `x.equals(y)` liefert den gleichen Wert, solange x und y nicht verändert werden (*Konsistenz*).

5. `x.equals(null) == false`, kein Objekt kann also gleich `null` sein. Falls x selber den Wert `null` hat, führt der Aufruf `x.equals(null)` zu einem Laufzeitfehler, bevor die Implementierung der `equals`-Methode aufgerufen wird.

Falls für zwei Objektreferenzen x und y gilt `x.equals(y) == true`, so muss außerdem gelten `x.hashCode() == y.hashCode()`. Das ist der Grund dafür, dass Sie die `hashCode`-Methode überschreiben müssen, sobald Sie `equals` überschreiben.

Eclipse bietet eine Funktion „Generate `hashCode()` and `equals()`" an, die automatisch Implementierungen dieser beiden Methoden erzeugt. Im Normalfall sollten Sie diese Funktionalität einsetzen, falls Sie die beiden Methoden überschreiben wollen. Falls Sie die Methoden von Hand in einer Klasse A implementieren wollen, können Sie folgendermaßen vorgehen:

1. Schreiben Sie in der Klasse A das Grundgerüst der Methode auf:

```
@override
public boolean equals (Object obj) {
    // Hier wird die Implementierung eingesetzt.
}
```

Beachten Sie, dass das Argument der Methode immer vom Typ Object sein muss. Falls Sie für den Parameter den Typ A verwenden, wird Ihre Implementierung nicht statt der `equals`-Methode von Object aufgerufen, sondern nur an den Stellen, an denen das Argument den statischen Typ A hat. Da, wie oben besprochen, viele Klassen der Standardbibliothek `equals` mit einem Argument vom statischen Typ Object verwenden, führt eine falsche Signatur der `equals`-Methode zu Fehlern im Programm, die oft schwer zu finden sind.

2. Im Rumpf stellen wir als erstes sicher, dass Reflexivität gewährleistet wird:

```
if (this == obj)
    return true;
```

3. Danach überprüfen wir, ob das Argument `null` ist. Da `this` niemals `null` sein kann, geben wir in diesem Fall immer `false` zurück:

```
if (obj == null)
    return false;
```

4. Anschließend testen wir, ob obj mit `this` vergleichbar ist. Falls Sie eine Klasse implementieren, die selber als `final` deklariert ist, und deren Instanzen nur mit anderen Instanzen dieser Klasse vergleichbar sind, können Sie das folgendermaßen implementieren:

```
if (getClass() != obj.getClass())
    return false;
```

Wenn Sie Vererbung verwenden, ist das nicht ganz so einfach. In diesem Fall
müssen Sie überlegen, welche Oberklasse B alle Objekte mindestens haben
müssen, damit der Vergleich mit this wahr sein kann. Typischerweise ist B
gleich A, aber in manchen Fällen ist eine andere Oberklasse zweckmäßig. B
muss alle Instanzvariablen und Methoden enthalten, die in den folgenden Tests
überprüft werden. Der Test auf Vergleichbarkeit ist dann:

```
if (!(obj instanceof B))
  return false;
```

5. Jetzt sind Sie sicher, dass obj ein Objekt der richtigen Klasse ist. Damit Sie
   problemlos auf die Instanzvariablen und Methoden von obj zugreifen können,
   führen Sie an dieser Stelle am besten eine neue Instanzvariable other vom Typ
   B ein, an die Sie obj zuweisen. Damit diese Zuweisung von Java akzeptiert wird,
   müssen Sie obj nach B casten. Dieser Cast führt nie zu einem Laufzeitfehler,
   denn den Fall, dass obj keine Instanz von B ist, haben Sie im vorhergehenden
   Punkt ja schon ausgeschlossen:

```
B other = (B)obj;
```

   Im Rest der Implementierung arbeiten Sie mit other weiter und verwenden obj
   nicht mehr.

6. Jetzt implementieren Sie den eigentlichen Vergleich auf Gleichheit. Das geschieht typischerweise, indem Sie alle Felder vergleichen, die für den Wert des
   Objekts wichtig sind. Dabei verwenden Sie für Felder v, die einen primitiven Typ
   haben, den Vergleich

```
v == other.v
```

   und für Felder ref, die einen Objekttyp haben, den Vergleich

```
ref.equals(other.ref)
```

   Da Sie die Gleichheit aller Felder testen wollen, verknüpfen Sie alle diese Tests
   mit && und geben das Ergebnis dieses Vergleichs zurück:

```
    return v1 == other.v1 && ... && vm == other.vm
                && ref1.equals(other.ref1)
                && ...
                && refn.equals(other.refn);
```

7. Implementieren Sie gleich im Anschluss die Methode hashCode.

8.3.2 Die hashCode-Methode

Ein *Hash-Wert* (auch *Hash-Code* oder einfach *Hash* genannt) ist ein ganzzahliger
Wert, der einem Objekt zugeordnet wird. Typischerweise wird der Hash-Wert aus

den Attributen eines Objekts berechnet. In Java wird die Methode hashCode verwendet, um einen Hash-Wert für ein Objekt zu erhalten.

Hash-Werte werden z.B. in der Implementierung von Mengen verwendet, um verschiedene Objekte schnell zu unterscheiden: Zwei Objekte mit verschiedenen Hash-Codes sind auf jeden Fall verschieden. Objekte, die den gleichen Hash-Code haben, können gleich sein, müssen es aber nicht. Deshalb *müssen* Hash-Werte nur die Eigenschaft haben, dass gleiche Objekte den gleichen Hash-Wert haben, wobei die Gleichheit mit equals getestet wird. Wenn der Vergleich o1.equals(o2) wahr ist, muss also auch der Test o1.hashCode() == o2.hashCode() wahr sein. Die Hash-Werte von Objekten, für die o1.equals(o2) falsch ist, müssen nicht notwendigerweise verschieden sein. Allerdings funktionieren Datenstrukturen, in denen Hash-Werte verwendet werden, effizienter, wenn die Hash-Werte möglichst gut verteilt sind.

Die Default-Implementierung von hashCode in der Klasse Object berechnet den Hash-Wert aus der Speicheradresse des Objekts. Wenn Sie equals überschreiben, ist es möglich, dass Objekte mit verschiedenen Adressen von der equals-Methode als gleich angesehen werden. Deshalb muss in diesem Fall auch hashCode überschrieben werden.

Um eine möglichst gute Verteilung zu erreichen, wird der Hash eines Objekts typischerweise aus den Hash-Werten aller Attribute zusammengesetzt, die auch in equals überprüft werden. Ein „Kochrezept" für die Berechnung des Hash-Wertes einer Klasse mit relevanten Attributen v1 bis vm mit ganzzahligem Typ und Attributen ref1 bis refn mit Objekttyp ist:

```java
@Override
public int hashCode() {
  final int prime = 31;
  int result = 1;

  // Hinzufügen der primitiven Attribute zum Hash-Wert
  result = prime * result + v1;
  ...
  result = prime * result + vm;

  // Hinzufügen der Attribute mit Objekttyp zum Hash-Wert
  result = prime * result + ((ref1== null) ? 0 :ref1.hashCode());
  ...
  result = prime * result + ((refn== null) ? 0 :refn.hashCode());

  return result;
}
```

Diese Vorgehensweise führt normalerweise zu gut verteilten Hash-Werten. Leider geht eine genaue Beschreibung der Gründe dafür über den Rahmen dieses Buchs hinaus. Normalerweise sollten Sie hashCode aber nicht selber implementieren, sondern diese Arbeit von der Entwicklungsumgebung erledigen lassen.

Aufgabe 8.2. Implementieren Sie eine Klasse Name mit Attributen vorname und nachname vom Typ String. Implementieren Sie in dieser Klasse die Methoden equals und hashCode wie in den letzten beiden Abschnitten angegeben. Erzeugen Sie zwei Instanzen n1, n2 der Klasse mit den gleichen Attributen und testen Sie, dass n1 == n2 falsch und n1.equals(n2) wahr ist.

Programmieren Sie eine Klasse Student:

- Ein Student hat einen Namen (vom Typ Name) und eine Matrikelnummer.
- Die Klasse Student hat einen Konstruktor, mit dem alle Instanzvariablen initialisiert werden, sowie Getter- und Setter-Methoden.
- Deklarieren Sie zwei Variablen s1 und s2 vom Typ Student wie folgt:

```
Student s1 = new Student(new Name("Hans", "Meier"), 1234);
Student s2 = new Student(new Name("Hans", "Meier"), 1234);
```

- Vergleichen Sie die beiden Objekte und ihre Werte von hashCode().
- Deklarieren Sie eine Variable s3 folgendermaßen: Student s3 = s2;
- Vergleichen Sie s2 und s3.

Implementieren Sie jetzt die equals Methode für die Klasse Student aber (zunächst ausnahmsweise!) keine hashCode-Methode. Zwei Studenten sollen als gleich gelten, wenn sie dieselbe Matrikelnummer haben, unabhängig davon wie ihre Namen lauten.

- Vergleichen Sie nun s1 und s2 wieder mit == und equals, und vergleichen Sie die Werte von hashCode.
- Ändern Sie den Namen von s1 und vergleichen Sie nochmals mit s2.
- Müssen Sie in diesem Fall die hashCode-Methode implementieren? Würde sich daran etwas ändern, wenn Sie in equals sowohl Name als auch Matrikelnummer vergleichen?
- Implementieren Sie die hashCode-Methode.

8.3.3 Die toString-*Methode*

Als Methode der Klasse Object wollen wir noch toString betrachten, die Objekte in Strings umwandelt. Diese Methode wird von Java immer dann aufgerufen, wenn ein Objekt in einen String umgewandelt werden muss. Sie ist z.B. dafür verantwortlich, dass wir z.B. System.out.println für beliebige Objekte aufrufen können: Wird println mit einem Objekt als Argument aufgerufen, das keine Instanz von String ist, so wird toString auf das Argument angewandt.

Ruft man die toString-Methode in der Klasse Object für ein Objekt a auf, so gibt sie einen String mit dem vollständigen Namen der Klasse von a, gefolgt von dem Zeichen @ und der Adresse von a im Hauptspeicher in hexadezimaler Notation aus. Zum Beispiel gibt der Aufruf (new Object()).toString() einen String der Form java.lang.Object@86c347 zurück.

In vordefinierten Java-Klassen ist die `toString`-Methode häufig überladen, so dass zusätzlich der Zustand des Objekts angezeigt wird. Das ermöglicht z.B. die einfache Ausgabe von Informationen über den Ablauf des Programms. Um den Zustand von `obj` zu protokollieren, genügt es dann, `obj` mit einer Anweisung der Form

```
System.out.println("obj = " + obj)
```

auszugeben.

Es ist oft empfehlenswert, `toString` auch in Ihren eigenen Klassen zu überladen. Wenn Sie den Zustand der Attribute `v1` bis `vn` ausgeben wollen, könnte eine Implementierung folgendermaßen aussehen:

```
@Override
public String toString() {
  String name = getClass().getName();
  return name + "[v1=" + v1 + ... + ", vn=" + vn + "]";
}
```

Die Variable `name` wird mit dem vollständigen Namen der Klasse initialisiert; als Ergebnis wird dieser Name gefolgt vom Zustand des Objekts zurückgegeben. Dabei ist es oft zweckmäßig, nicht den kompletten Zustand des Objekts in den String aufzunehmen, da die Ausgabe sonst leicht sehr unübersichtlich wird. Genau wie bei `equals` und `hashCode` ist es meistens sinnvoll, die in Eclipse vorhandene Funktion zur Generierung von `toString` zu verwenden.

Aufgabe 8.3. 1. Geben Sie die von `s1` und `s2` referenzierten Objekte aus Aufgabe 8.2 mit `System.out.println()` aus.
2. Implementieren Sie `toString`-Methoden in den Klassen `Name` und `Student` und geben Sie die von `s1` und `s2` referenzierten Objekte nochmals aus.

8.4 Was haben wir gelernt?

Vererbung ist ein mächtiges Konzept der objektorientierten Programmierung. Dabei erbt eine Klasse den Zustand und das Verhalten von ihrer Oberklasse. Die Unterklasse kann geerbte Methoden überschreiben, um das Verhalten für ihre Bedürfnisse anzupassen; dabei kann mit dem Schlüsselwort `super` auf die Implementierung der Oberklasse zugegriffen werden.

In Java kann eine Variable b vom Klassentyp B auch Instanzen jeder Unterklasse A von B speichern. Das bezeichnet man als Polymorphie; man sagt dann, b habe statischen Typ B und dynamischen Typ A. Beim Aufruf einer Methode wird die Implementierung ausgewählt, die zum dynamischen Typ des Objekts passt; das nennt man dynamisches Binden.

Jede Klasse erbt in Java von der Klasse `Object`. Die in `Object` definierten Methoden kann man deshalb auf jedem Objekt aufrufen. Wichtige Beispiele für solche Methoden sind `equals`, die zwei Objekte auf Gleichheit testet, `hashCode`,

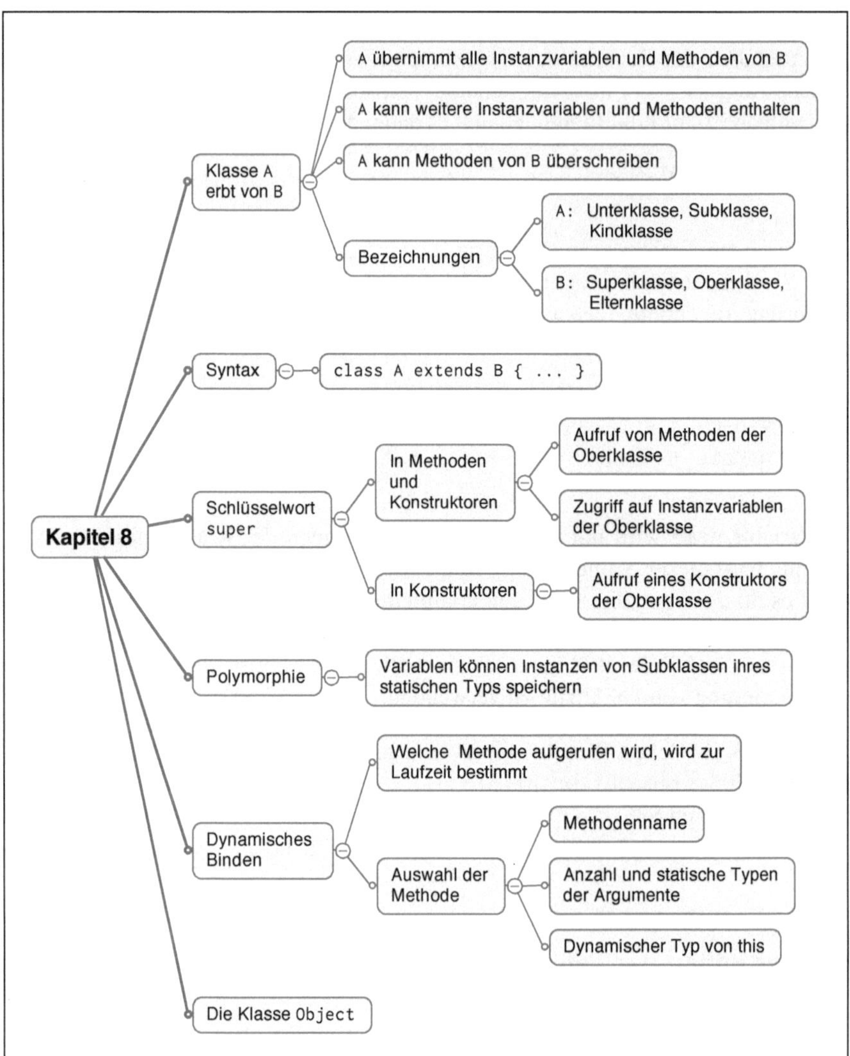

Abb. 8.4 Was haben wir gelernt? Mindmap zu Kapitel 8 – Vererbung und Polymorphie

die den Hash-Wert eines Objekts berechnet, und toString, die eine Zeichenkette zurückgibt, die ein Objekt beschreibt. Beim Überschreiben von equals muss hashCode ebenfalls überschrieben werden.

Abb. 8.4 stellt die Mindmap zu Kapitel 8 dar. Die Übersicht zur Klasse Object ist in Abb. 8.3.

Kapitel 9
Generische Typen, abstrakte Klassen und Interfaces

Im letzten Kapitel haben wir die Grundbegriffe von Vererbung in Java kennengelernt: Vererbung, Polymorphie und dynamisches Binden. In diesem Kapitel wollen wir einige weitergehende Konzepte der Objektorientierung einführen: generische Typen, abstrakte Klassen, Interfaces und geschachtelte Klassen.

9.1 Generische Klassen

Mit den Konzepten aus dem letzten Kapitel ist es leicht, eine Klasse zu implementieren, die geordnete Paare realisiert, welche beliebige Objekte als linkes und rechtes Element enthalten können:

```java
public class Paar {
  private Object erstesElement;
  private Object zweitesElement;

  public Paar(Object erstesElement, Object zweitesElement) {
    this.erstesElement = erstesElement;
    this.zweitesElement = zweitesElement;
  }

  public Object getLinkesElement() {
    return erstesElement;
  }
  ... // Restliche Getter und Setter
}
```

Da jede Klasse von `Object` erbt, können beliebige Objekte in Instanzen von `Paar` gespeichert werden. Da die Getter der Klasse `Paar` den Rückgabetyp `Object` haben, müssen wir aber in fast allen Fällen, in denen wir einen Wert in einem Paar speichern, beim Auslesen des Wertes casten:

M. Hölzl, A. Raed, M. Wirsing, *Java kompakt*, eXamen.press,
DOI 10.1007/978-3-642-28504-2_9, © Springer-Verlag Berlin Heidelberg 2013

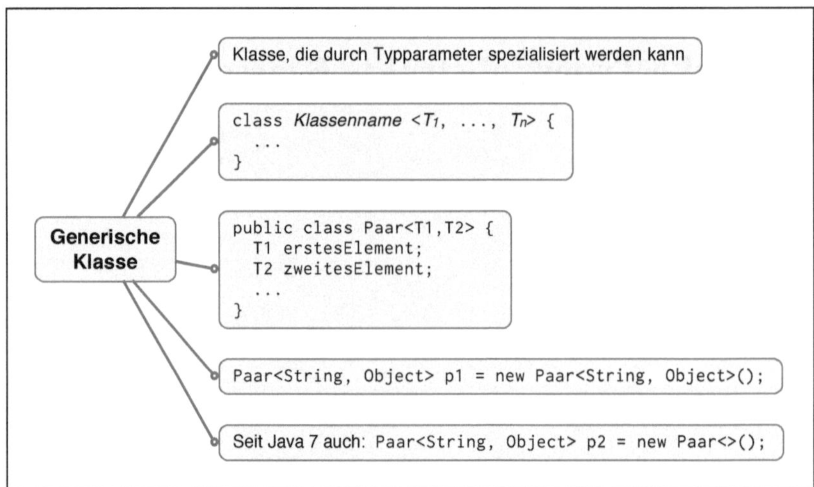

Abb. 9.1 Mindmap zu generischen Klassen

```
1  Paar strings = new Paar("Hallo", "Welt");
2  String s = (String)strings.getLinkesElement();
3  Paar studenten = new Paar(new Student(...), ...);
4  s = (String)studenten.getLinkesElement();          // Laufzeitfehler!
```

Da wir explizite Casts verwenden, überprüft Java die Zuweisung an s in Zeile 4 erst
zur Laufzeit. Deshalb wird beim Übersetzen des Programms keine Fehlermeldung
ausgegeben, obwohl es bei der Ausführung immer zu einem Fehler kommt. Es wäre
angenehmer und weniger fehleranfällig, wenn wir eine spezielle Klasse StringPaar
hätten, die für Strings spezialisiert ist:

```
public class StringPaar {
  private String erstesElement;
  private String zweitesElement;

  public StringPaar(String erstesElement, String zweitesElement) {
    this.erstesElement = erstesElement;
    this.zweitesElement = zweitesElement;
  }

  public String getLinkesElement() {
    return erstesElement;
  }
  ... // Restliche Getter und Setter
}
```

Ganz entsprechend würden wir dann für Paare, die zwei Studenten enthalten, eine Klasse StudentenPaar implementieren, für Paare, die als erstes Element einen

String und als zweites ein beliebiges Objekt enthalten, eine Klasse StringObject-Paar, usw. Wenn wir in einem Programm viele Paare verwenden, müssten wir eine große Zahl sehr ähnlicher Klassen implementieren: Der einzige Unterschied zwischen den Klassen sind die Typen einiger Attribute und die Signaturen einiger Methoden.

Um derartige Fälle eleganter zu handhaben, kennt Java *generische Klassen*, die es ermöglichen, Typen wie Paar so zu definieren, dass sie die Flexibilität der ersten Definition mit der Typsicherheit und einfacheren Anwendbarkeit der spezialisierten Klassen kombinieren. Bei der Definition einer generischen Klasse werden manche Typen noch nicht festgelegt, sondern durch *Typparameter* ersetzt. Erst bei der Verwendung der Klasse gibt man an, welche Typen für die Typparameter eingesetzt werden sollen. Für unsere Klasse Paar benötigen wir zwei Typparameter für die Typen der beiden Attribute:

```java
public class Paar<T1,T2> {
  private T1 erstesElement;
  private T2 zweitesElement;

  public Paar(T1 erstesElement, T2 zweitesElement) {
    this.erstesElement = erstesElement;
    this.zweitesElement = zweitesElement;
  }

  public T1 getErstesElement() {
    return erstesElement;
  }
  public void setErstesElement(T1 erstesElement) {
    this.erstesElement = erstesElement;
  }
  public T2 getZweitesElement() {
    return zweitesElement;
  }
  public void setZweitesElement(T2 zweitesElement) {
    this.zweitesElement = zweitesElement;
  }
}
```

Der Unterschied zur vorhergehenden Definition der Klasse Paar besteht in der Verwendung der zwei Typparameter T1 und T2. Diese müssen in spitzen Klammern hinter dem Klassennamen angegeben werden, damit Java erkennt, dass es sich um die Definition einer generischen Klasse handelt. Im Rumpf der Klassendefinition können die angegebenen Typparameter dann überall dort verwendet werden, wo ein Typ stehen muss. In der Klasse Paar sind das die Typen der Instanzvariablen, die Parameter des Konstruktors und der Setter und die Rückgabetypen der Getter.

Beim Verwenden von generischen Klassen müssen Typen als Werte für die Typparameter angegeben werden. Diese Typargumente werden ebenfalls in spitzen Klammern hinter den Namen der Klasse geschrieben:

```
1  Paar<String,String> strings
2          = new Paar<String,String>("Hello", "World");
3  String s = strings.getErstesElement();
4  Paar<Student,Student> students
5          = new Paar<Student,Student>(new Student(...), ...);
6  s = students.getErstesElement();              // Fehler zur Compilezeit
7  Student student = students.getErstesElement();
```

Seit Java 7 ist es möglich, bei der Initialisierung auf die Angabe der Typargumente zu verzichten, wenn der Compiler aus dem Kontext erkennen kann, um welche Typen es sich handelt. Die spitzen Klammern müssen aber nach wie vor angegeben werden:

```
Paar<String,String> strings = new Paar<>("Hello", "World");
Paar<Student,Student> students = new Paar<>(new Student(...), ...);
```

Indem wir Paar als generische Klasse definieren, können wir die Casts bei der Verwendung der Getter vermeiden. Außerdem erkennt der Java-Compiler jetzt die fehlerhafte Zuweisung an die Variable s in Zeile 6 schon zur Compilezeit.

Nicht nur Klassen können in Java mit Typen parametrisiert werden. Eine wichtige Rolle spielen Typparameter auch für Interfaces, die wir in Abschnitt 9.3 kennen lernen werden. In den meisten Anwendungen werden Sie selber wahrscheinlich nur wenige generische Typen definieren. Das Java Collections Framework verwendet aber generische Typen sehr intensiv, so dass Sie generische Klassen und Interfaces in fast allen Programmen einsetzen werden.

Die Mindmap zu generischen Klassen ist in Abb. 9.1 dargestellt.

9.2 Abstrakte Klassen

Wenn Sie einige Zeit in Java programmieren, werden Sie feststellen, dass Sie gelegentlich Klassen einführen, von denen keine Instanzen erzeugt werden sollen. Zum Beispiel kann es in einem Grafikprogramm zweckmäßig sein, eine Klasse GeometrischeFigur einzuführen, von der die konkreten geometrischen Figuren, wie Kreis oder Rechteck erben. Der Typ GeometrischeFigur ist sinnvoll, um Variablen zu deklarieren, die sowohl Kreise als auch Rechtecke referenzieren können. Es ist aber nicht sinnvoll, eine direkte Instanz einer "allgemeinen" geometrischen Figur im Programm zu haben; nur konkrete Figuren wie Kreise und Rechtecke sollen wirklich als Werte vorkommen. Dieses Konzept wird in Java durch abstrakte Klassen realisiert.

Eine *abstrakte Klasse* ist eine Klasse, von der keine (direkten) Instanzen erzeugt werden können. Nicht-abstrakte Klassen nennt man *konkrete Klassen*. Syntaktisch werden abstrakte Klassen durch das Schlüsselwort abstract gekennzeichnet:

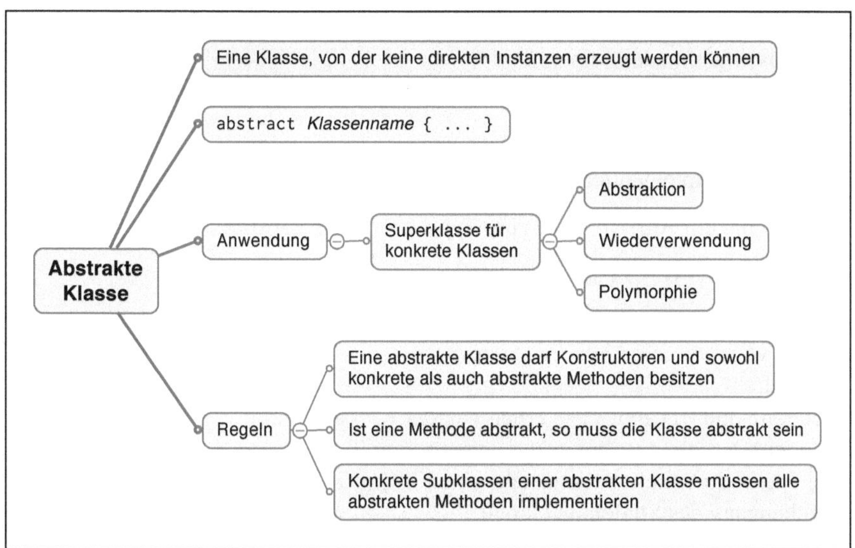

Abb. 9.2 Mindmap zu abstrakten Klassen

```java
public abstract class A {
    // Rumpf der Klasse A
}
```

Im Rumpf der abstrakten Klasse können alle Elemente vorkommen, die auch in einer konkreten Klasse erlaubt sind, also Attribute, Methoden, Konstruktoren und, wie wir im Abschnitt 9.5 sehen werden, geschachtelte Klassen.

Zusätzlich dürfen abstrakte Klassen noch *abstrakte Methoden* enthalten. Das sind Methoden, die keinen Rumpf haben und somit nur die Signatur der Methode festlegen aber keine Implementierung. Solche Methoden werden aufgeschrieben, indem man anstelle des Rumpfs nur einen Strichpunkt schreibt, z.B.

```java
public abstract class GeometrischeFigur {
    public abstract void zeichne();
    ...
}
```

Nur abstrakte Klassen dürfen abstrakte Methoden enthalten, konkrete Klassen müssen alle abstrakten Methoden überschreiben, die sie von einer Oberklasse erben. Die Deklaration von GeometrischeFigur legt also fest, dass jede konkrete Unterklasse eine Methode zeichne mit der angegebenen Signatur implementieren muss.

Der Sinn von abstrakten Klassen liegt darin, dass man so Basisklassen implementieren kann, die bestimmte Aspekte des Verhaltens von Unterklassen festlegen, obwohl das komplette Verhalten nicht auf der Ebene der Basisklasse implementiert werden kann. Durch abstrakte Methoden wird die Funktionalität bestimmt, die jede Unterklasse bereitstellen muss. Die konkreten Methoden einer abstrakten Klasse verwenden oft die abstrakten Methoden und stellen Funktionalität bereit, die in allen Unterklassen vorhanden sein soll.

Die in diesem Abschnitt behandelten Punkte sind in Abb. 9.2 als Mindmap dargestellt.

Aufgabe 9.1. Implementieren Sie Klassen Person, Student, Mitarbeiter.

- Person hat ein Attribut name vom Typ String, eine abstrakte Methode

  ```
  abstract String beschreibung();
  ```

  die eine Beschreibung der jeweiligen Person zurückgibt, und eine konkrete Methode void druckeBeschreibung(), die die Beschreibung auf System.out ausgibt.
- Student und Mitarbeiter erben von der Klasse Person.
- Student hat ein Attribut studiengang vom Typ String; die Implementierung der Methode beschreibung gibt einen String zurück, der den Namen und den Studiengang des Studenten enthält.
- Mitarbeiter hat ein Attribut gehalt vom Typ double; die Implementierung der Methode beschreibung gibt einen String zurück, der den Namen und das Gehalt des Mitarbeiters enthält.

Programmieren Sie eine Testklasse mit folgender Funktionalität:

- Die main-Methode hat eine lokale Variable personen vom Typ Person[], die mit einem Array der Länge 2 initialisiert wird.
- personen[0] referenziert ein Objekt vom Typ Student.
- personen[1] referenziert ein Objekt vom Typ Mitarbeiter.
- Die Methode druckeBeschreibung wird für jedes Element aus personen aufgerufen.

Was ist die Ausgabe der Testklasse und warum? (Denken Sie dabei an den Polymorphie-Begriff aus dem letzten Kapitel.)

Aufgabe 9.2. Programmieren Sie Klassen GeometrischeFigur, Quadrat, Kreis:

- GeometrischeFigur ist eine abstrakte Klasse mit den beiden abstrakten Methoden zeichne() und loesche().
- Quadrat und Kreis erben von GeometrischeFigur und implementieren die Methode zeichne, indem Sie einen Text der Form Zeichne Quadrat bzw. Zeichne Kreis auf der Konsole ausgeben; analog für loesche.

Programmieren Sie eine Klasse PolymorpheFiguren mit einer Methode

```
GeometrischeFigur zufaelligeFigur();
```

die abhängig von einer mit Math.random() erzeugten Zufallszahl entweder einen Kreis oder ein Quadrat zurückgibt.

Schreiben Sie in der Klasse PolymorpheFiguren eine main-Methode, die eine Instanz p der Klasse PolymorpheFiguren und ein Array figuren von 20 geometrischen Figuren erzeugt. Initialisieren Sie dann jedes Element von figuren durch

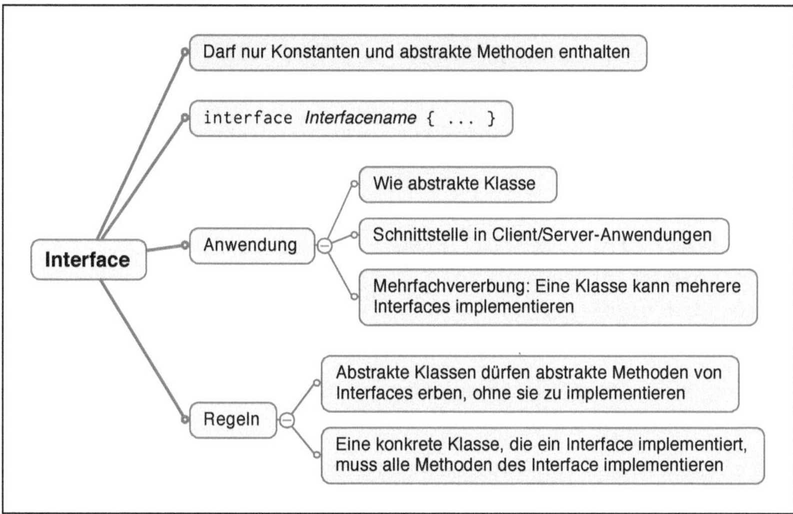

Abb. 9.3 Mindmap zu Interfaces

einen Aufruf von `p.zufaelligeFigur()`. Zeichnen Sie alle Elemente des Arrays (mit der Methode `zeichne`) und löschen Sie anschließend alle Elemente des Arrays (mit der Methode `loesche`).

Erweitern Sie Ihr Programm um eine Klasse `Dreieck` und passen Sie die Methode `zufaelligeFigur` so an, dass sie auch Dreiecke zurückgibt. Testen Sie das erweiterte Programm.

9.3 Interfaces

Abstrakte Klassen definieren einen „Vertrag," den alle ihre Unterklassen erfüllen müssen. Allerdings unterliegen sie der gleichen Beschränkung wie konkrete Klassen: Jede Klasse kann nur eine Oberklasse haben. In vielen Fällen wäre es aber praktisch, wenn eine Klasse mehrere Verträge gleichzeitig erfüllen könnte. Um das zu ermöglichen, bietet Java Interfaces.

Ein *Interface* erfüllt einen ähnlichen Zweck wie eine abstrakte Klasse: Es legt Methoden fest, die von konkreten Klassen implementiert werden müssen. Interfaces sind aber wesentlich weniger ausdrucksstark als abstrakte Klassen, sie dürfen nur Konstanten und abstrakte Methoden enthalten. Weder Attribute noch Methoden mit Implementierung sind in Interfaces erlaubt. Dafür haben Interfaces aber einen entscheidenden Vorteil: Eine Java-Klasse kann beliebig viele Interfaces implementieren.

Interfaces sind in Java Typen, genau wie Klassen. Ist `IA` ein Interface, so können wir also Variablen mit dem Typ `IA` deklarieren. Eine derartige Variable kann Referenzen auf Instanzen aller Klassen speichern, die `IA` implementieren.
Syntaktisch hat ein Interface die folgende Form

```
public interface Name {
  Konstanten und abstrakte Methoden
}
```

Ein Beispiel für die Definition eines (sehr stark vereinfachten) Interfaces für einen Netzwerk-Server ist:

```
public interface NetzwerkServer {
  public final String DEFAULT_NAME = "localhost";
  public void startServer();
  public void stopServer();
}
```

Jede Klasse, die dieses Interface implementiert, muss Methoden `startServer` und `stopServer` implementieren:

```
public class DemoServer implements NetzwerkServer {
  private String serverName;

  public DemoServer(String name) {
    serverName = name;
  }
  public DemoServer() {
    this(DEFAULT_NAME);
  }

  @Override
  public void startServer() {
    System.out.println("Starte " + serverName);
    ...
  }
  @Override
  public void stopServer() {
    System.out.println("Stoppe " + serverName);
    ...
  }
}
```

Die Interfaces, die eine Klasse implementiert, werden nach dem Schlüsselwort `implements` angegeben. Wenn eine Klasse mehrere Interfaces implementiert, werden diese durch Kommas getrennt. Wie immer beim Überschreiben von Methoden kennzeichnet man die Implementierung der Methoden, die das Interface implementieren, mit dem Attribut `@Override`.

In der graphischen Notation werden Interfaces durch Rechtecke dargestellt; im Unterschied zu Klassen wird der Name des Interfaces in kursiver Schrift geschrieben und ein sogenannter *Stereotyp* ⟨⟨interface⟩⟩ angegeben. Das Implementieren eines Interfaces durch eine Klasse wird, ähnlich wie das Erben von einer Ober-

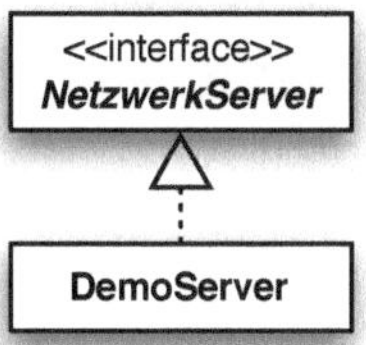

Abb. 9.4 Graphische Darstellung der Implementierungsbeziehung zwischen Interface Netzwerk-
Server und Klasse DemoServer

klasse, durch ein Dreieck und eine Linie zwischen Interface und Klasse dargestellt, allerdings verwendet man statt einer durchgezogenen eine gestrichelte Linie.

Da die Klasse DemoServer das Interface NetzwerkServer implementiert, können wir Instanzen an Variablen vom Typ NetzwerkServer binden:

```
NetzwerkServer server = new DemoServer("Server 1");
server.startServer();
...
server.stopServer();
```

Ein Interface kann in Java von mehreren anderen Interfaces erben: Wenn IB und IC Interfaces sind, dann ist es möglich, ein Interface IA zu definieren, das von IB und IC erbt. Jede Klasse, die IA implementiert, muss dann alle Methoden implementieren, die in IA, IB und IC definiert sind. Wie bei Klassen wird die Vererbung bei Interfaces mit dem Schlüsselwort extends angegeben. Zum Beispiel:

```
public interface IB {
  void methodB();
}

public interface IC {
  void methodC1();
  void methodC2();
}

public interface IA extends IB, IC {
  void methodA();
}
```

Jede Klasse A, die das Interface IA implementiert, muss dann alle vier geerbten Methoden, methodA, methodB, methodC1 und methodC2, überschreiben. Polymorphie funktioniert bei Interfaces genau so wie bei Klassen, d.h. Instanzen von A können zum Beispiel auch an Variablen vom Typ IA, IB oder IC zugewiesen werden oder als Argument an einen Funktionsparameter von diesem Typ übergeben werden.

Interfaces können *nur* von anderen Interfaces erben, nicht von Klassen. Ebenso können Klassen zwar Interfaces implementieren, aber nicht von Interfaces erben. In einer Klassendefinition dürfen Interfaces also immer nur hinter dem Schlüsselwort implements stehen, nicht hinter extends.

Eine Klasse kann gleichzeitig von *einer* Klasse erben und *beliebig viele* Interfaces implementieren. Das Schlüsselwort extends schreibt man in diesem Fall immer vor implements:

```
public class A extends B implements I₁, I₂, ..., Iₙ {
  // Rumpf der Klasse
}
```

Um zu überprüfen, ob ein Objekt ein Interface IA implementiert, kann man den instanceof-Operator verwenden: obj instanceof IA ist genau dann wahr, wenn obj Instanz einer Klasse A ist, die das Interface IA implementiert. Man nennt deshalb auch eine Instanz der Klasse A eine *Instanz* des Interfaces IA. Bei dieser Ausdrucksweise sollten Sie sich aber immer vor Augen halten, dass es sich dabei um eine abkürzende Ausdrucksweise für „eine Instanz einer Klasse, die das Interface IA implementiert" handelt.

Genau wie Klassen können Interfaces in Java Typparameter haben. Wenn wir z.B. ein Interface schreiben wollen, das die Funktionalität der Klasse Paar<T1,T2> beschreibt, so können wir das in der folgenden Form machen:

```
public interface IPaar<T1, T2> {
  T1 getErstesElement();
  void setErstesElement(T1 erstesElement);
  T2 getZweitesElement();
  void setZweitesElement(T2 zweitesElement);
}


public class Paar<T1,T2> implements IPaar<T1, T2> {
  // Implementierung wie vorher, mit @Override-Annotationen an den Gettern
  // und Settern.
}
```

In Java gibt es keine allgemein übliche Konvention zur Bezeichnung von Interfaces, außer dass Interfacenamen, genau wie Klassennamen, mit einem Großbuchstaben beginnen und aufeinanderfolgende Wörter durch einen Großbuchstaben im Namen gekennzeichnet werden. Gelegentlich wird der von der Sprache C# entlehnte Stil verwendet, bei dem Interfaces durch ein vorangestelltes I gekennzeichnet werden, wie im vorgehenden Beispiel. Manche Programmierer würden im vorhergehenden Fall das Interface mit Paar bezeichnen und die Implementierung mit PaarImpl. In der Java-Standardbibliothek haben oft die Interfaces eine relativ generische Bezeichnung, wie z.B. List<T>, und Implementierungen werden mit einem spezifischeren Namen versehen, der den Interface-Namen beinhaltet, z.B. LinkedList<T>.

Es gibt wichtige Unterschiede zwischen Interfaces und Klassen, auch wenn Interfaces einige der gleichen Funktionen erfüllen wie Klassen:

- In einer Interface-Definition dürfen nur Konstanten und abstrakte Methoden vorkommen, keine Attribute, konkreten Methoden oder Konstruktoren.

- Da ein Interface keine Attribute haben kann, sind alle im Interface deklarierten Variablen implizit `public` und `final`.
- Alle im Interface definierten Methoden sind implizit `public` und `abstract`.
- Die Zugriffsrechte `private` oder `protected` sind in Interfaces nicht erlaubt.
- Es ist nicht möglich, direkte Instanzen eines Interfaces mit `new` zu erzeugen.
- Interfaces können von beliebig vielen anderen Interfaces erben, aber nicht von Klassen. Daraus ergibt sich eine Vererbungshierarchie für Interfaces.

Wir werden in den folgenden Abschnitten sehen, dass Interfaces oft zur Realisierung von Fähigkeiten verwendet werden, die mehrere sonst nicht miteinander verwandte Klassen anbieten sollen. Zum Beispiel implementieren alle Klassen, deren Instanzen untereinander vergleichbar sind, das Interface `Comparable<T>`. Außerdem werden Interfaces oft verwendet, um die Schnittstelle eines Typs von seiner Implementierung zu entkoppeln. Im nächsten Kapitel werden wir das Java Collections Framework genauer betrachten, in dem Interfaces wie `List<T>` durch mehrere Klassen mit unterschiedlichen Laufzeit- und Speicherplatz-Eigenschaften implementiert werden.

9.4 Einige wichtige Interfaces

In diesem Abschnitt wollen wir einige wichtige Interfaces vorstellen. Weitere Interfaces aus der Java-Standardbibliothek werden im Kapitel 10 vorgestellt.

9.4.1 Die Interfaces Comparable *und* Comparator

In Abschnitt 8.3 haben wir gesehen, dass einige Methoden in der Klasse `Object` definiert sind. Zum Beispiel können wir durch Überschreiben der `equals`-Methode den Gleichheitsbegriff für selbstdefinierte Klassen festlegen und damit entscheiden, wie Instanzen solcher Klassen in Collections gespeichert werden.

Für manche andere Operationen wäre ein ähnliches Vorgehen sinnvoll. Zum Beispiel wäre es zum Sortieren von Collections sinnvoll, wenn wir beim Entwerfen einer Klasse A festlegen könnten, wann eine Instanz a1 von A kleiner ist als eine andere Instanz a2. Allerdings macht ein derartiger Vergleich nicht für alle Klassen Sinn. Für manche Arten von Objekten gibt es gar kein eindeutiges Vergleichskriterium (wie sollte man z.B. für zwei beliebige Instanzen von `Object` feststellen, welches die größere ist), für andere Arten von Objekten gibt es mehrere verschiedene Kriterien (z.B. könnten wir die Speisen im Kaffeehaus Java lexikographisch vergleichen oder nach dem Preis). Daher wäre es nicht sinnvoll, wenn die Klasse `Object` eine `compareTo`-Methode zur Verfügung stellen würde.

Für manche Klassen ist es aber sinnvoll, dass man ihre Instanzen vergleichen kann, und es gibt eine sogenannte *natürliche* Ordnung zwischen den Instanzen. Zum Beispiel ist es für komplexe Zahlen sinnvoll, sie nach ihrem Betrag zu vergleichen; für Namen ist es normalerweise sinnvoll, erst die Nachnamen zu vergleichen und bei Gleichheit der Nachnamen die Vornamen heranzuziehen. Eine Klasse,

die einen Test auf Gleichheit besitzt, implementiert in Java das generische Interface
Comparable<T>.

Das generische Comparable<T>-Interface enthält nur eine einzige Methode,
compareTo:

```java
public Interface Comparable<T> {
  int compareTo(T other);
}
```

Ein Aufruf o1.compareTo(o2) gibt einen der Werte -1, 0 oder 1 zurück, je nachdem, welche Beziehung zwischen o1 und o2 gilt:

Beziehung zwischen o1 und o2	Rückgabewert
o1 < o2	-1
o1 = o2	0
o1 > o2	1

Von der Spezifikation werden außerdem einige Anforderungen an die Implementierung gestellt, die garantieren sollen, dass compareTo wirklich als „kleiner oder
gleich" interpretiert werden kann. So muss z.B. gelten o1.compareTo(o2) ==
-o2.compareTo(o1), also wenn o1 < o2 ist, dann ist o2 > o1. Normalerweise sollte
auch ein Zusammenhang zwischen der equals-Methode und compareTo bestehen:
o1.compareTo(o2) sollte genau dann 0 zurückgeben, wenn o1.equals(o2) wahr
ist.[1]

Die meisten vordefinierten Klassen implementieren das Comparable<T>-Inter-
face, wenn eine natürliche Ordnung für ihre Elemente existiert. Außerdem verwenden einige Methoden in der Java-Standardbibliothek dieses Interface. Zum Beispiel
gibt es die Klassen Arrays und Collections, die jeweils eine statische Methode
sort zum Sortieren von Arrays und Collections implementieren. Diese Methoden
sind immer dann anwendbar, wenn die Elemente das Comparable<T>-Interface implementieren.

Wenn Sie eine eigene Klasse A programmieren, deren Instanzen vergleichbar sein
sollen, so müssen Sie den Parameter T von Comparable<T> mit A instanziieren. Ihre
Implementierung hat also die folgende Form:

```java
public class A implements Comparable<A> {
  @Override
  public int compareTo(A other) {
    ... // Implementierung der compareTo-Methode
  }
  ... // Rest der Implementierung von A
}
```

Wenn Sie in der Implementierung der compareTo-Methode auf Attribute von A mit
primitivem Typ zurückgreifen wollen, so müssen Sie daran denken, dass Sie da-

---

[1] Von der Java-Spezifikation wird nur gefordert, dass Klassen, in denen diese Bedingung verletzt
wird, das in ihrer Dokumentation erwähnen.

bei nicht direkt das Ergebnis eines Vergleichs mit < oder <= zurückgeben dürfen, sondern dass der Rückgabewert eine der Zahlen -1, 0 oder 1 sein muss. Bei Attributen mit Objekttyp können Sie das Ergebnis eines Vergleichs mit compareTo direkt zurückgeben. Die Implementierung einer Klasse Person, deren Instanzen Sie nach ihrem Alter vergleichen wollen, könnte folgendermaßen aussehen:

```java
public class Person implements Comparable<Person> {
  private int alter;
  private String name;

  @Override
  public int compareTo(Person p) {
    if (alter > p.alter) return 1;
    if (alter < p.alter) return -1;
    return 0;
  }
  ... // Konstruktoren, weitere Methoden, etc.
}
```

Beachten Sie, dass wir mit dem Comparable-Interface nur einen Vergleich für jede Klasse implementieren können. Falls wir Personen manchmal nach ihrem Alter und manchmal nach ihrem Namen vergleichen müssen, so können wir das nicht mit dem Comparable-Interface erreichen.

Um Instanzen einer Klasse A auf verschiedene Arten vergleichen zu können, müssen wir für jeden Vergleich eine Klasse definieren, die das generische Interface Comparator<A> implementiert. Dieses Interface hat eine abstrakte Methode compare(a1, a2), deren Rückgabewert ähnlich definiert ist, wie der von compareTo. Wenn c eine Instanz von Comparator<A> ist und a1 und a2 Instanzen von A sind, dann ist der Wert eines Aufrufs c.compare(a1, a2) folgendermaßen definiert:

Beziehung zwischen a1 und a2	Rückgabewert
a1 < a2	−1
a1 = a2	0
a1 > a2	1

Die Interpretation der Zeichen <, = und > richtet sich dabei nach dem von c definierten Vergleichskriterium. Um z.B. für die angegebene Klasse Person einen Vergleich nach dem Namen zu definieren, können wir folgende Klasse implementieren:

```java
import java.util.Comparator;
public class VergleicheName implements Comparator<Person> {
  @Override
  public int compare(Person p1, Person p2) {
    return p1.getName().compareTo(p2.getName());
  }
}
```

Ganz entsprechend können wir den Vergleich nach dem Alter, den wir mittels des
Comparable-Interfaces als „kanonischen" Vergleich definiert haben, auch mit einem
Comparator implementieren:

```java
public class VergleicheAlter implements Comparator<Person>{
  @Override
  public int compare(Person p1, Person p2) {
    if (p1.getAlter() < p2.getAlter()) return -1;
    if (p2.getAlter() < p1.getAlter()) return 1;
    return 0;
  }
}
```

Aufgabe 9.3. Erweitern Sie die Klasse Student aus Aufgabe 8.2 so, dass sie das
Interface Comparable<Student> implementiert; Studenten sollen nach Matrikel-
nummern sortiert werden.

Implementieren Sie zwei Klassen VergleicheMatNr und VergleicheNamen, die
das Interface Comparator<Student> implementieren und Studenten nach Matrikelnummer bzw. Namen vergleichen. Der Vergleich der Namen soll dabei die Nachnamen vergleichen und nur bei gleichen Nachnamen die Vornamen zum Vergleich
heranziehen. (*Tipp:* Dazu ist es hilfreich, wenn Sie die Klasse Name so ergänzen,
dass sie das Interface Comparable<Name> implementiert.)

9.4.2 *Das Interface* Cloneable

Manchmal ist es nötig, ein Objekt a zu „klonen," also eine exakte Kopie von a zu
erzeugen, die aber von Veränderungen, die man an a vornimmt, unabhängig ist.
Dazu ist es nicht ausreichend, einfach eine Referenz auf a an eine neue Variable
zuzuweisen. Wenn wir z.B. die folgende Klasse haben:

```java
public class A {
  private int value;
  private int[] values;

  public A() {
    this.value = 0;
    this.values = new int[2];
  }

  public int getValue() {
    return value;
  }
  public void setValue(int value) {
    this.value = value;
  }
```

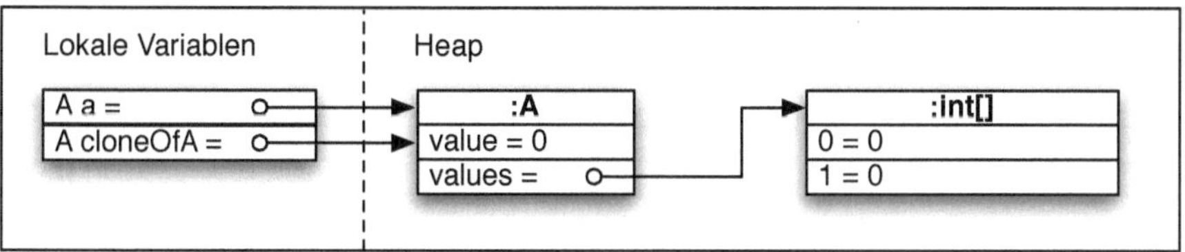

Abb. 9.5 Nach der Zuweisung `cloneOfA = a` referenzieren die Variablen a und `cloneOfA` das selbe Objekt. Es findet keine Kopie statt.

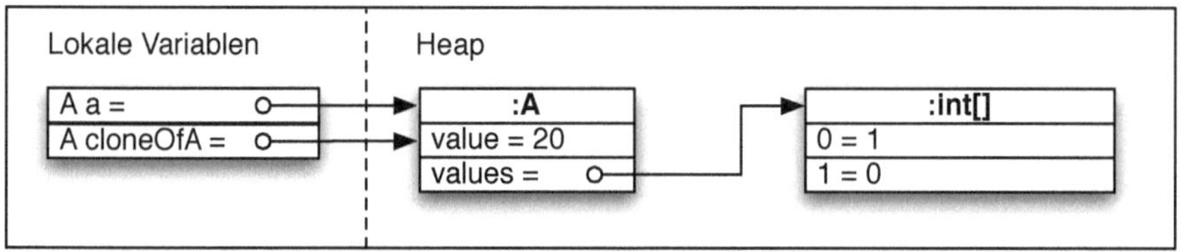

Abb. 9.6 Speicher nach der Zuweisung der neuen Werte.

```java
public int getFirstArrayValue() {
  return values[0];
}
public void setFirstArrayValue(int n) {
  values[0] = n;
}
}
```

und dann die folgenden Anweisungen ausführen

```java
A a = new A();
System.out.println(a.getValue() + ", " + a.getFirstArrayValue());
A cloneOfA = a;
a.setValue(20);
a.setFirstArrayValue(1);
System.out.println(cloneOfA.getValue() + ", "
                  + cloneOfA.getFirstArrayValue());
```

dann erhalten wir die Ausgabe 0, 0 gefolgt von 20, 1 auf der Konsole. Die Variable `cloneOfA` ist ja nur eine zweite Referenz auf das Objekt, das auch von a referenziert wird. Jede Änderung an dem Objekt, die wir über die eine Referenz durchführen, betrifft auch alle anderen Referenzen auf das gleiche Objekt. Ebenso werden auch Änderungen am Zustand von Objekten, die von a referenziert werden, über die Referenz `cloneOfA` sichtbar, wie wir an der Änderung des ersten Array Elements feststellen können. Das ist in Abbildungen 9.5 und 9.6 dargestellt.

Um eine unabhängige Kopie eines Objekts zu erzeugen, bietet Java die Methode `clone()` in der Klasse `Object`. Leider ist diese Methode in Java auf eine et-

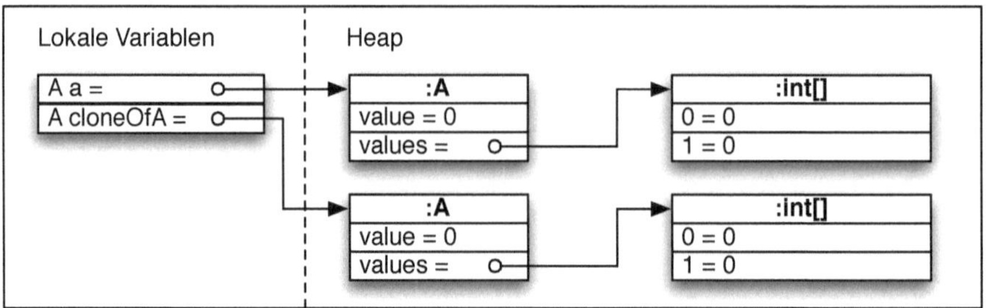

Abb. 9.7 Durch die Zuweisung cloneOfA = (A)a.clone() wird eine Kopie des von a referenzierten Objekts erzeugt.

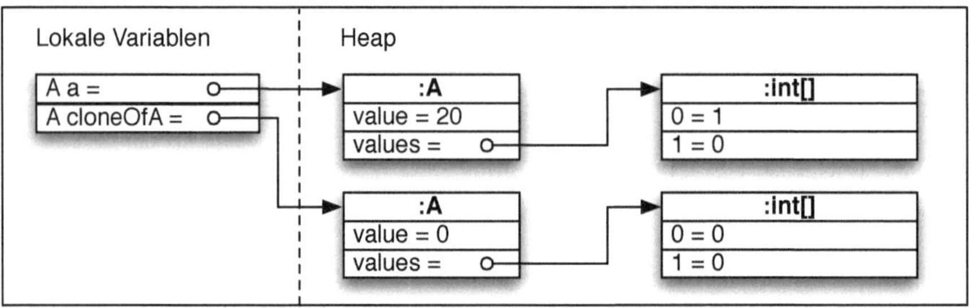

Abb. 9.8 Speicher nach der Zuweisung der neuen Werte.

was unschöne Weise spezifiziert: clone ist in Object als Methode mit Sichtbarkeit protected implementiert; wenn eine Klasse die Funktionalität bereitstellen will, dann implementiert sie das Interface Cloneable und überschreibt die Methode clone durch eine clone-Methode mit der Sichtbarkeit public. Um zu überprüfen, ob ein Objekt obj geklont werden kann, muss man also testen, ob obj instanceof Cloneable gilt. Die clone-Methode hat immer Object als Rückgabetyp, so dass man das Ergebnis von obj.clone() in der richtigen Typ casten muss. Wenn wir die Klasse A um eine clone-Methode erweitern und im vorangehenden Programm Zeile 3 folgendermaßen ändern

```
A cloneOfA = (A)a.clone();
```

dann ist cloneOfA eine Referenz auf ein von a verschiedenes Objekt, und wir erhalten zweimal die Ausgabe 0, 0.

Zur Implementierung von clone wird oft die clone-Methode aus der Klasse Object aufgerufen (durch super.clone()), die ein Objekt der richtigen Klasse zurückgibt, in dem die Attribute die exakt gleichen Werte enthalten wie im ursprünglichen Objekt. Das sind für Instanzvariablen mit primitiven Typen und für Instanzvariablen mit Objekttyp, deren Werte nie destruktiv verändert werden, normalerweise die gewünschten Werte. Die geerbte clone-Methode kann man für diese Art von Objekten also unmittelbar verwenden. Die Werte der Instanzvaria-

blen mit Objekttypen, die destruktiv verändert werden können, müssen von der
clone-Methode kopiert werden. Da die clone-Methode von Object eine Ausnahme auslösen kann, zeigen wir hier eine Implementierung von clone für die Klasse
A, die die clone-Methode von Object nicht verwendet. Eine solche Implementierung ist nur korrekt, wenn A keine Unterklassen haben kann, daher deklarieren wir
A als final.

```java
public final class A implements Cloneable {
  @Override
  public Object clone() {
    A result = new A();
    result.value = value;
    for (int i = 0; i < values.length; i++) {
      result.values[i] = values[i];
    }
    return result;
  }
  ... // Rest der Implementierung von A wie oben
}
```

Abbildungen 9.7 und 9.8 veranschaulichen, wie durch die clone-Methode eine Kopie des ursprünglichen Objekts und seiner Instanzvariablen erzeugt wird. Die Zuweisung an eine Instanzvariable von a hat in diesem Fall keinen Einfluss auf die
Instanzvariablen von cloneOfA.

Aufgabe 9.4. In dieser Aufgabe soll der Umgang mit dem Cloneable-Interface
geübt werden.

- Ändern Sie die Klasse Speise aus Abschnitt 2.8 so, dass Sie das Cloneable-
Interface implementiert.
- Erzeugen Sie eine Speise s1, klonen Sie die Speise und speichern Sie das Ergeb-
nis in einer Variablen s2.
- Ändern Sie den Zustand von s1 und testen Sie, ob sich der Zustand von s2
geändert hat.
- Implementieren Sie eine Klasse Speisekarte, die eine ArrayList<Speise> von
Speisen speichert und das Interface Cloneable implementiert.
- Erzeugen Sie eine Instanz sk1 von Speisekarte, die mindestens zwei Speisen
enthält, klonen Sie diese Instanz in sk2.
- Modifizieren Sie sk1, indem Sie den Namen der ersten Speise ändern und die
zweite Speise durch eine andere Speise ersetzen. Wie ändert sich dadurch der
Zustand von sk2 und was können Sie dagegen unternehmen?

9.5 Geschachtelte und anonyme Klassen

Wir wollen an dieser Stelle noch zwei fortgeschrittene Themen ansprechen, die
häufig in Code-Beispielen, die Sie z.B. im Internet finden, anzutreffen sind.

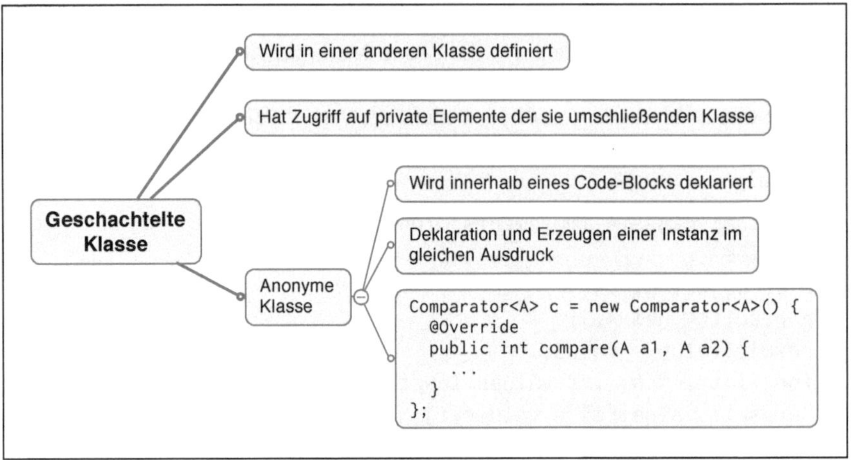

Abb. 9.9 Mindmap zu geschachtelten Klassen

9.5.1 Geschachtelte Klassen

Bisher haben wir Klassen, Interfaces und Enums immer direkt innerhalb eines Pakets definiert. In Java ist es aber auch möglich, diese Programmelemente innerhalb einer anderen Klasse zu definieren. Warum das sinnvoll sein kann, ist am Einfachsten bei Aufzählungstypen zu sehen: Wenn wir die Klasse Person um ein Attribut erweitern wollen, das den Familienstand der Person beschreibt, so bietet es sich an, dafür einen Aufzählungstypen Familienstand mit den Werten LEDIG, VERHEIRATET, VERWITWET und GESCHIEDEN zu definieren. Der Typ Familienstand wird fast immer in Verbindung mit dem Typ Person verwendet werden. Um diese Zusammengehörigkeit deutlich zu machen kann man den Aufzählungstyp innerhalb der Klasse Person definieren:

```java
public class Person implements Comparable<Person> {
    // Definition des inneren Aufzählungstypen
    public enum Familienstand {
        LEDIG, VERHEIRATET, VERWITWET, GESCHIEDEN
    }

    private int alter;
    private String name;
    private Familienstand familienstand;

    public Person(int alter, String name,
                  Familienstand familienstand) {
        this.alter = alter;
        this.name = name;
        this.familienstand = familienstand;
    }
```

```java
public Familienstand getFamilienstand() {
  return familienstand;
}

public void setFamilienstand(Familienstand familienstand) {
  this.familienstand = familienstand;
}
```

   ... // Restliche Getter, Setter und Methoden wie oben
```java
}
```

In der äußeren Klasse Person kann man den Namen des inneren Aufzählungstypen
wie jeden anderen Namen verwenden. Wenn man den Typ Familienstand außerhalb der Klasse Person verwenden will, so muss man, wie bei statischen Variablen,
Person als (durch einen Punkt abgetrennten) Präfix angeben (vgl. S. 123):

```java
Person p = new Person(25, "Hans Müller",
                      Person.Familienstand.LEDIG);
```

Es ist auch möglich, statt eines Aufzählungstypen eine normale Klasse innerhalb
einer anderen Klasse geschachtelt zu definieren. Wenn die *geschachtelte Klasse* nur
statische Variablen und Methoden enthält, ist die Situation sehr ähnlich wie bei einem Aufzählungstyp. Was bedeutet es aber, wenn wir eine Klasse mit Instanzvariablen innerhalb einer anderen Klasse definieren?

```java
public class Outer {
  public class Inner {
    ...
  }
  ...
}
```

In diesem Fall ist jede Instanz von Inner einer Instanz von Outer zugeordnet und
kann direkt auf die privaten Felder von Outer zugreifen. Man nennt Inner auch eine
innere Klasse. Zum Beispiel ist folgende Definition einer inneren Klasse zulässig:

```java
public class Outer {
  public class Inner {
    private int innerValue;

    public Inner(int innerValue) {
      this.innerValue = innerValue;
    }
    public int addValues() {
      return outerValue + innerValue;
    }
  }
```

```java
  private int outerValue;

  public Outer(int outerValue) {
    this.outerValue = outerValue;
  }

  public int getOuterValue() {
    return outerValue;
  }

  public void setOuterValue(int outerValue) {
    this.outerValue = outerValue;
  }
}
```

Hier hat die äußere Klasse eine Instanzvariable outerValue, die innere Klasse hat
ebenfalls eine Instanzvariable innerValue. Die Methode addValues von Inner
greift sowohl auf innerValue als auch auf outerValue zu. Wenn man eine Instanz i von Inner erzeugt, muss daher immer angegeben werden, welche Instanz
o von Outer für diese Zugriffe verwendet werden soll. Daher bietet Java für die
Erzeugung von Instanzen innerer Klassen die Syntax

```java
o.new Inner()
```

an. Damit erzeugt man eine Instanz von Inner, der o zugeordnet wird. Zum Beispiel
gibt das folgende Programm

```java
Outer o = new Outer(1);
Outer.Inner i = o.new Inner(2);
Outer.Inner i2 = o.new Inner(10);
System.out.println(i.addValues());
System.out.println(i2.addValues());

o.setOuterValue(10);
System.out.println(i.addValues());
System.out.println(i2.addValues());
```

die Werte 3, 11, 12 und 20 aus. Die Attribute verschiedener Instanzen von Inner
sind also, wie man erwarten kann, voneinander unabhängig. Wie man an den letzten beiden Zeilen sieht, greifen i und i2 aber direkt auf den Zustand von o zu;
Änderungen, die man an o vornimmt, sind auch von den Instanzen der inneren Klassen aus sichtbar.

9.5.2 *Lokale und anonyme Klassen*

Im letzten Abschnitt haben wir gesehen, dass die Definition einer Klasse als Element einer anderen Klassendefinition vorkommen kann. Es ist sogar möglich, eine Klassendefinition innerhalb eines Code-Blocks zu schreiben. Eine derartige Klasse nennt man *lokale Klasse*. Zum Beispiel ist folgende Definition erlaubt:

```java
public class LocalClassDemo {
  public int add(final int x, final int y) {
    class Adder {
      public int reallyAdd() {
        return x + y;
      }
    }
    Adder adder = new Adder();
    return adder.reallyAdd();
  }
}
```

Die Methode add von LocalClassDemo addiert zwei Zahlen, allerdings auf eine sehr umständliche Art und Weise: Die lokale Klasse Adder bietet eine Methode reallyAdd an, mit der die beiden Parameter x und y der die Klassendefinition umgebenden Methode addiert werden können. Der Rumpf der Methode erzeugt dann eine Instanz von Adder, ruft darauf die Methode reallyAdd auf und gibt das Ergebnis zurück. Lokale Klassen haben Zugriff auf die lokalen Variablen, die an der Stelle ihrer Definition sichtbar sind, allerdings nur wenn diese Variablen als final deklariert sind (d.h. wenn ihr Wert nicht verändert werden kann). Der Aufruf der Methode add erfolgt genau wie jeder andere Methodenaufruf auch:

```java
LocalClassDemo lcd = new LocalClassDemo();
System.out.println(lcd.add(1, 2));
```

Diese Form, eine lokale Klasse zu definieren, ist selten sinnvoll und wird dementsprechend sehr selten verwendet. Allerdings kann man in Java die Definition einer lokalen Klasse mit dem Erzeugen einer Instanz verbinden. Dann erhält man sogenannte *anonyme Klassen*, die z.B. bei der Programmierung von graphischen Benutzerinterfaces sehr häufig eingesetzt werden. Eine anonyme Klasse und ihre Instanz erzeugt man, indem man einen Aufruf des new-Operators mit dem Rumpf einer (lokalen) Klassendefinition verbindet:

```java
new OberklasseOderInterface() {
  // Rumpf der Klassendefinition
}
```

OberklasseOderInterface ist dabei der Name der Oberklasse der anonymen Klasse, oder eines Interfaces, das die anonyme Klasse implementieren soll. Im Rumpf der Klasse werden die abstrakten Methoden der Oberklasse oder des Interfaces implementiert.

Ein Beispiel, für das wir anonyme Klassen gewinnbringend einsetzen können, ist
die Implementierung des Interfaces Comparator. In Abschnitt 9.4.1 haben wir die
Klassen VergleicheName und VergleicheAlter für Personen definiert, die verschiedene Vergleiche realisiert haben. Wenn wir diese Vergleiche an vielen Stellen
im Programm verwenden, sind derartige Definitionen sinnvoll. Wenn wir aber jeden
Vergleich nur einmal verwenden, ist es nicht notwendig, eine Klasse zu definieren
und sich einen Namen für den Vergleich auszudenken. In diesem Fall könnten wir
die Vergleiche einfacher mit einer inneren Klasse realisieren:

```
1   Person p1 = ...
2   Person p2 = ...
3
4   Comparator<Person> c = new Comparator<Person>() {
5     @Override
6     public int compare(Person p1, Person p2) {
7       if (p1.getAlter() < p2.getAlter()) return -1;
8       if (p2.getAlter() < p1.getAlter()) return 1;
9       return 0;
10    }
11  };
12  System.out.println(c.compare(p1, p2));
13
14  c = new Comparator<Person>() {
15    @Override
16    public int compare(Person p1, Person p2) {
17      return p1.getName().compareTo(p2.getName());
18    }
19  };
20  System.out.println(c.compare(p1, p2));
```

In diesem Beispiel erzeugen wir in Zeilen 4–11 eine anonyme Klasse, die das Interface Comparator<Person> implementiert und den gleichen Vergleich durchführt
wie VergleicheAlter, und weisen eine Instanz der Klasse an die Variable c zu. In
Zeile 12 verwenden wir diese Instanz um p1 und p2 zu vergleichen. In den Zeilen
14–19 erzeugen wir eine zweite anonyme Klasse, die Comparator<Person> implementiert, und weisen wieder eine Instanz davon an c zu.

9.6 Was haben wir gelernt?

In diesem Kapitel haben wir weitergehende Konzepte der objektorientierten Programmierung kennengelernt. Generische Klassen erlauben es, Familien von Klassen zu implementieren, die sich in den Typen von Instanzvariablen oder Methoden
unterscheiden. Im nächsten Kapitel werden wir das Java Collections Framework als
wichtige Anwendung generischer Klassen genauer besprechen.

Abstrakte Klassen sind Klassen, die keine direkten Instanzen haben können. Sie sind sinnvoll in Fällen, in denen eine Elternklasse das gemeinsame Verhalten ihrer Kindklassen implementieren soll, ohne dass direkte Instanzen der Elternklasse existieren können. Interfaces legen fest, über welche Methoden Klassen verfügen müssen, die das Interface implementieren, ohne eine eigene Implementierung der Methoden anzubieten. Im Gegensatz zu Klassen ist Mehrfachvererbung von Interfaces in Java möglich. Einige wichtige Interfaces sind `Comparable` und `Comparator` zum Vergleich von Instanzen und `Cloneable` zum Kopieren von Objekten.

Anonyme Klassen sind eine spezielle Form von lokalen Klassen, bei denen die Deklaration der Klasse und die Erzeugung der (einzigen) Instanz in einem Schritt erfolgt. Sie werden oft zur Implementierung von Interfaces wie `Comparator` und bei der Programmierung graphischer Benutzeroberflächen eingesetzt. Eine Zusammenfassung der wichtigsten Punkte aus diesem Abschnitt ist in den Mindmaps 9.1, 9.2, 9.3, 9.9 und 9.10 enthalten.

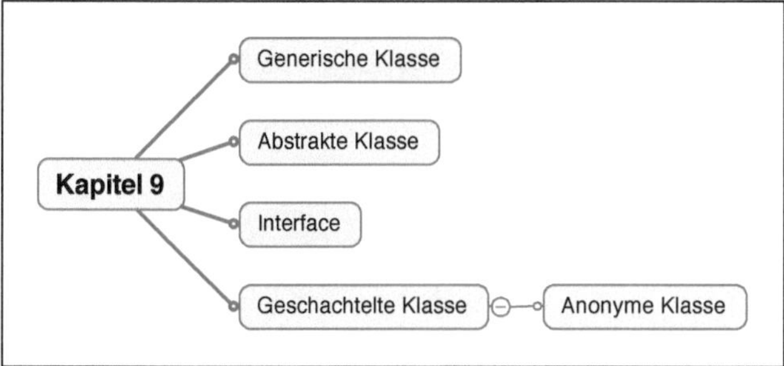

Abb. 9.10 Was haben wir gelernt? Mindmap zu Kapital 9 – Generische Typen und Interfaces

Kapitel 10
Das Java Collections Framework

Java bietet eine umfangreiche Standardbibliothek an, die zahlreiche vordefinierte Klassen enthält. Wir haben einige dieser Klassen bereits verwendet, und wenn Sie größere Anwendungen mit Java schreiben, werden Sie viele weitere Klassen aus der Standardbibliothek einsetzen.

In diesem Kapitel wollen wir uns einige der in der Standardbibliothek enthaltenen Collections ansehen. Eine *Collection* ist ein Objekt, das mehrere andere Objekte zu einer Einheit zusammenfasst. Im Gegensatz zu anderen Klassen können die meisten Collections beliebig viele Elemente speichern.

Es gibt viele verschiedene Arten von Collections. Zum Beispiel unterscheiden sich Collections darin, ob das gleiche Element mehrmals in der Collection vorkommen kann oder nicht, ob die Elemente in der Collection eine Reihenfolge haben oder nicht und durch welche „Schlüssel" man auf die Elemente der Collection zugreifen kann. Außerdem können Collections mit den gleichen Eigenschaften oft auf mehrere verschiedene Weisen implementiert werden, die unterschiedliche Stärken und Schwächen haben und daher für verschiedene Einsatzzwecke geeignet sind. Um ein breites Spektrum an Anwendungsfällen abzudecken, wurde in Java in Version 1.2 das *Java Collections Framework (JCF)* zur Standardbibliothek hinzugefügt. Ein *Framework* ist allgemein eine Sammlung von Klassen, abstrakten Klassen und Interfaces, die bestimmte Aufgaben teilweise oder komplett lösen und dem Programmierer dadurch Arbeit sparen. Beim JCF handelt es sich um ein Framework, das die verschiedenen Arten von Collections in einer sinnvollen Struktur implementiert und ihre Anwendung möglichst einheitlich macht. Dadurch wird es leichter, die vielen verschiedenen Collection-Klassen zu verstehen und sinnvoll einzusetzen.

10.1 Die Struktur des Collection Frameworks

Die beiden für Anwender wichtigsten Interfaces des Collections Frameworks sind `Collection<E>` und `Map<K,V>`. Leider ist die Namensgebung in Java etwas verwirrend: Der Begriff „Collection" wird manchmal für Klassen verwendet, die eines dieser beiden Interfaces implementieren; manchmal bezieht er sich aber auch nur auf Klassen, die `Collection` implementieren. Aus dem Kontext wird meistens klar, welche Bedeutung gemeint ist. An Stellen, an denen der Unterschied wichtig ist,

M. Hölzl, A. Raed, M. Wirsing, *Java kompakt*, eXamen.press,
DOI 10.1007/978-3-642-28504-2_10, © Springer-Verlag Berlin Heidelberg 2013

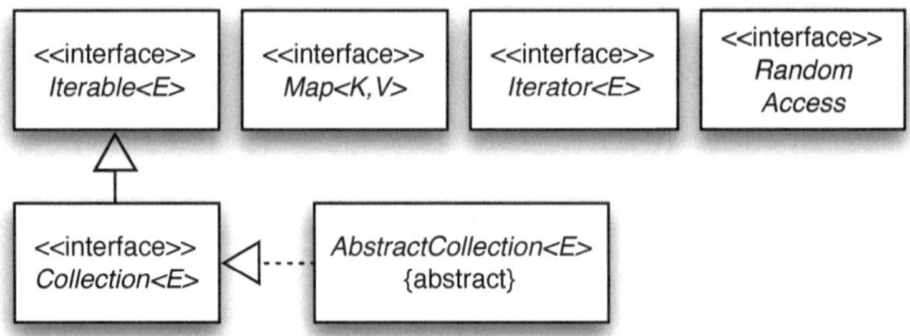

Abb. 10.1 „Top-level" Interfaces des Java Collections Frameworks und die abstrakte Klasse `AbstractCollection`

Methode	Beispielaufruf	Bedeutung
`hasNext`	`i.hasNext()`	Gibt `true` zurück, wenn i weitere Elemente aufzählen kann
`next`	`i.next()`	Gibt das nächste Element der Iteration zurück
`remove`	`i.remove()`	Entfernt das vom letzten Aufruf von `i.next()` zurückgegebene Element aus der Collection (optional)

Tabelle 10.1 Methoden von `Iterator<E>`

verwenden wir in diesem Buch immer die etwas umständliche Formulierung „Klassen, die `Collection<E>` implementieren", aber diese Konvention ist nicht allgemein üblich.

Bevor wir genauer auf die beiden Interfaces `Collection<E>` und `Map<K,V>` eingehen können, müssen wir noch einige andere Interfaces besprechen: Iteratoren sind Hilfsklassen zum Durchlaufen von Collections und implementieren das Interface `Iterator<E>`. Klassen, die einen Iterator für ihre Elemente erzeugen können, implementieren das Interface `Iterable<E>`. Das Interface `RandomAccess` ist ein sogenanntes *Marker-Interface*, das weder Konstanten noch Methoden enthält und nicht von `Collection` erbt. Konkrete Collection-Klassen implementieren dieses Interface, wenn der Zugriff auf beliebige Elemente effizient (das bedeutet in der Regel in konstanter Zeit) möglich ist. Diese Information ist hilfreich, um manche Algorithmen effizienter zu implementieren.

10.1.1 Die Interfaces `Iterator` und `Iterable`

Klassen, die das `Iterator<E>`-Interface implementieren, nennt man *Iteratoren* (mit Elementen aus E). Jeder Iterator implementiert die Methoden `next` und `hasNext`, mit denen man eine Folge von Elementen durchlaufen kann: Wenn `iter` ein Iterator ist und `iter.hasNext()` den Wert `true` zurückgibt, dann liefert `iter.next()` das nächste Element aus der Folge von Elementen zurück. Man kann sich einen Iterator als Zwischenspeicher vorstellen. Beim Aufruf von next() springt der Iterator zur nächsten Zwischenposition und liefert das Element davor.

Der Wert von `iter.next()` ist für Iteratoren, die `Iterator<E>` implementieren, immer ein Objekt vom Typ E. Wenn `iter.hasNext()` den Wert `false` zurückgibt, so darf `iter.next()` nicht aufgerufen werden. Das allgemeine Schema für das Durchlaufen der Sequenz von Elementen eines Iterators mit Elementen aus E ist also

```java
while (iter.hasNext()) {
  E element = iter.next();
  // Hier kann element verwendet werden
}
```

Das `Iterator<E>`-Interface definiert noch die Methode `remove`, mit der ein Element aus der Folge von Elementen entfernt wird. Da diese Operation nicht für jeden Iterator sinnvoll ist, ist sie in der Spezifikation als optional angegeben. Das bedeutet, dass jeder Iterator diese Methode zwar implementieren muss, dass aber eine Implementierung erlaubt ist, die immer eine Exception auslöst (siehe Kapitel 11). Eine Zusammenfassung der Methoden von `Iterator<E>` ist in Tabelle 10.1.

Um besser zu verstehen, wie Iteratoren funktionieren, implementieren wir einen Iterator, der die Elemente eines Arrays durchläuft:

```java
public class ArrayIterator<E> implements Iterator<E> {
  E[] array;
  int index;

  public ArrayIterator(E[] array) {
    super();
    this.array = array;
    this.index = 0;
  }

  @Override
  public boolean hasNext() {
    return index < array.length;
  }

  @Override
  public E next() {
    return array[index++];
  }

  @Override
  public void remove() {
    throw new UnsupportedOperationException();
  }
```

Jede Instanz von `ArrayIterator` speichert das Array, das durchlaufen werden soll, und den Index des Elements im Array, das beim nächsten Aufruf von `next`

zurückgegeben werden soll. Die Methode hasNext muss daher nur überprüfen, ob
der Index den maximal zulässigen Wert überschreitet oder nicht (Zeile 13). Falls
array eine Referenz auf ein leeres Array enthält, so hat index, unmittelbar nachdem
der Iterator erzeugt wurde, den Wert 0 und array.length ist ebenfalls 0. Daher gibt
in diesem Fall schon der erste Aufruf von hasNext den Wert false zurück. Falls
array aber eine Referenz auf ein Array ist, das mindestens ein Element enthält,
so ist der Vergleich in hasNext wahr und wir können next aufrufen. Die Implementierung von next in Zeile 18 gibt das Element, das in array an der Position
index steht, zurück und erhöht den Wert von index. Die angegebene Implementierung drückt das in sehr knapper Form aus, ausführlicher könnte man die Methode
so schreiben:

```
@Override
public E next() {
  E result = array[index];
  index += 1;
  return result;
}
```

Es ist in Java üblich, die knappe Schreibweise zu verwenden, daher sollten Sie
verstehen, warum sie die gleiche Funktionalität hat, wie die lange Version; eine
ausführliche Erklärung finden Sie in Abschnitt 5, S. 105. Da wir aus array keine
Elemente entfernen können, werfen wir in remove immer eine Exception.

Die Klasse ArrayIterator können wir wie folgt anwenden, um die Elemente
eines Arrays der Reihe nach zu durchlaufen:

```
1  String[] strings = { "Foo", "Bar", "Foobar", "Quux" };
2  Iterator<String> iter = new ArrayIterator<>(strings);
3  while (iter.hasNext()) {
4    System.out.println(iter.next());
5  }
```

Beachten Sie, dass wir in Zeile 2 das Template-Argument für ArrayIterator nicht
angeben; der Java Compiler kann den Wert String aus dem Argument des Konstruktors erschließen. Allerdings müssen wir die spitzen Klammern setzen, um klar
zu machen, dass wir eine generische Klasse instanziieren wollen.

In diesem Beispiel sehen Sie ein Muster, das Ihnen bei der Verwendung des Collection Frameworks immer wieder begegnen wird und das Sie auch in eigenen Programmen an vielen Stellen gewinnbringend einsetzen können: Die Variable iter hat
als Typ ein Interface (Iterator<String>), als Wert wird ihr eine Instanz einer konkreten Implementierung dieses Interfaces zugewiesen (ArrayIterator<String>).
Es spielt dann für den Rest des Programms keine Rolle mehr, welche konkrete Implementierung der Variable zugewiesen wurde, so lange sie das verwendete Interface implementiert. Damit kann man die konkrete Implementierung austauschen,
ohne sonstige Änderungen am Programm vornehmen zu müssen.

Durch die Verwendung eines Iterators haben wir das Durchlaufen der Elemente
unabhängig von der Datenstruktur gemacht, in der die Elemente gespeichert werden.

Es wäre sogar denkbar, dass die Elemente vom Iterator direkt während der Iteration berechnet werden, ohne dass die ganze Folge der Elemente irgendwo gespeichert ist. Nur beim Erzeugen der Iterator-Instanz müssen wir wissen, wie die Folge von Elementen repräsentiert ist, damit wir die richtige Implementierung des Iterator-Interfaces instanziieren. Wäre es nicht praktisch, wenn wir eine Möglichkeit hätten, einen Iterator für eine Folge von Elementen zu bekommen, ohne Details der Implementierung kennen zu müssen?

Um das zu erreichen, gibt es in Java ein zweites Interface, das sehr eng mit Iterator<E> verknüpft ist: Iterable<E>. Dieses Interface definiert eine einzige Methode iterator(), die ein Ergebnis vom Typ Iterator<E> zurückgibt. Wenn eine Klasse A das Interface Iterable<E> implementiert und a eine Instanz von A ist, dann erhält man durch den Aufruf a.iterator() einen Iterator des Typs Iterator<E>, der die in a enthaltenen Elemente durchläuft. Damit brauchen wir gar keine Details von A zu kennen, um die Elemente einer Instanz von A zu durchlaufen:

```
Iterable<E> a = ...
Iterator<E> iter = a.iterator();
while (iter.hasNext()) {
  E e = iter.next();
  ...
}
```

Diese Schleife funktioniert immer, wenn a Instanz einer Klasse ist, die Iterable<E> implementiert. Die for-each-Schleife in Java ist im Wesentlichen eine Abkürzung für diese Form der Iteration.[1] Wir können also statt der while-Schleife auch eine for-each-Schleife schreiben:

```
Iterable<E> a = ...
for (E elt : a) {
  ...
}
```

Das Interface Collection<E> erbt von Iterable<E>, man kann also über alle Instanzen davon mit for-each-Schleifen iterieren. Aber auch Klassen, die Collection nicht implementieren, können dieses Interface gewinnbringend verwenden. Zum Beispiel erbt das Interface Path, das Pfade im Dateisystem beschreibt, vom Interface Iterable<Path>, um einen Iterator zur Verfügung zu stellen, der über die Komponenten des Pfades iteriert. Wir wollen als Beispiel für eine iterierbare Klasse eine Abteilung einer Firma implementieren, deren Mitarbeiter man mit einem Iterator auflisten kann. Die Klasse für Mitarbeiter definieren wir folgendermaßen:

```
public class Mitarbeiter {
  private String name;
```

---

[1] Das ist nicht ganz richtig, weil for-each-Schleifen auch für Arrays erlaubt sind, Arrays das iterable-Interface aber nicht implementieren.

```java
  public Mitarbeiter(String name) {
    this.name = name;
  }
  public String getName() {
    return name;
  }
  @Override
  public String toString() {
    return "Mitarbeiter [name=" + name + "]";
  }
}
```

Eine Abteilung können wir dann folgendermaßen darstellen:

```java
public class Abteilung implements Iterable<Mitarbeiter> {
  private String abteilungsname;
  private Mitarbeiter[] mitarbeiter;

  public Abteilung(String abteilungsname) {
    super();
    this.abteilungsname = abteilungsname;
    this.mitarbeiter = new Mitarbeiter[0];
  }
  public void neuerMitarbeiter(Mitarbeiter m) {
    int oldLength = mitarbeiter.length;
    mitarbeiter = Arrays.copyOf(mitarbeiter, oldLength + 1);
    mitarbeiter[oldLength] = m;
  }
  public String getAbteilungsname() {
    return abteilungsname;
  }
  @Override
  public Iterator<Mitarbeiter> iterator() {
    return new ArrayIterator<>(mitarbeiter);
  }
}
```

Die meisten Elemente dieser Klassendefinition sollten unmittelbar klar sein. Bei
Hinzufügen eines neuen Mitarbeiters zum Array mitarbeiter verwenden wir die
statische Methode copyOf der Klasse Arrays, um ein neues Array zu erzeugen, das
ein Element mehr speichern kann als das Array mitarbeiter und dessen Elemente von 0 bis oldLength − 1 mit den entsprechenden Elementen von mitarbeiter
übereinstimmen. Diese Form, ein „wachsendes" Array zu implementieren, ist einfach, wenn oft neue Mitarbeiter eingestellt werden, aber auch sehr ineffizient.

In der Implementierung von iterator verwenden wir den in diesem Abschnitt
definierten ArrayIterator, um die Mitarbeiter aufzuzählen. Für den Benutzer der
Klasse Abteilung ist es aber uninteressant, wie wir die Mitarbeiter repräsentieren

und welche Klasse wir verwenden, um den Iterator zu implementieren. Wir könnten
z.B. ein Array mit einem „Füllstandsanzeiger" wie in der Implementierung der
Klasse `MinimalCollectionIterator` im folgenden Abschnitt 10.1.2 verwenden,
um das Kopieren des `mitarbeiter`-Arrays bei jedem Einfügen zu vermeiden, oder
wir könnten eine vordefinierte Implementierung des `Collection<Mitarbeiter>`-
Interfaces aus dem Java Collections Framework einsetzen. Jede dieser Varianten
kann folgendermaßen verwendet werden:

```
Abteilung abteilung = new Abteilung("Verwaltung");


abteilung.neuerMitarbeiter(new Mitarbeiter("Hans Müller"));
abteilung.neuerMitarbeiter(new Mitarbeiter("Franziska Maier"));
abteilung.neuerMitarbeiter(new Mitarbeiter("Antje Huber"));


System.out.println(abteilung.getAbteilungsname() + ": ");
for (Mitarbeiter mitarbeiter : abteilung) {
  System.out.println("  " + mitarbeiter);
}
```

und erzeugt die Ausgabe

```
Verwaltung:
  Mitarbeiter [name=Hans Müller]
  Mitarbeiter [name=Franziska Maier]
  Mitarbeiter [name=Antje Huber]
```

Nachdem wir Iteratoren und iterierbare Klassen eingeführt haben, können wir uns
jetzt Collections zuwenden.

10.1.2 `Collection` *und* `AbstractCollection`

Das Interface `Collection<E>` erbt von `Iterable<E>` und definiert zusätzlich abstrakte Methoden, die mehr Funktionalität bereitstellen, als nur Elemente aufzuzählen. Der Typparameter `E` gibt wie beim Iterator an, welchen Typ die Elemente
haben, die in der Collection zusammengefasst werden.

Eine Klasse C, die `Collection<E>` implementiert, nennt man auch einen *Aggregattyp*, ihre Instanzen nennt man dementsprechend *Aggregate*. `Collection` wird
von vielen verschiedenen Aggregattypen implementiert; einige davon sind geordnet, andere ungeordnet, einige können mehrfache Vorkommen des gleichen Elements enthalten, andere nicht, usw. Die wesentlichen Eigenschaften, die alle Aggregate haben, sind folgende: Man kann die Anzahl der in einem Aggregat enthaltenen Elemente feststellen, man kann von vorgegebenen Elementen feststellen, ob
sie im Aggregat enthalten sind oder nicht, und man kann die Elemente des Aggre-
gats durchlaufen. Viele Implementierungen von `Collection<E>` erlauben darüber
hinaus noch das Einfügen und Entfernen von Elementen.

Die wichtigsten Methoden, die jede Klasse bereitstellen muss, die das Interface
`Collection<E>` implementiert, sind in Tabelle 10.2 zusammengefasst. Dabei ist c

Methode	Beispielaufruf	Bedeutung
isEmpty	c.isEmpty()	Gibt true zurück, wenn c keine Elemente enthält, false sonst.
size	c.size()	Gibt die Anzahl der in c enthaltenen Elemente zurück.
contains	c.contains(e)	Gibt true zurück, falls e in c enthalten ist, sonst false.
containsAll	c.containsAll(es)	Gibt true zurück, falls alle Elemente aus es auch in c enthalten sind, false sonst.
iterator	c.iterator()	Gibt einen Iterator zurück, mit dem die Elemente aus c der Reihe nach aufgezählt werden können.

Tabelle 10.2 Methoden von Collection<E>

Methode	Beispielaufruf	Bedeutung
add	c.add(e)	Fügt e zu c hinzu.
addAll	c.addAll(es)	Fügt alle Elemente aus es zu c hinzu.
clear	c.clear()	Entfernt alle Elemente aus c.
remove	c.remove(e)	Entfernt ein Vorkommen von e aus c.
removeAll	c.removeAll(es)	Entfernt alle Elemente, die in es vorkommen aus c.
retainAll	c.retainAll(es)	Entfernt alle Elemente, die *nicht* in es vorkommen aus c.

Tabelle 10.3 Optionale Methoden von Collection<E>

immer eine Instanz einer Klasse C, die das Interface Collection<E> implementiert, e ist eine Instanz von E und die Variable es steht für ein Objekt vom Typ Collection<E>.

Die optionalen abstrakten Methoden von Collection sind in Tabelle 10.3 zusammengefasst. Jede Klasse, die Collection implementiert, muss diese Methoden überschreiben, aber die Implementierung kann einfach eine Exception auslösen (siehe Kapitel 11). Allerdings implementieren die meisten Subklassen von Collection auch diese Methoden vollständig.

Die Java-Spezifikation fordert, dass jeder Aggregattyp C zwei Konstruktoren implementiert: Ein Konstruktor ohne Argumente, C(), soll eine leere Instanz von C erzeugen; ein Konstruktor C(Collection<E> es) soll eine Instanz von C erzeugen, die alle Elemente aus es enthält.

Wenn wir eine Klasse MinimalCollection<E> programmieren, die das Interface Collection<E> inklusive der optionalen Methoden implementiert, so können wir folgendes Programm schreiben:

```java
MinimalCollection<Object> mco = new MinimalCollection<>();
System.out.println(mco.isEmpty());
System.out.println(mco.size() == 0);
mco.add("Java");
mco.add("C++");
System.out.println(mco.size());
```

Dieses Programm gibt die Zeilen true, true und 2 auf der Konsole aus, falls wir MinimalCollection korrekt implementiert haben. Wie wir bereits gesehen haben, können wir mit einer for-each-Schleife alle in mco enthaltenen Elemente aufzählen:

```java
for (Object obj : mco) {
  System.out.println(obj);
}
```

Diese Schleife würde, an das vorhergehende Beispiel angefügt, die Zeilen Java und C++ auf der Konsole ausgeben.

Das Collections Framework bietet keine konkrete Klasse an, die direkt von Collection<E> erbt. Um die Implementierung von eigenen Collections zu erleichtern, gibt es aber die abstrakte Klasse AbstractCollection<E>, die alle abstrakten Methoden aus Tabelle 10.2 außer iterator und size konkret implementiert. Wenn man diese beiden Methoden und eine geeignete Klasse für den Iterator implementiert, erhält man eine vollständige Implementierung aller erforderlichen Methoden von Collection. Um auch noch die optionalen Methoden aus Tabelle 10.3 zur Verfügung zu haben, muss man zusätzlich die add-Methode überschreiben (die in AbstractCollection<E> überschrieben ist, aber immer eine Exception wirft). Außerdem muss der Iterator die optionale remove-Methode unterstützen.

Wir zeigen Ihnen hier die Implementierung der Klasse MinimalCollection<E>, die wir oben als Beispiel verwendet haben. MinimalCollection<E> erbt von der abstrakten Klasse AbstractCollection<E> und unterstützt alle erforderlichen und optionalen Methoden des Interfaces Collection.

```java
public class MinimalCollection<E> extends AbstractCollection<E> {

    // Anfangsgröße des Arrays elements
    private final static int ANFANGSGROESSE = 16;

    // Array zum Speichern der Elemente
    protected Object[] elements;

    // Zeiger auf die Position des letzten Elements, entspricht der Größe der
    // Collection - 1
    protected int maxIndex;

    // Konstruktoren
    public MinimalCollection () {
        super();
        elements = new Object[ANFANGSGROESSE];
        maxIndex = -1;
    }

    public MinimalCollection (Collection<E> elements) {
        super();
        this.elements = new Object[elements.size()];
```

```java
23      int i = 0;
24      for (E e : elements) {
25        this.elements[i] = e;
26        i++;
27      }
28      this.maxIndex = elements.size() - 1;
29    }
30
31    // Implementierung der abstrakten Methoden
32    @Override
33    public int size() {
34      return maxIndex + 1;
35    }
36
37    @Override
38    public boolean add(E e) {
39      if (maxIndex == elements.length - 1) {
40        elements = Arrays.copyOf(elements, 2 * elements.length);
41      }
42      elements[++maxIndex] = e;
43      return true;
44    }
45
46    @Override
47    public Iterator<E> iterator() {
48      return new MinimalCollectionIterator<E>(this);
49    }
50
51    // Implementierung von toString, um eine informative Ausgabe zu erhalten
52    @Override
53    public String toString() {
54      StringBuilder builder = new StringBuilder("MinimalCollection[");
55      String separator = "";
56      for (int i = 0; i <= maxIndex; i++) {
57        Object obj = elements[i];
58        builder.append(separator);
59        builder.append(obj);
60        separator = ", ";
61      }
62      builder.append("]");
63      return builder.toString();
64    }
65  }
```

Wir speichern die Elemente in einem Array `elements`. Eigentlich würden wir in der
Implementierung gerne ein Array des Typs `E[]` verwenden. Es ist in Java aber leider

nicht möglich, ein Array mit einem parametrischen Typ zu erzeugen, daher verwenden wir ein Array des Typs `Object` und casten die Elemente beim Entnehmen aus dem Array nach `E` (siehe Zeile 19 auf S. 199 in der folgenden Implementierung des Iterators).

Ein Array hat in Java immer eine feste Größe, wir wollen aber in der Klasse `MinimalCollection` das Hinzufügen und Löschen von Elementen erlauben. Das könnten wir erreichen, indem wir – ähnlich wie in der Klasse `Abteilung` auf Seite 194 – bei jedem Einfügen und Löschen den alten Inhalt des Arrays in ein neues Array der passenden Größe kopierten. Allerdings würde eine derartige Implementierung oft den kompletten Inhalt des Arrays kopieren, und das ist eine sehr langsame Operation. Deshalb verfolgen wir in der Implementierung eine andere Strategie: Wir verwenden ein Array, das mehr Elemente enthalten kann als in unserer Collection enthalten sind, und verwenden die Variable `maxIndex` als eine Art „Füllstandsanzeiger", der den Index der letzten verwendeten Stelle im Array speichert. Das Hinzufügen eines Elements erfolgt immer am Ende des Arrays, wir müssen dazu lediglich `maxIndex` um 1 erhöhen und das neue Element an dieser Position in `elements` speichern.

Dabei tritt allerdings das nächste Problem auf: Wenn wir viele Elemente zu unserer Collection hinzufügen, geht uns der Platz im Array aus. Um das zu verhindern, überprüfen wir beim Einfügen eines Elements in Zeile 39 erst, ob noch freier Speicherplatz im Array vorhanden ist. Falls `elements` keine freie Speicherzelle mehr hat, kopieren wir den Inhalt in ein neues Array mit der doppelten Größe und speichern eine Referenz auf dieses Array in `elements` (Zeile 40). Damit stellen wir sicher, dass in Zeile 42 der neue Wert von `maxIndex` immer innerhalb der Grenzen von `elements` ist. Es ist im Normalfall besser, die Länge des Arrays zu verdoppeln als das Array um eine konstante Anzahl von Elementen zu erweitern. Die Gründe dafür gehen über den Rahmen dieses Buches hinaus, werden aber in jeder guten Einführung in Datenstrukturen erläutert.

Wir initialisieren `elements` im Default-Konstruktor mit einer Referenz auf ein Array mit 16 Elementen. Diese Größe ist relativ willkürlich: Je kleiner man die Größe des Arrays am Anfang wählt, desto weniger Speicherplatz brauchen Instanzen der Klasse `MinimalCollection`, in denen wenige Elemente gespeichert werden, desto öfter muss aber das Array kopiert werden, wenn Elemente eingefügt werden. Es ist schlechter Stil, solche Zahlen (sogenannte „magische Konstanten") an beliebigen Stellen im Code zu verwenden. Daher definieren wir die Konstante `ANFANGSGROESSE`, die die Bedeutung dieses Wertes klar macht.

Wenn keine Elemente in einer Instanz von `MinimalCollection` gespeichert sind, so ist es zweckmäßig, `maxIndex` auf den Wert -1 zu setzen, damit die Implementierungen von `size` und `add` diesen Fall ohne zusätzliche Fallunterscheidung korrekt behandeln.

Die Implementierung in `AbstractCollection` verwendet den von der Methode `iterator` zurückgegebenen Iterator in der Implementierung der meisten überschriebenen Methoden. Eine mögliche Variante, den von `MinimalCollection` verwendeten Iterator zu implementieren, sieht folgendermaßen aus:

```java
public class MinimalCollectionIterator<E> implements Iterator<E> {
  private int index;
  private MinimalCollection<E> collection;

  public MinimalCollectionIterator(MinimalCollection<E> collection) {
    super();
    this.collection = collection;
    this.index = -1;
  }

  @Override
  public boolean hasNext() {
    return index < collection.maxIndex;
  }

  @Override
  @SuppressWarnings("unchecked")
  public E next() {
    return (E)(collection.elements[++index]);
  }

  @Override
  public void remove() {
    collection.maxIndex--;
    for (int i = index; i <= collection.maxIndex; i++) {
      collection.elements[i] = collection.elements[i+1];
    }
    index--;
  }
}
```

Da der Iterator Elemente aus der zugrundeliegenden Collection entfernen kann, ist es wichtig, dass er direkt auf den Daten der zugrundeliegenden Instanz von MinimalCollection arbeitet. Wenn wir im Iterator z.B. eine Kopie von maxIndex verwenden würden, dann würde die Anpassung des Wertes in Zeile 24 nicht zu dem gewünschten Resultat führen. Daher speichern wir im Iterator eine Referenz auf die zugrundeliegende MinimalCollection-Instanz und einen Wert, der den Index des letzten vom Iterator zurückgegebenen Elements speichert. Es wäre in Java üblich, einen solchen Iterator als innere Klasse von MinimalCollection zu definieren. Wir sind dem in diesem Beispiel nicht gefolgt, um den Zugriff auf den Zustand der zugehörigen Collection-Instanz zu verdeutlichen.

Ähnlich wie die Instanzvariable maxIndex von MinimalCollection wird index mit dem Anfangswert -1 initialisiert. Der Test in Zeile 13, ob die Iteration weitergeführt werden kann, ist klar: maxIndex gibt den maximal möglichen Wert von index an; so lange dieser Wert noch nicht erreicht ist, kann die Iteration fortgesetzt werden.

In der Implementierung von next führen wir einen Cast von Object nach E aus,
da wir die Elemente in einem Array vom Typ Object[] gespeichert haben. Dieser
Cast ist immer typkorrekt, da wir nur in der Methode add von MinimalCollection
Elemente in elements einfügen und diese Elemente immer vom Typ E sind. Das
kann der Java-Compiler aber nicht feststellen, deshalb unterdrücken wir die Warnung, die er für diesen Cast ausgibt in Zeile 17 mit einer @SuppressWarnings-
Annotation. Sie sollten diese Annotation nur in Ausnahmefällen verwenden und
sich immer überzeugen, dass die Warnung wirklich kein Hinweis auf ein Problem
im Code ist.

Beachten Sie, dass wir in der for-Schleife in Zeile 25 in der Abbruchbedingung i
<= collection.maxIndex den Vergleich mit <= durchführen müssen, da maxIndex
der größte erlaubte Indexwert ist, nicht die Größe der Collection.

Mit den zwei Klassen MinimalCollection und MinimalCollectionIterator
haben wir einen Aggregattyp implementiert, der alle Methoden von Collection
unterstützt.

Aufgabe 10.1. Die Implementierung von MinimalCollection bietet noch Spiel-
raum für Verbesserungen. Zum Beispiel wird die clear-Methode in der Klasse
AbstractObject folgendermaßen implementiert:

```java
public void clear() {
  Iterator<E> it = iterator();
  while (it.hasNext()) {
    it.next(); it.remove();
  }
}
```

Die Methode remove wird hier so lange für das erste Element der Collection aufgerufen, bis alle Elemente entfernt sind. Da wir bei jedem solchen Aufruf fast
das komplette Array kopieren, benötigen wir für ein Aggregat mit n Elementen
eine zu n^2 proportionale Laufzeit, obwohl wir für unsere Implementierung von
MinimalCollection diese Operation in konstanter Zeit durchführen könnten. Sehen Sie sich die Implementierung von AbstractCollection an und überschreiben
Sie in MinimalCollection diejenigen Methoden, für die sich leicht derartige Verbesserungen erzielen lassen.

10.1.3 Das Interface Map

Instanzen von Collection<E> beschreiben Folgen oder Mengen von Elementen.
Eine Klasse D, die Map<K,V> implementiert, stellt hingegen eine Art „Wörterbuch"
dar, das Paare bestehend aus einem Objekt vom Typ K und einem Objekt vom Typ
V speichert. Beim Einfügen von Objekten in eine Instanz von D gibt man also nicht
nur ein Objekt vom Typ V an, das eingefügt werden soll, sondern man legt auch
fest, an welcher Stelle dieses Objekt im Wörterbuch zu finden sein soll. Diese Stelle

Methode	Beispielaufruf	Bedeutung
isEmpty	m.isEmpty()	Gibt true zurück, wenn m keine Einträge enthält, false sonst
size	m.size()	Gibt die Anzahl der in m enthaltenen Einträge zurück
containsKey	m.containsKey(k)	Gibt true zurück, falls ein Eintrag mit Schlüssel k in m enthalten ist, false sonst
containsValue	m.containsValue(v)	Gibt true zurück, falls ein Eintrag mit Wert v enthalten ist, false sonst
get	m.get(k)	Gibt den zu k gehörenden Wert zurück, oder null, wenn es keinen Eintrag mit Schlüssel k gibt
keySet	m.keySet()	Gibt eine Menge mit allen Schlüsseln von m zurück
values	m.values()	Gibt eine Collection mit allen Werten aus m zurück
entrySet	m.entrySet()	Gibt eine Menge mit allen Einträgen von m zurück

Tabelle 10.4 Methoden von Map<K,V>

Methode	Beispielaufruf	Bedeutung
put	m.put(k, v)	Fügt den Wert v an Stelle k ein. Falls es in m schon einen Eintrag mit Schlüssel k gibt, wird dieser ersetzt
putAll	m.putAll(m2)	Fügt alle Einträge von m2 zu m hinzu
remove	m.remove(k)	Entfernt den Eintrag mit Schlüssel k
clear	m.clear()	Entfernt alle Einträge aus m

Tabelle 10.5 Optionale Methoden von Map<K,V>

nennt man den *Schlüssel* des Eintrags. Auch die Klasse D muss also Methoden implementieren, mit denen Objekte vom Typ V zu Instanzen von D hinzugefügt werden können, aber in diesem Fall wird die Position des Objekts durch ein Objekt vom Typ K, den Schlüssel, beim Einfügen mit angegeben. Implementiert eine Klasse Glossar z.B. Map<String,String>, so würde man einen neuen Eintrag in eine Glossar-Instanz g hinzufügen, indem man sagt „Füge den Wert "Eine objektorientierte Programmiersprache" an der Stelle (oder mit dem Schlüssel) "Java" hinzu." Beim Entfernen von Objekten aus Map<K,V>-Instanzen gibt man ebenfalls nicht das Objekt an, das entfernt werden soll, sondern den Schlüssel, unter dem das Objekt zu finden ist. Im Beispiel würde man also sagen „Lösche den Eintrag für "Java" aus g".

Tabelle 10.4 enthält einen Überblick über die Methoden von Map; Tabelle 10.5 enthält die optionalen Methoden. Dabei stehen m und m2 für Instanzen von Map<K,V>, k bzw. v sind Instanzen von K bzw. V. Einträge haben den Typ Map.Entry<K,V>, das ist aber nur bei der Methode entrySet wichtig.

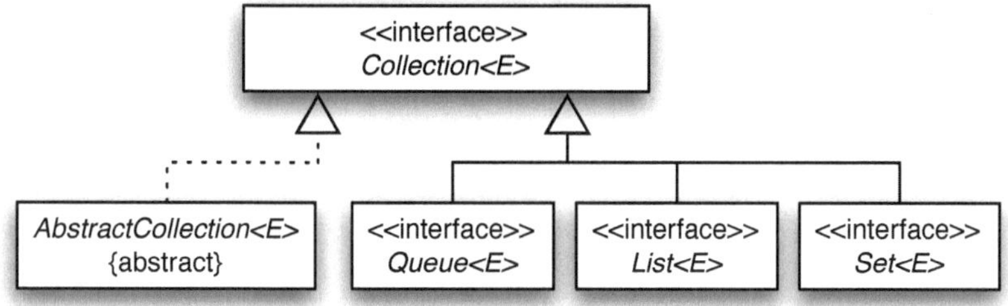

Abb. 10.2 Subklassen und -interfaces von `Collection<E>`

10.2 Überblick über das Collections Framework

Die bisher behandelten Klassen und Interfaces des Collection-Frameworks sind in Abb. 10.1 dargestellt. Nachdem wir die „Wurzelinterfaces" des Collection Frameworks kennengelernt haben, wollen wir uns kurz einen Überblick über die Interfaces und Klassen verschaffen, die von `Collection` und `Map` erben.

10.2.1 Subklassen und -interfaces von `Collection`

In diesem Abschnitt beschreiben wir die Subklassen und Interfaces von `Collection`, die in Abb. 10.2 – 10.5 dargestellt sind und in Tabelle 10.6 zusammengefasst werden. Dabei können wir aus Platzgründen nur einen kurzen Überblick geben; für Details müssen wir auf die JCF-Dokumentation verweisen.

Interfaces

Das Interface `Collection<E>` hat drei wichtige direkte Sub-Interfaces: `List<E>`, `Queue<E>` und `Set<E>`, wie in Abb. 10.2 dargestellt.

Das Interface `List` wird von geordneten Collections implementiert, die den Zugriff auf Elemente – ähnlich wie bei Arrays – durch einen Index vom Typ `int` ermöglichen und bei denen der Anwender die volle Kontrolle darüber hat, an welcher Stelle Elemente eingefügt werden. Listen sind also sehr ähnlich zu Maps mit ganzzahligen Schlüsseln. Da `int` in Java aber ein primitiver Typ ist und somit nicht als Argument eines generischen Typs verwendet werden kann, wird das in der Klassenhierarchie nicht berücksichtigt. Die Unterklassen und -interfaces von `List<E>` sind in Abb. 10.3 als UML-Klassendiagramm zusammengefasst.

Queues sind geordnete Collections, die die Position ihrer Elemente festlegen, ohne dass der Benutzer direkten Einfluss darauf hat. Das geschieht oft durch die Reihenfolge, in der die Elemente eingefügt werden: Bei *FIFO-Queues* (First-In-First-Out) werden die zuerst eingefügten Elemente als erste wieder entnommen bzw. von Iteratoren durchlaufen, bei *LIFO-Queues* (Last-In-First-Out), die man häufig auch als *Stacks* oder *Kellerspeicher* bezeichnet, werden die zuletzt eingefügten Elemente als erste verwendet. Eine andere Variante von Queues sind *Priority-Queues*, bei de-

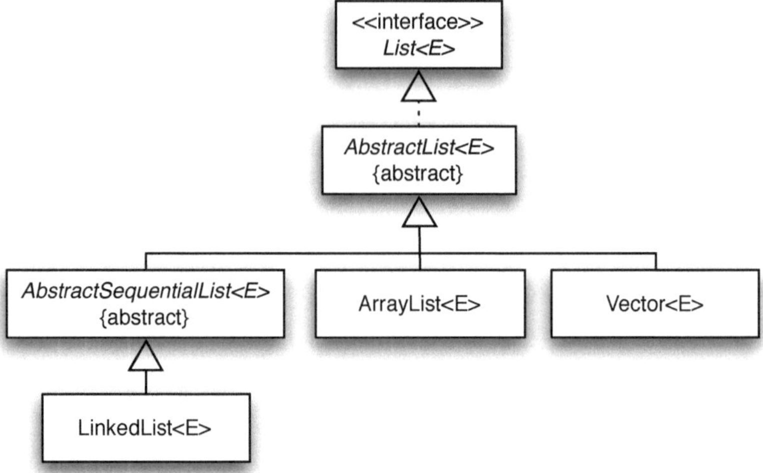

Abb. 10.3 Subklassen und -interfaces von `List<E>`

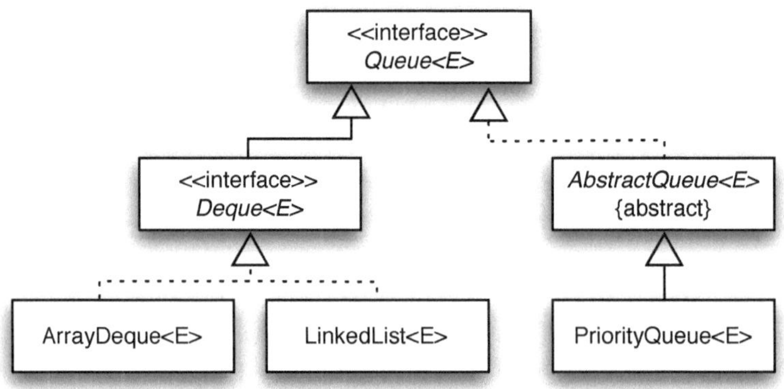

Abb. 10.4 Subklassen und -interfaces von `Queue<E>`

nen immer die kleinsten enthaltenen Elemente als erste entnommen oder in Schleifen durchlaufen werden. Alle diese Queue-Varianten implementieren das Interface Queue<E>. LIFO-Queues kann man sich wie einen Stapel von Objekten vorstellen, bei denen man immer am gleichen Ende neue Objekte hinzufügt und wegnimmt. Das kann man verallgemeinern, indem man das Anfügen und Entnehmen an beiden Enden erlaubt. Dann spricht man von „Double-Ended Queue" oder abgekürzt von *Deque*. In Java werden die Operationen auf Deques durch das Interface Deque<E> beschrieben, das von Queue<E> abgeleitet ist. Im Gegensatz zu Listen erlauben weder das Queue<E>- noch das Deque<E>-Interface den indizierten Zugriff auf Elemente. Allerdings implementieren einige Realisierungen dieser Interfaces zusätzlich das

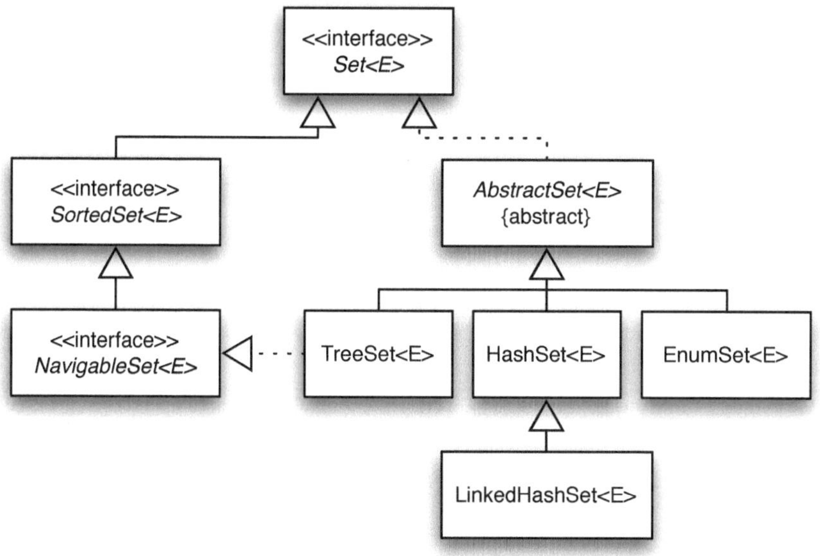

Abb. 10.5 Subklassen und -interfaces von Set<E>

List<E>-Interface. Abb. 10.4 zeigt ein UML-Klassendiagramm der wichtigsten Unterklassen und -interfaces von Queue<E>.

Das Interface Set<E> repräsentiert Mengen mit Elementen aus E. Mengen sind im Allgemeinen ungeordnet. In welcher Reihenfolge über die in einer Mengen enthaltenen Elemente iteriert wird, ist daher nicht definiert und es gibt keine Garantie, dass aufeinanderfolgende Iterationen die Elemente immer in der gleichen Reihenfolge ausgeben. Im Gegensatz zu Listen und Queues kann eine Menge das gleiche Element nicht mehrmals enthalten. Fügt man ein Element, das bereits in einer Menge enthalten ist, nochmals zur Menge hinzu, so hat diese Operation keine Auswirkung auf die in der Menge enthaltenen Elemente. SortedSet<E> ist ein Subinterface von Set<E>, das die Elemente entsprechend der natürlichen Ordnung von E oder in der durch eine Comparator-Instanz bestimmten Ordnung anordnet. Abb. 10.5 zeigt das zugehörige UML-Klassendiagramm. Das Interface NavigableSet<E> bietet zusätzlich zur Funktionalität von SortedSet noch Methoden, die die Suche nach Elementen aus einem bestimmten Bereich der gespeicherten Werte ermöglichen.

Tabelle 10.6 fasst die Interfaces des Collection Frameworks zusammen.

Abstrakte Klassen

Zu jedem Interface außer Deque gibt es mindestens eine abstrakte Klasse, die dieses Interface implementiert und einen Teil der geforderten Funktionalität zur Verfügung stellt. Diese Klassen sind AbstractCollection<E>, AbstractList<E>, AbstractSequentialList<E>, AbstractQueue<E> und AbstractSet<E>.

Interface	Kurze Definition
`Collection`	Wurzelinterface; fasst mehrere Objekte zusammen
`List`	Geordnete Collection, Änderungen sind an beliebiger Position möglich, indizierter Zugriff
`Queue`	Geordnete Collection, Löschen und Einfügen nur an einem Ende möglich, kein indizierter Zugriff
`Deque`	Queue, bei der Einfügen und Löschen an beiden Enden möglich ist
`Set`	Ungeordnete Collection, keine mehrfachen Elemente zulässig, kein indizierter Zugriff
`SortedSet`	Geordnete Menge, Elemente sind aufsteigend geordnet
`Map`	Endliche Abbildung von Schlüsseln auf Werte (Wörterbuch)
`SortedMap`	Geordnete Variante von `Map`, Schlüssel sind aufsteigend geordnet
`RandomAccess`	Marker Interface: kennzeichnet Listen mit effizientem indiziertem Zugriff
`Iterator`	Mechanismus zum Durchlaufen von Collections

Tabelle 10.6 Wichtige Interfaces des Collections Frameworks

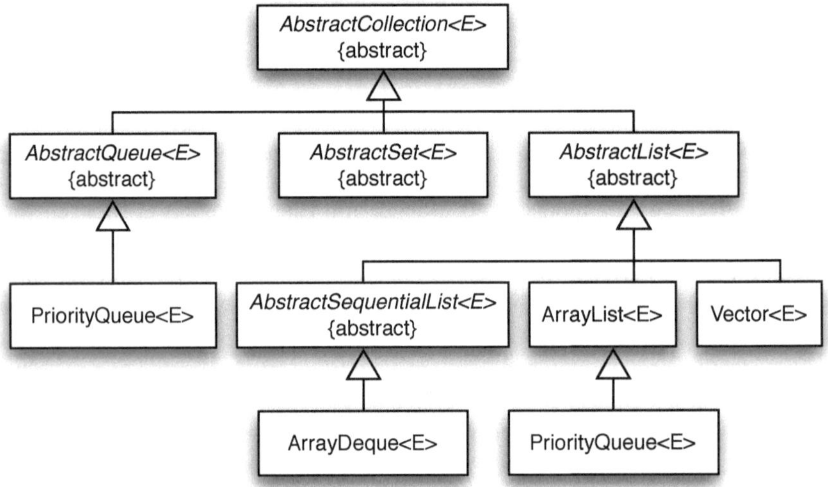

Abb. 10.6 Abstrakte Klassen und Interfaces des Java Collections Frameworks

Die abstrakte Klasse `AbstractCollection<E>` wurde bereits in Abschnitt 10.1.2 besprochen. Für Listen gibt es zwei abstrakte Implementierungen: `AbstractList` ist für Implementierungen gedacht, die den effizienten Zugriff auf indizierte Elemente ermöglichen (also z.B. für Listen, die intern ein Array als Speicher für ihre Elemente verwenden). Zur Implementierung einer minimalen konkreten Subklasse ist es nur notwendig, die Methoden `get` und `size` zu überschreiben. Um die Zuweisung an Elemente zu ermöglichen, muss zusätzlich `set` überschrieben werden; wenn die Liste eine variable Länge haben soll müssen die `add` und `remove`-

AbstractCollection	Implementiert Collection
AbstractList	Implementiert List mit effizientem indiziertem Zugriff
AbstractSequentialList	Implementiert List mit hauptsächlich sequentiellem Zugriff
AbstractQueue	Implementiert Queue
AbstractSet	Implementiert Set

Tabelle 10.7 Abstrakte Klassen des Java Collections Frameworks

Methoden überschrieben werden. Die Klasse AbstractList<E> stellt einen Iterator zur Verfügung; direkte Unterklassen müssen also keinen eigenen Iterator implementieren.

Die Klasse AbstractSequentialList<E> ist für Implementierungen gedacht, bei denen der sequentielle Zugriff auf Elemente effizient ist (bei denen also das Durchlaufen der Liste von vorne nach hinten effizient implementiert werden kann, aber möglicherweise nicht der Zugriff auf ein beliebiges Element durch seinen Index). Im Gegensatz zur Klasse AbstractList<E> muss man in Subklassen von AbstractSequentialList<E> nur die listIterator und size-Methoden implementieren; die Implementierung von get, set, add und remove wird dann von der Klasse AbstractSequentialList<E> bereitgestellt. Die Methode listIterator ist ähnlich zur Methode iterator, allerdings wird eine Implementierung des Interfaces ListIterator<E> zurückgegeben. Dieses Interface erbt von Iterator<E>, bietet aber zusätzlich zu den Methoden next und hasNext die Methoden previous und hasPrevious, die die Liste in der umgekehrten Richtung durchlaufen.

Die abstrakte Klasse AbstractSet<E> dient als Oberklasse der vordefinierten Klassen für Mengen und kann auch für eigene Klassen, die Set<E> implementieren, verwendet werden. Sie überschreibt nur die Methoden equals und hashCode von AbstractCollection<E>, alle anderen Methoden müssen noch implementiert werden. Die Klasse AbstractQueue<E> stellt eine minimale Queue-Implementierung zur Verfügung, die allerdings nur für Queues verwendbar ist, die null nicht als Element enthalten dürfen.

Die abstrakten Klassen des Collections Frameworks sind nur interessant, wenn Sie neue Collection-Typen implementieren wollen. Sonst kommen Sie beim Programmieren fast nur mit den Interfaces und den konkreten Klassen des Collections Frameworks in Berührung. Abb. 10.6 zeigt ein Klassendiagramm der abstrakten Klassen des Java Collections Frameworks, Tabelle 10.7 fasst sie kompakt zusammen.

Konkrete Klassen

Die wohl am häufigsten verwendete Klasse des gesamten Java Collections Frameworks ist die Klasse ArrayList<E>. Diese Klasse implementiert die Interfaces List<E> und RandomAccess. Die meisten Methoden sind sehr effizient realisiert und der Zugriff auf beliebige Elemente ist in konstanter Zeit möglich. Allerdings ist das Einfügen oder Löschen von Elementen an beliebigen Stellen nicht besonders effizient. Die Klasse Vector<E> hat ähnliche Eigenschaften wie ArrayList<E>, bietet aber zusätzliche Garantien für nebenläufige Programme.[2] Sie sollte nur verwendet werden, wenn diese Garantien wirklich benötigt werden.

Eine andere Implementierung von List<E> ist LinkedList<E>. Dabei handelt es sich um eine doppelt verkettete Liste, bei der das Finden eines Elements mit beliebigem Index nicht in konstanter Zeit möglich ist, sondern Zeit proportional zur Länge der Liste benötigt wird. Dafür ist allerdings das Einfügen und Löschen von Elementen an beliebigen Stellen der Liste (und insbesondere auch an beiden Enden der Liste) effizient; LinkedList<E> implementiert daher, zusätzlich zum Interface List<E>, auch noch das Interface Deque<E>. Diese Klassen sind in Abb. 10.3 dargestellt.

Das Interface Queue<E> wird von zwei weiteren konkreten Klassen implementiert: PriorityQueue<E> realisiert eine Vorrangwarteschlange, die ihre Elemente entsprechend ihrer Größe anordnet. Gibt man bei der Instanziierung der Warteschlange eine Comparator<E>-Instanz c an, so wird die Ordnung der Elemente von c bestimmt, andernfalls werden die Elemente entsprechend der natürlichen Ordnung von E verglichen. Die Methode peek gibt das kleinste Element in der Warteschlange zurück, ohne es zu entfernen; die Methode poll gibt ebenfalls das kleinste Element zurück, entfernt es aber gleichzeitig aus der Warteschlange. ArrayDeque<E> ist eine Deque, die das Einfügen und Entnehmen der Elemente an beiden Enden erlaubt. Die Elemente einer ArrayDeque<E> sind in der Reihenfolge des Einfügens angeordnet. Mit den Methoden addFirst und addLast können Elemente an den beiden Enden der Deque eingefügt werden. Die Operationen peekFirst (bzw. peekLast) geben das erste (bzw. letzte) Element der Deque zurück, ohne es zu entfernen; die Methoden pollFirst und pollLast geben das jeweilige Element zurück und entfernen es aus der Deque. Abb. 10.4 enthält ein Klassendiagramm mit den Subklassen und -interfaces von Queue<E>.

Für das Interface Set gibt es im JCF gleich vier konkrete Implementierungen, vergleiche Abb. 10.5. Die am häufigsten verwendete davon ist HashSet<E>, die keine Garantien über die Ordnung der Elemente bei Iterationen über die Menge macht, aber alle wichtigen Operationen von Set (add, remove, contains und size) in konstanter Zeit realisiert. Instanzen der Klasse LinkedHashSet<E> garantieren im Gegensatz dazu, dass ihre Elemente immer in der Reihenfolge des Einfügens durchlaufen werden, dafür sind die Operationen etwas langsamer. Die Klasse EnumSet<E> ist eine spezialisierte Implementierung des Set<E>-Interfaces, bei der E eine Enumeration sein muss. Instanzen von EnumSet benötigen sehr wenig Speicherplatz und die Methoden von EnumSet sind sehr effizient. Wenn Sie also eine Menge von Enumerationskonstanten speichern müssen, ist EnumSet die Klasse der Wahl. Instanzen der Klasse TreeSet<E> ordnen ihre Elemente bei der Iteration an; das geschieht entweder entsprechend der natürlichen Ordnung, oder, wenn bei der Instanziierung eine Comparator-Instanz c übergeben wird, in der von c bestimmten Ordnung.

---

[2] Nebenläufige Programme werden in Java durch *Threads* realisiert. Jeder Thread kann ein sequentielles Programm ausführen; nebenläufige Programme führen mehrere Threads gleichzeitig aus, was z.B. beim Zugriff auf Collections zu unerwarteten Effekten führen kann. Die nebenläufige Programmierung ist ein fortgeschrittenes Thema, auf das wir leider in diesem Buch nicht eingehen können.

ArrayList	Liste, die effizienten indizierten Zugriff erlaubt
LinkedList	Liste, die effizientes Einfügen und Löschen an beliebiger Stelle erlaubt
PriorityQueue	Queue, die ihre Elemente aufsteigend sortiert
ArrayDeque	Deque, die ihre Elemente in der Reihenfolge des Einfügens anordnet
HashSet	Ungeordnete Menge, jedes Element kann nur einmal vorkommen
LinkedHashSet	Menge, die ihre Elemente in der Reihenfolge des Einfügens anordnet
EnumSet	Ungeordnete Menge, die nur Elemente vom Typ Enum enthalten darf
TreeSet	Geordnete Menge, die Elemente entsprechend ihrer natürlichen Ordnung anordnet
HashMap	Wörterbuch, das Key/Value-Paare speichert
LinkedHashMap	Wörterbuch, das die Elemente in der Reihenfolge des Einfügens anordnet
TreeMap	Wörterbuch, das die Einträge entsprechend der natürlichen Ordnung ihrer Schlüssel anordnet
EnumMap	Wörterbuch, in dem die Schlüssel vom Typ Enum sein müssen
WeakHashMap	Wörterbuch, das nicht verhindert, dass seine Einträge vom Garbage Collector gelöscht werden
IdentityHashMap	Wörterbuch, dessen Schlüssel mit == statt equals verglichen werden

Tabelle 10.8 Konkrete Klassen des Java Collections Frameworks

10.2.2 Subklassen und -interfaces von Map

Das Interface Map<K,V> hat das Subinterface SortedMap<K,V>, bei dem die Schlüssel geordnet sind. Es ist also garantiert, dass Iteratoren die Schlüssel in aufsteigender Reihenfolge durchlaufen. Außerdem ist die von values zurückgegebene Collection-Instanz in der gleichen Reihenfolge geordnet.

SortedMap<K,V> hat das Subinterface NavigableMap<K,V>, das neben dem Zugriff auf bekannte Schlüssel die Suche nach ähnlichen Schlüsseln und die flexiblere Navigation durch geordnete Teilsequenzen der Schlüssel ermöglicht.

Die abstrakte Klasse AbstractMap<K,V> erleichtert die Programmierung von konkreten Map<K,V>-Implementierungen. Um eine Klasse zu erhalten, die alle verpflichtenden Methoden von Map implementiert, genügt es eine konkrete Implementierung der entrySet-Methode zu erstellen. Um die optionalen Methoden zu erhalten, muss man zusätzlich die put-Methode implementieren; außerdem muss der durch m.entrySet().iterator() erhaltene Iterator die remove-Methode unterstützen.

Die konkreten Klassen HashMap, LinkedHashMap, EnumMap und TreeMap entsprechen den äquivalenten Set-Implementierungen: HashMap ist eine effiziente, allgemeine Realisierung des Map-Interfaces, das keine Garantien gibt, in welcher Reihenfolge die Elemente bei der Iteration über die Menge durchlaufen werden. LinkedHashMap durchläuft die Einträge in der Reihenfolge, in der sie eingefügt wurden. EnumMap ist eine sehr effiziente Implementierung, deren Schlüssel nur die Konstanten einer Enumeration sein dürfen, und TreeMap ordnet die Einträge nach der (natürlichen oder durch einen Comparator bestimmten) Ordnung ihrer Schlüssel an.

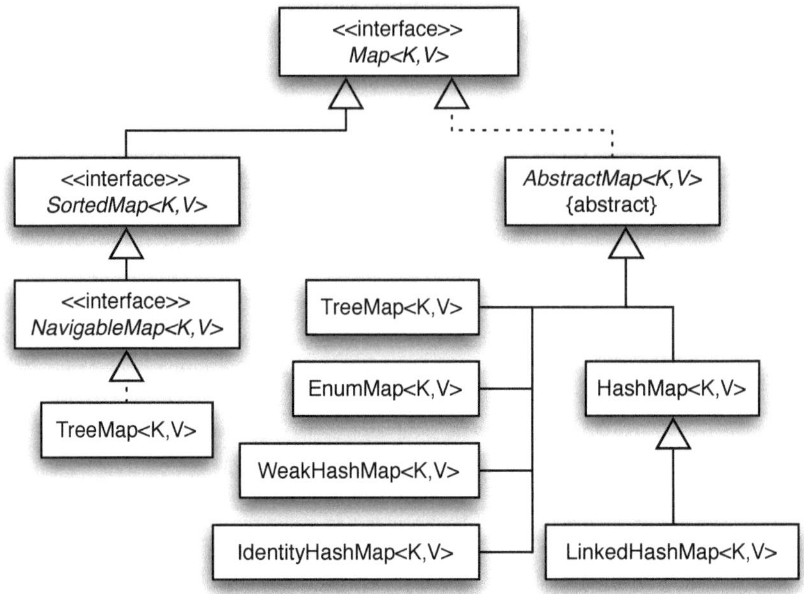

Abb. 10.7 Subklassen und -interfaces von Map<K,V>

Die Klasse `IdentityHashMap` ist der Klasse `HashMap` ähnlich, allerdings werden die Schlüssel nicht wie bei den anderen Map-Implementierungen mit `equals` verglichen, sondern mit `==`. Daher ist `IdentityHashMap` nur in wenigen Sonderfällen einsetzbar.

In allen bisher besprochenen Map-Implementierungen werden die Schlüssel als normale Referenzen gespeichert. Deshalb kann der Garbage Collector den Speicherplatz des referenzierten Objekts nicht freigeben, selbst wenn es keine andere Referenz auf das Objekt gibt. In den meisten Fällen ist das auch das gewünschte Verhalten. Wenn wir aber z.B. eine Map-Instanz verwenden, um die mehrfache Berechnung eines Wertes zu vermeiden, kann dieses Verhalten zu einem „Speicherleck" führen, d.h. Speicher von Objekten, auf die das Programm nicht mehr zugreifen wird, kann vom Garbage Collector nicht freigegeben werden. Hier ist ein Beispiel für so eine Situation:

```java
public class A {
  private static Map<A,String> cache = new WeakHashMap<A,String>();

  public String berechne() {
    String ergebnis = cache.get(this);
    if (ergebnis != null)
      return ergebnis;
    ... // Aufwändige Berechnung des Wertes der Methode, wird in ergebnis
        // gespeichert.
```

```
    cache.put(this, ergebnis);
    return ergebnis;
  }
}
```

Wir gehen davon aus, dass die Bestimmung des Wertes für `ergebnis` in der Methode `berechnung` sehr aufwändig ist und dass wir deshalb versuchen wollen, die mehrfache Berechnung des Ergebnisses zu vermeiden. Daher speichern wir die bekannten Werte für `ergebnis` im Cache und überprüfen am Anfang der Methode, ob wir den Wert bereits kennen. Durch diesen Trick (den man als *Caching* der Werte bezeichnet) kann man Berechnungen oft erheblich beschleunigen. Allerdings würde der Cache, wenn wir ihn z.B. mit einer normalen `HashMap` realisieren würden, eine Referenz auf jede Instanz von `A` speichern, für die ein Ergebnis berechnet wurde. Damit könnte das Programm den Speicherplatz für solche Instanzen nie mehr freigeben. Wenn ein Programm viele Instanzen von `A` erzeugt, kann das dazu führen, dass dem Programm irgendwann der Speicherplatz ausgeht. Diese Situation kann man durch die Verwendung der `WeakHashMap` vermeiden. In der `WeakHashMap` werden die Schlüssel durch sogenannte *schwache Referenzen* gespeichert: Wenn es auf den Schlüssel nur noch die Referenz aus dem Cache gibt, so kann der Garbage Collector den entsprechenden Eintrag aus dem Cache entfernen und den Speicherplatz freigeben.

10.3 Programmiertipps für Collections

In den vorhergehenden Abschnitten haben wir Collections recht ausführlich besprochen; jetzt wollen wir Ihnen einige Hinweise zum Umgang mit Collections geben:

- **Bevorzugen Sie Collections statt Arrays!** In Java sind Arrays relativ unflexible Datenstrukturen, insbesondere ist es nicht möglich, die Größe eines Arrays zu verändern oder Elemente an ein bestehendes Array anzuhängen. Daher sollten Sie normalerweise die Klassen des Collections Frameworks gegenüber Arrays bevorzugen. Eine Ausnahme ist der Umgang mit primitiven Datentypen: In Java ist es nicht möglich, eine Collection zu definieren, die Elemente eines primitiven Datentyps speichert (vgl. 5.2.1); im Gegensatz dazu sind Arrays mit Elementen von primitiven Datentypen erlaubt.
- **Verwenden Sie Interfaces als Typen von Variablen!** In den meisten Fällen wird die von Ihrem Programm benötigte Funktionalität durch ein Interface des Collections Frameworks bereitgestellt. Dann ist es besser, als Typ von Variablen (und damit auch von Methoden- und Konstruktorparametern, vgl. 3.2) Ihres Programms dieses Interface anzugeben, und nicht eine konkrete Klasse. Die Definition einer Collection-Variable hat also oft die folgende Form:

```
List<Student> studenten = new ArrayList<Student>();
```

Der Vorteil einer derartigen Definition ist, dass die Verwendung der Variable unabhängig von der konkret verwendeten Implementierung der Collection erfolgen kann. Zum Beispiel erlauben manche Bibliotheken, die Ergebnisse einer Datenbankabfrage als List-Instanz zu erhalten. Eine derartige Implementierung des List-Interfaces unterscheidet sich in ihrer technischen Realisierung erheblich von den vordefinierten Klassen des Collections Frameworks, kann aber über das List-Interface genau so verwendet werden wie jede andere Implementierung dieses Interfaces.

- **Wählen Sie einen geeigneten Collection-Typ!** Um zu entscheiden, welchen Typ eine Collection haben sollte, sollten Sie sich vergegenwärtigen, wofür sie im Programm eingesetzt wird. Handelt es sich um ein „Wörterbuch", das den gespeicherten Objekten Namen zuordnet, mit denen sie gefunden werden können? Dann bietet sich ein Interface oder eine Klasse aus der Map<K, V>-Hierarchie an. Spielt die Anordnung der Elemente in der Collection eine Rolle? Und wenn das der Fall ist, wie wird die Ordnung festgelegt? Wenn die Anordnung der Elemente durch die Reihenfolge des Einfügens von Elementen in die Collection bestimmt wird, dann bietet sich das Interface Queue<E> oder ein Subtyp davon an; wenn die Reihenfolge durch eine Ordnung auf den Elementen bestimmt wird, dann ist eine PriorityQueue<E> die Datenstruktur der Wahl. Wenn das Programm bestimmen soll, in welcher Reihenfolge die Elemente einer geordneten Collection angeordnet werden, dann ist oft ein Subtyp von List<E> die geeignete Datenstruktur. Spielt die Ordnung dagegen keine Rolle und kann jedes Element nur einmal in der Collection vorkommen, so bietet sich ein Subtypen von Set<E> an.
- **Wählen Sie einen geeigneten Typ für die Implentierung!** Wenn mehrere konkrete Klassen das von Ihnen gewählte Interface implementieren, empfiehlt es sich, die Eigenschaften der Klassen zu vergleichen und die für Ihren Anwendungsfall geeignete Klasse zu wählen. Diese Abwägung hat man z.B., wenn man eine Implementierung von List<E> auswählt: Die Klasse ArrayList<E> erlaubt den effizienten Zugriff auf beliebige Elemente, aber das Einfügen neuer Elemente ist nur am Ende der Liste in konstanter Zeit möglich. Die Klasse LinkedList<E> erlaubt dagegen das Einfügen von Elementen an beliebiger Stelle in konstanter Zeit, aber der Zugriff auf Elemente ist nur effizient, wenn sie der Reihe nach durchlaufen werden. Je nachdem, welche Operation in Ihrer Anwendung überwiegt, kann eine dieser Klassen zu erheblich besserer Performance führen.
- **Verwenden Sie WeakHashMap als Cache!** Wenn Sie eine Collection als Cache verwenden, also als eine Datenstruktur, um wiederholte Berechnungen des gleichen Wertes zu vermeiden, dann sollten Sie normalerweise eine Instanz von WeakHashMap<E> dafür verwenden. Andere Collections verhindern, dass die gespeicherten Werte vom Garbage Collector freigegeben werden.

10.4 Was haben wir gelernt?

In diesem Kapitel haben wir die Interfaces und Klassen des Java Collections Frameworks besprochen, die viele verschiedene Arten von Collection realisieren.
Wichtige Interfaces des Java Collections Frameworks sind

- `Iterator<E>`, das von Iteratoren, die Collections durchlaufen können implementiert wird;
- `Iterable<E>`, das von Klassen implementiert wird, die einen Iterator für ihre Elemente erzeugen können;
- `Collection<E>`, ein Subinterface von `Iterable<E>`, das Aggregattypen beschreibt. Aggregattypen erlauben es, die Anzahl ihrer Elemente festzustellen und zu testen, ob ein Element im Aggregat enthalten ist;
- `Map<K,V>`, das endliche Abbildungen von K nach V (Wörterbücher) beschreibt;
- `RandomAccess`, ein Marker-Interface, das von Klassen implementiert wird, die effizienten Zugriff auf beliebige Elemente erlauben.

Subinterfaces von `Collection<E>` und `Map<K,V>` beschreiben verschiedene Collections, die zusätzliche Eigenschaften anbieten. Dazu gehören `List<E>` für geordnete Collections, die den Zugriff auf einzelne Elemente durch einen Index vom Typ int erlauben und `SortedMap<E>` für endliche Abbildungen, deren Schlüssel geordnet sind. Zahlreiche konkrete Klassen implementieren diese Interfaces mit verschiedenen Kompromissen bezüglich Speicherplatz und Effizienz der verschiedenen Operationen.

Um die Implementierung eigener Collection-Klassen zu erleichtern, stehen die abstrakten Klassen `AbstractCollection`, `AbstractList`, `AbstractSequentialList`, `AbstractQueue` und `AbstractSet` bereit, die einen Großteil der zur Implementierung der Interfaces benötigten Methoden bereits bereitstellt.

Eine Übersicht über die wichtigsten Punkte dieses Kapitels ist in der Mindmap in Abb. 10.8.

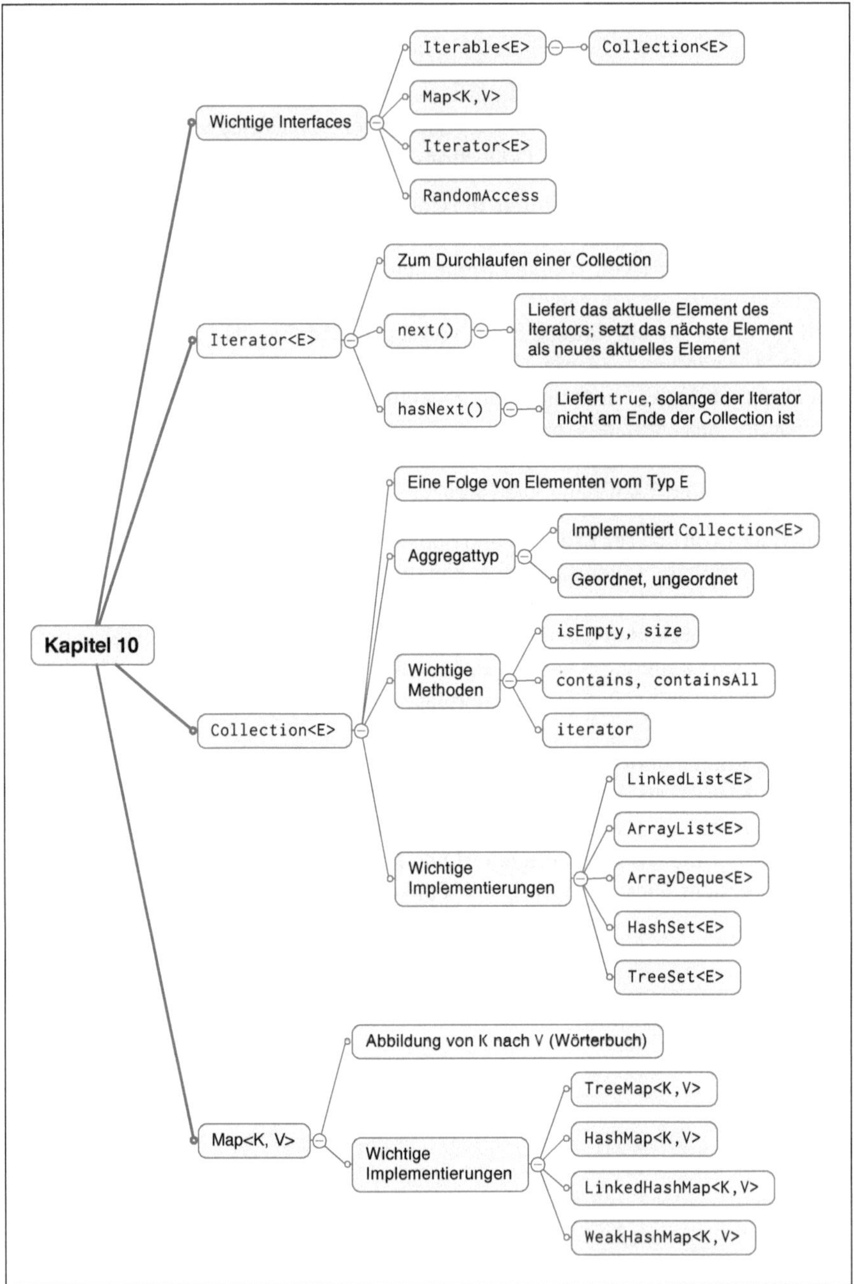

Abb. 10.8 Was haben wir gelernt? Mindmap zu Kapital 10 – Das Java Collections Framework

Kapitel 11
Ausnahmebehandlung und Testen

Ein ideales Programm würde immer fehlerfrei funktionieren und nie abstürzen. Doch jeder von uns hat schon Programme erlebt, die plötzlich „eingefroren" oder abgestürzt sind oder bei denen manche Funktionen nicht richtig arbeiten. Warum treten solche Fehler auf? Und welche Arten von Fehlern gibt es überhaupt?

11.1 Fehlerarten

Man kann Fehler, die beim Ausführen eines Programms auftreten, in verschiedene Arten einteilen:

1. **Benutzerfehler** werden durch den Benutzer des Programms verursacht, indem er z.B. das Programm nicht korrekt installiert oder unzulässige Daten eingibt (z.B. einen Text an Stellen, an denen eine Zahl erwartet wird).
2. **Gerätefehler** werden durch einen mechanischen oder elektronischen Defekt der Hardware verursacht, auf der das Programm läuft. Zum Beispiel ist es ein Gerätefehler, wenn ein Programm abstürzt, weil das Netzteil des Rechners defekt ist und Spannungsschwankungen verursacht.
3. **Mangelnde Ressourcen** können dazu führen, dass ein Programm auf einem bestimmten Computer nicht funktioniert. Zum Beispiel kann es bei Bildbearbeitungsprogrammen vorkommen, dass der Rechner nicht genug Arbeitsspeicher hat, um ein bestimmtes Bild zu laden. Im Gegensatz zu Gerätefehlern ist aber keine Fehlfunktion der Hardware für diese Fehler verantwortlich.
4. **Softwarefehler** werden vom Entwickler des Programms verursacht. Wie wir in Abschnitt 2.2 gesehen haben, führen in Java Syntax- oder Typfehler dazu, dass das Programm vom Compiler nicht übersetzt werden kann; derartige Fehler treten also nur während der Entwicklung auf. Es gibt aber noch viele weitere Möglichkeiten für *Laufzeitfehler,* bei denen ein gültiges Java Programm sich nicht so verhält, wie es soll. Das kann leicht identifizierbare Gründe haben, wie z.B. ein Zugriff auf einen Array-Index, der größer ist als die Array-Länge, oder

M. Hölzl, A. Raed, M. Wirsing, *Java kompakt*, eXamen.press,
DOI 10.1007/978-3-642-28504-2_11, © Springer-Verlag Berlin Heidelberg 2013

es können subtilere Fehler vorliegen, wie z.B. Fehler in den verwendeten Algorithmen.

Diese Aufzählung ist nicht erschöpfend, und manche Fehler, wie z.B. Netzwerkfehler, lassen sich mehreren Fehlerarten in dieser Liste zuordnen.

Wie geht man mit solchen Fehlern um? Bei Gerätefehlern muss man die Hardware reparieren oder austauschen. Wenn nicht genug Ressourcen zur Verfügung stehen, kann das Problem oft durch Aufrüsten der Hardware gelöst werden. Benutzerfehler können durch besseres Design des Programms und seiner Benutzeroberfläche beseitigt werden: Fehlerhafte Eingaben können entweder durch eine gut entworfene Benutzeroberfläche unmöglich gemacht werden; falls das nicht möglich ist, sollten sie vom Programm erkannt und abgefangen werden. Viele Softwarefehler kann man zur Entwicklungszeit finden, indem man z.B. einen geeigneten Entwicklungsprozess verwendet, die Software testet oder Teile der Software formal verifiziert.

Selbst bei sehr sorgfältigem Vorgehen ist es aber fast nicht zu vermeiden, dass ein größeres Programm Fehler enthält. Und selbst bei fehlerfreier Software kann es während des Programmablaufs zu Situationen kommen, in denen die Ausführung nicht fortgesetzt werden kann. Es gibt zwei verbreitete Strategien, damit umzugehen:

1. Das Programm speichert alle Benutzereingaben, gibt eine Fehlermeldung aus und beendet sich, ohne andere laufende Programme zu beeinflussen. Wenn man das Programm neu startet, so kann man die Eingaben der letzten Sitzung korrigieren und die Ausführung des Programms fortsetzen. Diese Strategie wird besonders häufig von sogenannten *Batch-Programmen* angewandt, die alle Eingaben aus einer Datei lesen. In diesem Fall ist es oft nicht notwendig, den Programmzustand zu speichern.
2. Das Programm weist den Benutzer auf den Fehler hin und ermöglicht es dem Benutzer direkt, seine Eingaben zu korrigieren oder mit einer anderen Funktion des Programms fortzufahren.

Es ist nicht akzeptabel, wenn ein Programm einfach abstürzt, ohne dem Benutzer einen Hinweis auf den Fehler zu geben. Es versteht sich von selbst, dass ein Absturz, bei dem Daten des Benutzers verloren gehen, erst recht nicht auftreten sollte.

Es wurden unterschiedliche Methoden entwickelt, um mit solchen Ausnahmesituationen umzugehen. In vielen Programmiersprachen wird der Rückgabewert von Methoden verwendet, um anzuzeigen, dass während der Ausführung der Methode ein Fehler aufgetreten ist. Zum Beispiel könnte eine Methode, die nur positive Werte als Ergebnis haben kann, den Wert -1 zurückgeben, um einen Fehler anzuzeigen. Allerdings hat diese Art, mit Fehlern umzugehen, drei Nachteile: (1) Es gibt nicht immer einen Rückgabewert, mit dem man einen Fehler signalisieren kann. Zum Beispiel kann die ganzzahlige Division zweier `int`-Werte jede ganze Zahl als Ergebnis besitzen, gleichzeitig ist die Division durch 0 aber nicht definiert und sollte als Ausnahmesituation erkannt werden. (2) Der Aufrufer einer Methode kann übersehen, dass -1 ein spezieller Fehlercode ist und mit der Ausführung des Programms fortfahren. Eine Verwendung des Fehlercodes als normalen Wert führt dann natürlich zu unsinnigen Ergebnissen. (3) Der Code zur Behandlung von Fehlern und der Code für den normalen Programmablauf sind vermengt: Nach jeder Methode, die einen Fehler verursachen kann, steht eine Fallunterscheidung, in der ein Ast die normale Funktionalität realisiert und der andere die Ausnahmebehandlung.

Glücklicherweise bietet Java einen besseren, universell einsetzbaren Mechanismus zum Umgang mit Situationen an, in denen der normale Programmablauf nicht mehr fortgesetzt werden kann. Wie funktioniert also die Ausnahmebehandlung in Java?

11.2 Ausnahmebehandlung in Java

Der Mechanismus, den Java anbietet, um mit Ausnahmesituationen umzugehen, vermeidet alle drei oben aufgeführten Nachteile. Wenn eine Ausnahmesituation auftritt, wird ein Objekt erzeugt, das alle interessanten Informationen über den Fehler enthält. Dieses Objekt ist immer eine (indirekte) Instanz der Klasse Throwable, die man (etwas ungenau) auch als *Exception* bezeichnet. Nach dem Erzeugen der Exception wird der normale Programmablauf abgebrochen und das Programm an einer Stelle fortgesetzt, an der die Ausnahmesituation behandelt werden kann. Man sagt, die Exception wird an der Stelle, an der die Ausnahme auftritt, *geworfen* oder *ausgelöst*; sie wird an der Stelle, an der die Bearbeitung fortgesetzt wird, *gefangen* oder *behandelt*. Das Schlüsselwort zum Werfen einer Exception ist throw, das Fangen geschieht mit einem sogenannten try/catch-Block. Wenn eine Exception geworfen, aber nicht gefangen wird, so wird die Ausführung des Programms abgebrochen.

Bevor wir genauer auf die Klasse Exception und den Mechanismus zur Behandlung von Exceptions eingehen, wollen wir die wichtigsten Prinzipien an einem kurzen Beispiel einführen:

```java
public static void main(String[] args) {
  System.out.println(10 / 0);
  System.out.println("Nach der Exception.");
}
```

Die ganzzahlige Division durch 0 ist ein Fehler; von der Java Laufzeitumgebung wird deshalb eine Exception geworfen. Da wir diese Exception nirgendwo fangen, bricht Java die Ausführung des Programms an dieser Stelle ab. Wir erhalten folgende Ausgabe:

```
Exception in thread "main" java.lang.ArithmeticException: / by zero
    at chap11.ExceptionTest.main(ExceptionTest.java:9)
```

Diese Fehlermeldung zeigt uns an, dass das Programm aufgrund einer Division durch 0 abgebrochen wurde (/ by zero), außerdem wird Information über die Programmstelle angegeben, durch die die Exception ausgelöst wurde. Wir können die Ausnahme folgendermaßen behandeln:

```java
public static void main(String[] args) {
  try {
```

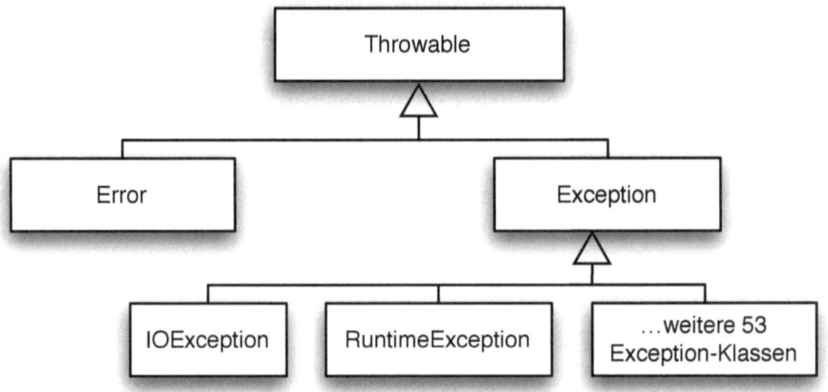

Abb. 11.1 Ausschnitt aus der Java Exception-Hierarchie

```
    System.out.println(10 / 0);
    System.out.println("Nach der Exception im try-Block.");
  }
  catch (Exception e) {
    System.out.println("Exception gefangen: " + e);
  }
  System.out.println("Nach dem try-Block.");
}
```

Die Ausführung des Programms ergibt jetzt folgende Ausgabe:

```
Exception gefangen: java.lang.ArithmeticException: / by zero
Nach dem try-Block.
```

Hier haben wir die Division in einen `try/catch`-Block eingeschlossen. Wie Sie der Ausgabe entnehmen können, wird der `try`-Block durch die Exception beendet (die Zeile „`Nach der Exception im try-Block.`" wird nicht ausgegeben) und statt dessen mit der Ausführung des `catch`-Blocks fortgefahren. Innerhalb des `catch`-Blocks ist `e` eine Referenz auf die Exception, die Sie verwenden können, um Information über die Ausnahmesituation zu erhalten.

Java bietet viele vordefinierte Unterklassen von `Exception`, die zur Behandlung von Ausnahmesituationen benutzt werden können. Darüber hinaus bietet Java die Möglichkeit, eigene Exception-Klassen zu schreiben und zu benutzen. Die Wurzel aller Exception-Klassen ist die Klasse `Throwable`. Von dieser Klasse erben die beiden Unterklassen `Error` und `Exception`. Jede dieser Klassen hat wiederum Unterklassen für verschiedene Ausnahmesituationen. Abbildung 11.1 zeigt einen kleinen Ausschnitte aus der Hierarchie der Exception-Klassen.

In den folgenden Abschnitten werden wir erst die Klassen `Error` und `Runtime-Exception` und dann den Rest der Exception-Hierarchie betrachten. Anschließend gehen wir genauer auf `throw` sowie `try/catch`-Blöcke ein.

11.3 Unchecked Exceptions

Die Java-Spezifikation bezeichnet die Klassen `Error` und `RuntimeException` sowie ihre Unterklassen als *unchecked Exceptions*, alle anderen Exception-Klassen werden als *checked Exceptions* bezeichnet. Wenn in einer Methode eine checked Exception ausgelöst wird, so muss entweder

- diese Exception in der gleichen Methode gefangen werden oder
- in der Signatur der Methode angegeben werden, dass eine derartige Exception ausgelöst werden kann.

Unchecked Exceptions dürfen hingegen über Methodengrenzen hinweg geworfen werden, ohne dass das in der Signatur der Methode angegeben werden muss.

Indirekte Instanzen von `Error` werden in Java geworfen, wenn ein ernstes Problem aufgetreten ist, das unter normalen Umständen nicht vorkommen sollte und vom Programm nicht behandelt werden kann. Deshalb sollen solche Ausnahmen normalerweise vom Programm nicht gefangen werden. Ein Beispiel für eine Unterklasse von `Error` ist `OutOfMemoryError`; Instanzen dieser Klasse werden geworfen, wenn die Java VM keinen neuen Speicher mehr hat, um ein neues Objekt anzulegen.

`RuntimeException` ist dagegen Oberklasse von Exceptions, die während der Ausführung von Java-Programmen auftreten und vom Programm behandelt werden können. Beispiele für Unterklassen sind

- `ClassCastException`, die ausgelöst werden, wenn ein unzulässiger Cast auftritt,
- `NullPointerException`, die dann auftritt, wenn versucht wird, den Wert null an einer Stelle zu verwenden, an der eine Instanz benötigt wird (z.B. bei Zugriffen auf Attribute oder beim Aufruf von Methoden) und
- `IndexOutOfBoundsException`, die geworfen wird, wenn mit einem ungültigen Index auf ein Array oder eine Collection zugegriffen wird.

Ursprünglich war die Klasse `RuntimeException` nur für Exceptions gedacht, die vom Java-Laufzeitsystem ausgelöst werden; inzwischen sind aber einige weit verbreitete Frameworks (z.B. das Spring Framework[1]) dazu übergegangen, alle im Framework definierten Exceptions als Unterklasse von `RuntimeException` zu definieren.

11.3.1 Regeln für Unchecked Exception

Die wesentliche Regel für die Klasse `Error` ist, dass Programme solche Fehler nicht behandeln sollen, da sie von Problemen der JVM oder der Laufzeitumgebung ausgelöst werden.

Andere unchecked Exceptions sind dagegen die Zuständigkeit des Programmierers, da sie auf einen Programmfehler hinweisen, der erst zur Laufzeit entdeckt

---

[1] `http://www.springsource.org`

wurde. Die häufigsten solchen Fehler sind `NullPointerException` und `IndexOut-OfBoundsException`. Wenn eine solche Exception in einem Programm geworfen wird, sollte die Fehlerquelle gefunden und beseitigt werden. In vielen Fällen genügt dazu das folgende Vorgehen:

- `NullPointerException`. Ein Beispiel für einen Fehler, bei dem eine `Null-PointerException` auftritt, ist folgender Code:

```
A obj;
... // Hier wird vergessen obj zu initialisieren
obj.methode(...);
```

Die Fehlerursache ist leicht festzustellen: Die Variable `obj` hat den Wert `null`, wurde also nicht initialisiert oder nach der Initialisierung auf `null` gesetzt. Für diesen Fehler gibt es zwei Lösungen: Wenn es an dieser Stelle zulässig ist, dass `obj` den Wert `null` hat, dann muss dieser Fall überprüft werden:

```
if (obj != null) {
  obj.methode(...);
}
else {
  ... // Behandlung des Falls obj == null
}
```

Wenn an dieser Stelle nicht sinnvoll ist, dass die Variable `obj` den Wert `null` hat, so muss sie vorher initialisiert werden:

```
A obj = new A(...);
...
obj.methode(...);
```

- `ArrayIndexOutOfBoundException`. Ein mögliches Beispiel für die Fehlerquelle ist:

```
int[] a = new int[5];
int index = 5;
a[index] = 7;
```

Die Fehlerursache ist hier der Zugriff auf einen negativen Index oder auf einen Index größer gleich der Array-Länge. Oft ist das ein Zeichen dafür, dass ein Fehler in der Berechnung des Wertes von `index` vorliegt. Falls das nicht der Fall ist, kann man den Zugriff folgendermaßen kontrollieren:

```
int index = ...;
if (index >= 0 && index < a.length) {
  a[index] = 7;
}
```

Allerdings sind derartige Tests immer etwas suspekt, wenn sie nicht als Abbruchbedingung einer Schleife oder als Überprüfung von Benutzereingaben vorkommen.

11.4 Checked Exceptions

Die Java-Spezifikation bezeichnet alle Exceptions, die (indirekt) weder von `Error` noch von `RuntimeException` erben, als checked Exceptions. Wenn in einer Methode eine checked Exception geworfen wird, so muss sie entweder in der Methode gefangen werden oder die Methode muss in ihrer Signatur durch das Schlüsselwort `throws`, gefolgt vom Typ der Exception, anzeigen, dass sie eine checked Exception wirft. Checked Exceptions werden beispielsweise ausgelöst, wenn Fehler bei der Ein- oder Ausgabe auftreten, wenn eine nicht vorhandene URL geöffnet werden soll oder wenn eine Datenbankverbindung nicht aufgebaut werden kann.

Das klassische Beispiel hierfür ist die Klasse `IOException` mit ihren Unterklassen. Die Klasse `IOException` behandelt Input/Output-Fehler, die beim Schreiben und Lesen einer Datei auftreten können. Solche Fehler sind zum Beispiel der Lese- oder Schreibzugriff auf eine nicht vorhandene Datei oder auf eine Datei, für die der Benutzer nicht die entsprechenden Zugriffsrechte hat.

Im Gegensatz zu unchecked Exceptions muss eine checked Exception an irgendeiner Stelle im Programm behandelt werden. Die Möglichkeit, eine checked Exception nicht zu behandeln und das Programm beim Auftreten einer solchen Exception zu beenden, besteht nicht, weil der Compiler spätestens beim Übersetzen der `main`-Methode die Fehlermeldung ausgibt, dass die Exception gefangen werden muss. Wenn man die Ausnahme nicht in der Methode behandeln will oder kann, dann muss man in der Signatur angeben, dass eine Exception dieses Typs von der Methode ausgelöst werden kann. Zum Beispiel:

```
public String leseDatei(String dateiPfad)
                        throws FileNotFoundException, EOFException {
    // Methodenrumpf, der evtl. Exceptions der beiden angegebenen Typen wirft.
}
```

Wir müssen also die in Abschnitt 3.3.1 angegebene Syntax für Methoden folgendermaßen vervollständigen, um checked Exceptions in die Signatur aufzunehmen:

Modifikatoren Rückgabetyp Methodenname (Typ_1 $Name_1$, . . . , Typ_n $Name_n$)
$$\text{throws } Exception_1, \ldots, Exception_m \text{ \{}$$
    Methodenrumpf
}

Wenn man in der Signatur einer Methode eine `throws`-Form angibt, so signalisiert man damit, dass bei der Ausführung der Methode Exceptions der angegebenen Typen auftreten können, die von der Methode nicht gefangen werden.

11.5 Werfen von Exceptions

In den letzten Abschnitten haben wir gesehen, dass es Situationen gibt, die eine Methode nicht selber behandeln kann und in denen sie deshalb eine Exception wirft.

Beim Entwurf oder der Implementierung von Programmen empfiehlt sich dafür eine Vorgehensweise der folgenden Art:

1. **Ausnahmesituationen identifizieren.** Man überlegt sich, welche Ausnahmesituationen auftreten können und ob die Methode selber mit den Situationen umgehen kann oder ob der Aufrufer der Methode entscheiden muss, wie verfahren werden soll. Nur im letzten Fall empfiehlt es sich, eine Exception zu werfen. Oft erkennt man Ausnahmesituationen an den Signaturen von verwendeten Methoden: Man muss alle darin enthaltenen checked Exceptions entweder behandeln oder in der Signatur angeben.
2. **Geeignete Exception-Klasse finden bzw. schreiben.** Oft gibt es vordefinierte Klassen, die für die Situation passen, auf die man reagieren will. Wenn keine solche Klasse vorhanden ist, muss man selber eine Exception-Klasse definieren.
3. **Methodensignatur anpassen.** Man muss die verwendeten Exceptions in die throws-Klausel der Methode einfügen.
4. **Bei Bedarf: Exception-Objekt werfen.** Falls die Exception nicht von einer verwendeten Methode geworfen wird, muss man sie mit einer throw-Anweisung auslösen. Dazu erzeugt man an der Stelle, an der die Exception geworfen werden soll, ein neues Exception-Objekt ex und wirft dieses Objekt dann mit throw ex. Beim Erzeugen der Exception ist es sinnvoll, dem Konstruktor einen String zu übergeben, der die Situation genauer beschreibt:

Exception-Typ ex = new *Exception-Typ*("*Beschreibung des Fehlers*");
throw ex;

oder kürzer:

throw new *ExceptionTyp*("*Beschreibung des Fehlers*");

Um diese vier Schritte in Aktion zu sehen und praktisch anzuwenden, wollen wir jetzt eine Methode schreiben, die den Inhalt einer Konfigurationsdatei von der Festplatte einliest und als String zurückgibt. Um die Implementierung interessanter zu gestalten, gehen wir davon aus, dass nur Dateien zulässig sind, die eine Mindestanzahl an Zeilen haben.

Da beim Umgang mit Dateien viele Dinge schiefgehen können, sind Methoden, die Dateien einlesen oder schreiben, klassische Beispiele für die Ausnahmebehandlung. Auf der Website zum Buch finden Sie zusätzliches Material über die Ein- und Ausgabe in Java.

Da die Methode eine Datei einlesen soll, nennen wir sie leseDatei. Die Mindestanzahl an Zeilen, die eingelesen werden muss, übergeben wir als Argument vom Typ int. Da die Funktion den Pfad zur Konfigurationsdatei kennen muss, übergeben wir ihn als Argument vom Typ String. Damit ergibt sich das Grundgerüst der Methode:

```
public String leseDatei(int zeilen, String dateiPfad) {
}
```

Nun können wir die beschriebenen vier Schritte anwenden: Zuerst fragen wir uns, auf welche Ausnahmesituationen die Methode treffen kann. Es gibt mindestens zwei Probleme, mit denen unsere Methode konfrontiert sein kann:

- Was soll geschehen, wenn der übergebene `dateiPfad` kein Pfad zu einer Datei ist oder die Datei existiert, aber nicht lesbar ist?
- Was soll geschehen, wenn die Datei zwar gelesen werden kann, aber zu wenige Zeilen hat?

Da wir innerhalb der Methode `leseDatei` keines dieser Probleme sinnvoll lösen können, werfen wir in beiden Fällen Exceptions.

Im zweiten Schritt suchen wir in der Java-Bibliothek nach geeigneten Exception-Klassen für die problematischen Situationen. Wir finden dort z.B. die Exception-Klasse `FileNotFoundException`. Unter der Beschreibung der Klasse `FileNotFoundException` steht „Signals that an attempt to open the file denoted by a specified pathname has failed." Diese Exception signalisiert also, dass der Versuch, einen bestimmten Pfad zu öffnen, fehlgeschlagen ist. Das ist perfekt! Für den zweiten Fall finden wir die Klasse `EOFException` (EOF steht für End of File). Die Dokumentation dieser Klasse sagt „Signals that an end of file or end of stream has been reached unexpectedly during input." Diese Exception signalisiert also, dass das Ende einer Datei oder eines Streams unerwartet erreicht wurde. Das ist ja auch perfekt! Wir haben also zwei Exception-Klassen gefunden, die zu den betrachteten Ausnahmesituationen passen.

Im dritten Schritt müssen wir die Signatur der Methode `leseDatei` anpassen. Wie das aussieht, haben wir im vorhergehenden Abschnitt bereits gesehen:

```
public String leseDatei(int zeilen, String dateiPfad)
                    throws FileNotFoundException, EOFException {
}
```

Im vierten Schritt überlegen wir uns, wie die Exceptions geworfen werden. Sehen wir uns dazu zuerst die `EOFException` an. Wenn wir die Anzahl der eingelesenen Zeichen in der Variablen z gespeichert haben, so erhalten wir nach dem Einlesen des letzten Zeichens die folgende Bedingung

```
if (z < zeilen) {
  throw new EOFException();
}
```

Da `EOFException` einen Defaultkonstruktor hat, ist das eine Möglichkeit, um die Exception zu werfen. Allerdings ist es schöner, eine genauere Fehlermeldung an den Konstruktor zu übergeben. Damit ergibt sich

```
if (z < zeilen) {
  String fehler = "Zeilen erwartet: " + zeilen + ", gelesen: " + z;
  throw new EOFException(fehler);
}
```

Um die erste abnormale Situation genauer zu analysieren, müssen wir uns die Implementierung ansehen. Aus dem übergebenen Dateinamen erzeugen wir ein File-Objekt, das die Datei repräsentiert. Auf diesem Objekt können wir dann die Methode exists aufrufen, um zu überprüfen, ob die Datei existiert. Wenn das nicht der Fall ist, so können wir die FileNotFoundException auslösen. Anschließend erzeugen wir den Scanner, den wir verwenden, um die Zeilen einzulesen:

```
File datei = new File(dateiPfad);
if (!datei.exists()) {
  throw new FileNotFoundException("Datei " + datei +
                                " existiert nicht.");
}
Scanner in = new Scanner(datei);
```

Wenn wir allerdings die Dokumentation des Konstruktors für Scanner lesen, dann stellen wir fest, dass der Konstruktor ebenfalls eine FileNotFoundException wirft, wenn die Datei nicht gefunden werden kann. Daher ist unser Test überflüssig, und wir können einfach schreiben

```
File datei = new File(dateiPfad);
Scanner in = new Scanner(datei);
```

oder kürzer:

```
Scanner in = new Scanner(new File(dateiPfad));
```

Da sowohl FileNotFoundException als auch EOFException von der Klasse IOException erben, könnten wir die beiden Exceptions in der Signatur zusammenfassen. Unsere Methode würde dann so aussehen:

```
public String leseDatei(int zeilen, String dateiPfad)
                                        throws IOException {
  ...
}
```

Obwohl dies auch korrekt ist, empfiehlt es sich, die Exceptions in der Signatur genau zu spezifizieren. Denn je präzisier Sie die Exception-Klassen identifizieren, desto leichter wird das Finden von Programmierfehlern. Insgesamt ergibt sich für unsere Methode der folgende Code:

```
public String leseDatei(int zeilen, String dateiPfad)
                        throws FileNotFoundException, EOFException {
  String ergebnis = "";
  int z = 0;
  Scanner in = new Scanner(new File(dateiPfad));

  while (in.hasNext()) {
    ergebnis += in.nextLine();
    z++;
  }
```

```
  if (z < zeilen) {
    String fehler = "Zeilen erwartet: " + zeilen + ", gelesen: " + z;
    throw new EOFException(fehler);
  }
  return ergebnis;
}
```

11.6 Behandeln von Exceptions

Nachdem wir im letzten Abschnitt das Auslösen von Exceptions besprochen haben,
wollen wir uns in diesem Abschnitt dem Behandeln von Exceptions zuwenden. Jede
checked Exception muss im Programm an irgendeiner Stelle abgefangen werden
und viele unchecked Exceptions sollten ebenfalls behandelt werden. Das Abfangen
von Exceptions erfolgt durch `try/catch`-Blöcke. Die Syntax ist sehr einfach:

```
try {
    // Code, in dem Exceptions der Typen Exception₁ bis Exceptionₙ geworfen
    // werden, die in den folgenden catch Blöcken gefangen werden sollen.
}
catch (Exception₁ ex) {
    // Hier werden Exceptions vom Typ Exception₁ behandelt.
    // ex ist in diesem Block an das entsprechende Exception-Objekt gebunden.
}
...
catch (Exceptionₙ ex) {
    // Hier werden Exceptions vom Typ Exceptionₙ behandelt.
    // ex ist in diesem Block an das entsprechende Exception-Objekt gebunden.
}
```

Wir bezeichnen dabei das ganze Konstrukt als `try/catch`-Block, den Teil `try{...}`
als try-Block und jedes der Konstrukte

```
catch (Exceptionᵢ ex) {
    ...
}
```

als (den zu $Exception_i$ passenden) catch-Block.

Auch die Bedeutung ist relativ leicht zu verstehen: Wenn im try-Block eine Exception vom Typ Ex ausgelöst wird, so werden alle nachfolgenden Anweisungen in
diesem Block übersprungen und es wird überprüft, ob einer der catch-Blöcke die
Exception fängt. Ein catch-Block fängt eine Exception dann, wenn Ex eine Instanz
von $Exception_i$ ist (also eine direkte Instanz der Klasse $Exception_i$ oder Instanz einer
ihrer (indirekten) Unterklassen). Selbstverständlich dürfen im try-Block auch Exceptions geworfen werden, die nicht in einem der catch-Blöcke behandelt werden.

Das folgende Beispiel zeigt, wie man try-catch-Blöcke benutzt:

```java
public void meineMethode(String dateiPfad, String url) {
  try {
    File datei = new File(dateiPfad);
    // Code, der Exceptions werfen kann.
  }
  catch (IOException e1) {
    // Behandlung von IOException
  }
  catch (MalformedURLException e2) {
    // Behandlung von MalformdURLException
  }
  catch (SQLDataException e3) {
    // Behandlung von SQLDataException
  }
}
```

In diesem Beispiel nehmen wir an, dass in `meineMethode` drei unterschiedliche Ausnahmesituationen auftreten können, von denen drei verschiedene Exceptions (`IOException`, `MalformdURLException` und `SQLDataException`) geworfen werden. Um diese Exceptions in der Methode zu bearbeiten, schließen wir den Rumpf der Methode in einen `try/catch`-Block ein. Tritt eine `IOException` auf, so wird sofort der `try`-Block verlassen und *nur* der `catch`-Block für `IOException` ausgeführt. Das gilt natürlich analog für die beiden anderen Exception-Typen. Wenn also eine `MalformedURLException` geworfen wird, so wird der `try`-Block sofort verlassen, in den `catch`-Block von `MalformedURLException` Block gesprungen und *nur* dieser Block ausgeführt.

Die `catch`-Blöcke bleiben während der gesamten Ausführung des `try`-Blocks aktiv, ein `catch`-Block fängt also auch Exceptions, die nicht direkt im Quelltext des zugehörigen `try`-Blocks ausgelöst werden, sondern in einem verschachtelten Funktionsaufruf. Im Gegensatz zu den meisten anderen Sprachkonstrukten haben `try/catch`-Blöcke also *dynamischen Scope:* Ob ein `try/catch`-Block eine Exception fangen kann, richtet sich nicht danach, ob die Exception lexikalisch im `try/catch`-Block ausgelöst wird, sondern ob der `try`-Block vor dem Auslösen der Exception betreten und noch nicht verlassen wurde.

Wenn in einem `try`-Block eine Exception ausgelöst wird, die von keinem dazugehörigen `catch`-Block gefangen wird, so wird auch der unmittelbar vorher betretene `try`-Block abgebrochen (falls ein solcher Block existiert) und seine `catch`-Blöcke werden nach einem passenden Exception-Handler durchsucht. Das geschieht unabhängig von Methodengrenzen oder lexikalischer Schachtelung, und geht so lange weiter, bis ein passender `catch`-Block gefunden wird. Wenn die `main`-Methode erreicht wird und kein passender `catch`-Block gefunden wurde, wird das Programm mit einem Fehler beendet. Im folgenden Beispiel ruft die Methode `catchIOException` eine Methode `methode1` auf, die in einen `try/catch`-Block eingeschlossen ist. Von `methode1` wird direkt `methode2` aufgerufen, welche `methode3` wiederum aus einem `try/catch`-Block heraus aufruft. In `methode3` sind schließlich zwei `try/catch`-Blöcke ineinander verschachtelt.

```java
public class GeschachtelteExceptions {
  public void catchIOException() {
    try {
      methode1();
      System.out.println("Ende von catchIOException!");
    }
    catch (IOException ex) {
      System.out.println("IOException gefangen!");
    }
  }

  public void methode1() throws IOException {
    methode2();
    System.out.println("Ende von methode1!");
  }

  public void methode2() throws IOException {
    try {
      methode3();
      System.out.println("Ende von methode2!");
    }
    catch (BufferOverflowException ex) {
      System.out.println("BufferOverflowException gefangen!");
    }
  }

  public void methode3() throws IOException {
    try {
      try {
        throw new IOException();
        System.out.println("Ende von methode3!");
      }
      catch (MalformedURIException ex) {
        System.out.println("MalformedURIException gefangen!");
      }
    }
    catch (IndexOutOfBoundsException e) {
      System.out.println("IndexOutOfBoundsException gefangen!");
    }
  }
}
```

Wenn für ein Objekt g vom Typ GeschachtelteExceptions die Methode catch-
IOException aufgerufen wird, so werden während der Programmausführung meh-
rere dynamisch ineinander geschachtelte try/catch-Blöcke für Exceptions der
Typen IOException, BufferOverflowException, IndexOutOfBoundsException

und `MalformedURLException` (in dieser Reihenfolge) betreten. Wenn `methode3` eine `IOException` wirft, so werden die `try`-Blöcke in umgekehrter Reihenfolge abgebrochen, bis schließlich im `try/catch`-Block von `catchIOException` ein `catch`-Block gefunden wird, der zur geworfenen `IOException` passt. Die einzige Ausgabe, die ein Aufruf von `g.catchIOException()` erzeugt, ist also

`IOException gefangen!`

Die Ausführung aller anderen `try`-Blöcke wird durch das Werfen der `IOException` in `methode3` abgebrochen, bevor sie zu den `println`-Anweisungen kommen.

Wir sehen in dem vorhergehenden Beispiel, dass ein `try/catch`-Block einen Teil der Exceptions, die im `try`-Block geworfen werden können, abfängt und andere Exceptions nicht behandelt. Zum Beispiel fängt der `try`-Block von `methode2` Exceptions vom Typ `BufferOverflowException`, aber nicht Exceptions vom Typ `IOException`.

Nun können wir die wichtige Frage beantworten, wann wir eine Exception fangen und wann wir selber eine Exception werfen sollen. Als Faustregel können wir festhalten:

1. Wenn Sie an der Stelle, an der eine Ausnahmesituation auftritt wissen, wie Sie die Ausnahme behandeln, dann werfen Sie *keine* Exception. Wenn eine an dieser Stelle aufgerufene Methode eine Exception wirft, dann fangen Sie die Exception und behandeln die Ausnahmesituation im `catch`-Block.
2. Wenn es an der Stelle, an der die Ausnahmesituation auftritt, keine Möglichkeit gibt, das Problem zu lösen, oder wenn an dieser Stelle nicht klar ist, welche von mehreren möglichen Reaktionen die richtige ist, dann werfen Sie eine Exception oder lassen eine geworfene Exception weiter propagieren. Damit geben Sie dem Aufrufer Ihrer Methode die Möglichkeit zu entscheiden, wie er auf die Ausnahmesituation reagieren will.

Wir haben beim `try/catch`-Block noch ein wichtiges Element unterschlagen. Ausnahmesituationen treten besonders oft auf, wenn Sie mit externen Ressourcen wie z.B. Datenbanken, Netzwerk-Sockets oder Dateien umgehen. Dabei müssen Sie die verwendeten Ressourcen in der Regel wieder freigeben, egal ob eine Exception auftritt oder nicht. Stellen Sie sich vor, Sie schreiben eine Methode, die Daten in eine Datenbank schreibt und während der Ausführung der Methode wird eine Exception geworfen. Sie müssen sicherstellen, dass auch beim Auftreten der Exception die Verbindung zur Datenbank geschlossen wird, denn sonst kann möglicherweise ein anderes Programm nicht mehr auf die Datenbank zugreifen oder bereits geschriebene Daten könnten verloren gehen. Also müssen Sie die Verbindung zur Datenbank auf jeden Fall wieder frei geben. Ihr Programm hat damit ungefähr folgende Struktur:

```
// Öffnen der externen Ressource
try {
    // Verwenden der Ressource
    // Schließen der Ressource
```

```
}
catch (Exception₁ e) {
  // Fehlerbehandlung
  // Schließen der Ressource
}
...
catch (Exceptionₙ e) {
  // Fehlerbehandlung
  // Schließen der Ressource
}
```

Sie öffnen die Ressource, verwenden sie, und schließen sie dann wieder. Wenn
während der Verwendung der Ressource ein Fehler auftritt, dann wird der `try`-Block
abgebrochen und Sie können den Fehler in einem der `catch`-Blöcke behandeln. Allerdings müssen Sie dann daran denken, dass Sie im Fehlerfall die Ressource ebenfalls schließen. Das Schließen der Ressource muss also in jedem `catch`-Block wieder erfolgen. Da diese Struktur recht umständlich ist, gibt es in Java die Möglichkeit,
einen `finally`-Block nach den `catch`-Blöcken anzuhängen:

```
// Öffnen der externen Ressource
try {
  // Verwenden der Ressource
}
catch (Exception₁ e) {
  // Fehlerbehandlung
}
...
catch (Exceptionₙ e) {
  // Fehlerbehandlung
}
finally {
  // Schließen der Ressource
}
```

Der `finally`-Block wird *immer* ausgeführt: Egal, ob der `try`-Block normal verlassen oder eine Exception ausgelöst wird und unabhängig davon, ob eine ausgelöste
Exception von einem `catch`-Block gefangen wird oder nicht.

Ein `finally`-Block sollte keine `return`-Anweisung enthalten. In diesem Fall
wird der Rückgabewert des `try/catch`-Blocks vom `finally`-Block nicht beeinflusst, nach der Ausführung des `finally`-Blocks wird der ursprüngliche Wert des
`try/catch`-Blocks zurückgegeben. Falls bei der Abarbeitung des `finally`-Blocks
eine `return`-Anweisung ausgeführt wird, so wird der Wert dieser Anweisung als
Wert des ganzen `try/catch`-Blocks zurückgegeben. Da dieses „Überschreiben" des
normalen Rückgabewerts leicht zu Fehlern führt, empfiehlt es sich normalerweise,
keine `return`-Anweisung in einen `finally`-Block zu schreiben.

Das Muster „Öffnen einer Resource" – „Verwenden der Resource in einem `try`-
Block" – „Schließen der Resource in `finally`-Block" wird so häufig verwendet,

dass Java in Version 7 dafür eine spezielle Syntax eingeführt hat. Wenn A eine Klasse ist, die das Interface `AutoCloseable` implementiert, dann kann man statt

```
A a = ...
try {
  // Verwenden von a
}
// Hier könnten catch-Blöcke stehen
finally {
  if (a != null) {
    a.close();
  }
}
```

auch die folgende kürzere Form verwenden:

```
try (A a = ...) {
  // Verwenden von a
}
// Hier könnten catch-Blöcke stehen
```

Es ist bei der letzten Variante nicht nötig, die Instanz von a in einem `finally`-Block zu schließen; das wird von Java automatisch erledigt.

11.7 Benutzerdefinierte Exception-Klassen

Wir haben in den letzten Abschnitten gesehen, wie Exceptions verwendet werden. Dabei haben wir ausschließlich vordefinierte Exceptions eingesetzt. Wie gehen wir aber vor, wenn wir in eine Situation kommen, für die es in der Exception-Hierarchie keine vordefinierte Klasse gibt, die genau auf diese Situation passt? Da Exceptions auch nur Klassen sind, können wir in diesem Fall natürlich auch eigene Exceptions definieren, die für die jeweilige Situation maßgeschneidert sind. Das geht genau wie die Definition jeder anderen Klasse, nur sollten Sie zwei zusätzliche Regeln beachten, wenn Sie eine Exception-Klasse schreiben:

1. Ihre Klasse *muss* indirekt von `Throwable` erben. Je präziser ihre Superklasse in die Exception-Hierarchie passt, desto besser.
2. Die eigene Exception-Klasse *sollte* zwei Konstruktoren haben: einen Default-Konstruktor und einen Konstruktor, der einen String als Parameter nimmt.

Dann können Sie die selbstdefinierte Exception-Klasse genau wie die vordefinierten Exceptions verwenden.

Wir wollen kurz die Definition einer eigenen Exception-Klasse erläutern: Stellen Sie sich vor, Sie schreiben eine Methode, die einen Studenten anhand seines Namen in einer Datenbank finden soll:

```
public Student findeStudentMitNamen(String name) {
  ...
}
```

Dabei kann es vorkommen, dass wir nach einem Studenten suchen, dessen Namen nicht in der Datenbank vorhanden ist. Wir entscheiden uns dafür, in diesem Fall eine Exception zu werfen. Wie nicht anders zu erwarten, bietet Java keine 100% passende vordefinierte Exception-Klasse für diese Situation an. Wir müssen also unsere eigene Exception-Klasse schreiben. Das ist aber sehr einfach:

Als Erstes überlegen wir uns, welche Superklasse unsere Exception haben sollte. Da sich nach einer Suche in der Java Exception-Hierarchie keine andere Klasse aufdrängt, entscheiden wir uns, direkt von Exception zu erben. Also erhalten wir das folgende Grundgerüst:

```
public class StudentenException extends Exception {
  ...
}
```

Als zweiten Schritt müssen wir die zwei oben besprochenen Konstruktoren definieren, einen Default-Konstruktor ohne Argumente und einen Konstruktor mit einem String-Argument. Da unsere Klasse keinen weiteren Zustand hat, ist die Definition sehr einfach:

```
public class StudentenException extends Exception {
  public StudentenException() {
    super();
  }

  public StudentenException(String msg) {
    super(msg);
  }
}
```

Wir können die Klasse StudentenException jetzt genau wie Klassen aus der Java-Bibliothek benutzen. Da wir StudentenException nicht als unchecked Exception definiert haben, müssen wir die Signatur von findeStudentMitNamen anpassen.

Im dritten Schritt benutzen wir unsere eigene Exception-Klasse wie jede reguläre Exception-Klasse aus der Java Exception Bibliothek. Also passen wir unsere Methode findeStudentMitNamen wie folgt an:

```
public Student findeStudentMitNamen(String name)
                            throws StudentenException {
  ... // Datenbankabfrage nach name
  if (Student konnte nicht gefunden werden) {
    throw new StudentenException("Kein Student mit Namen " + name);
  }
  ... // Rückgabe des gefundenen Studenten
}
```

Eine Zusammenfassung der wichtigsten besprochenen Punkte zu Exceptions finden Sie in Abb. 11.2.

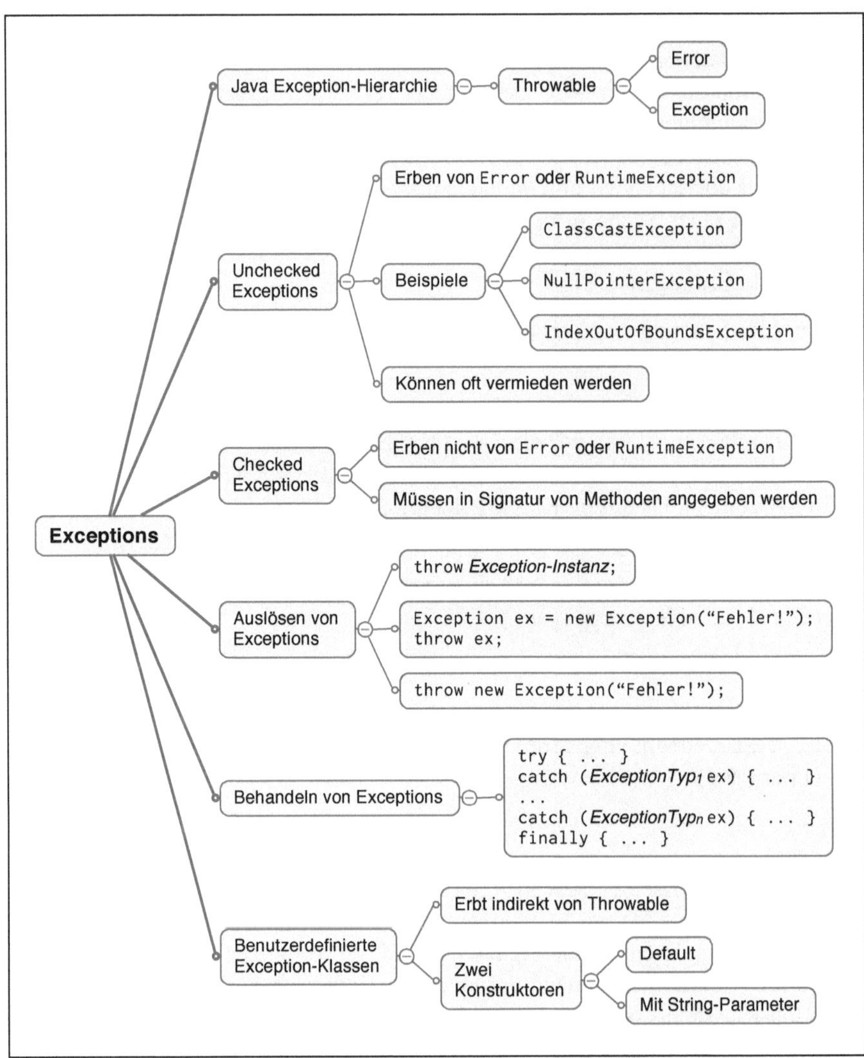

Abb. 11.2 Mindmap zu Ausnahmebehandlung

11.8 Programmiertipps für Ausnahmebehandlung

Da Einsteigern der Umgang mit Exceptions erfahrungsgemäß schwerfällt, haben wir einige Tipps für die Ausnahmebehandlung zusammengestellt:

1. **Lassen Sie den `catch`-Block nicht leer!** Java erzwingt die Behandlung von Exceptions. Manche Programmierer versuchen, sich Arbeit zu sparen, indem sie leere `catch`-Blöcke angeben.

```
try {
    // Speichern der Benutzerdaten in einer Datei
}
catch (IOException e) {}
```

Das ist sehr schlechter Stil, denn wenn jetzt ein Fehler auftritt, wird das Programm einfach nach dem `try/catch`-Block fortgesetzt, ohne dass dem Benutzer mitgeteilt wird, dass seine Daten nicht gespeichert wurden. Verschieben Sie auch das Schreiben der `catch`-Blöcke nicht auf später.

2. **Machen Sie von der Exception-Hierarchie Gebrauch!** Je genauer Sie die von einer Methode geworfenen Exceptions angeben, desto besser kann der Aufrufer der Methode darauf reagieren. Statt

```
public void leseDatei(String dateiPfad) throws Exception {
    ...                                              ↑ schlechter Stil
}
```

ist es wesentlich besser zu schreiben

```
public void leseDatei(String dateiPfad) throws EOFException {
    ...                                              ↑ wesentlich besser
}
```

3. **Werfen Sie eine Exception, statt einen Dummy-Wert zurückzugeben!** Wenn eine Methode ihre Aufgabe nicht ordnungsgemäß beenden kann, ist es besser, eine Exception zu werfen als einen Dummy-Wert zurückzugeben. Wenn Sie z.B. eine Methode schreiben, die das oberste Element eines Stacks vom Stack nimmt und zurückgibt, so darf diese nicht auf einem leeren Stack aufgerufen werden. Es ist schlechter Stil, die Methode so zu definieren:

```
public X pop() {
    if(Stack is leer)
        return null;  ← schlechter Stil
    // Oberstes Element vom Stack nehmen und zurückgeben
}
```

Besser ist es, in diesem Fall eine Exception auszulösen:

```
public X pop() throws EmptyStackException {
    if(Stack is leer)
        throw new EmptyStackException();  ← wesentlich besser
```

```
    // Oberstes Element vom Stack nehmen und zurückgeben
}
```

4. **Propagieren Sie Exceptions lieber, als sie abzufangen!** Oft kann der Aufrufer einer Methode besser entscheiden, wie bei einem Fehler verfahren werden sollte, da er mehr Information über die Situation hat. Daher ist es im Zweifelsfall besser, Exceptions nicht abzufangen und es dem Aufrufer zu überlassen, mit der Situation umzugehen.

5. **Benutzen Sie keine `return`-Anweisung in einem `finally`-Block!** Wenn in einem `finally`-Block eine `return`-Anweisung steht, so wird der ursprüngliche Rückgabewert des `try/catch`-Blocks überschrieben:

```
try {
  int r = 5;
  int x = r * r;
  return x          ← würde 25 zurückgeben
}
finally {
  if (r == 5)       ← Bedingung ist wahr
    return 0;       ← gibt 0 zurück
}
```

Dieses Programm gibt 0 zurück, nicht 25. In etwas komplizierteren Programmen kann man das leicht übersehen.

6. **Benutzen Sie nicht zu viele kleine `try`-Blöcke!** Es ist besser, einen größeren `try`-Block mit mehreren `catch`-Blöcken zu verwenden als mehrere unmittelbar aufeinander folgende `try`-Blöcke mit jeweils einem `catch`-Block. Statt

```
try {
  ...
}
catch(Exception1) { ... }
try {
  ...
}
catch(Exception2) { ... }
```

verwenden Sie besser

```
try {
  ...
  ...
}
catch(Exception1) { ... }
catch(Exception2) { ... }
```

7. **Benutzen Sie** `finally` **mit zwei** `try`**-Blöcken, um Ressourcen freizugeben!**
Wenn Sie Code mit der folgenden Struktur verwenden, werden Fehler beim Aufruf `out.close()` nicht behandelt:

```java
public void schreibeDatei(String dateiPfad) {
    try {
        PrintWriter out = new PrintWriter(dateiPfad);
        // Weiterer Code...
    } catch (IOException e) {
        e.printStackTrace();
    } finally {
        out.close();
    }
}
```

Statt dessen können Sie zwei verschachtelte `try/catch`-Blöcke verwenden:

```java
public void schreibeDatei(String dateiPfad) {
    try {
        try{
            PrintWriter out = new PrintWriter(dateiPfad);
            // Weiterer Code...
        }  finally {
            out.close();
        }
        catch (IOException e) {
            e.printStackTrace();
        }
    }
}
```

Hier stellt der innere `try/catch`-Block sicher, dass out geschlossen wird; der äußere `try/catch`-Block gibt einen Stack-Trace aus, wenn im inneren `catch`-Block ein Fehler passiert.

11.9 Assertions

Assertions sind Zusicherungen über den Zustand des Programms, die man verwendet, um Design-Annahmen im Code zu dokumentieren und während der Laufzeit des Programms zu überprüfen.

Syntaktisch bestehen Assertions aus dem Schlüsselwort `assert`, gefolgt von der Zusicherung (einem Booleschen Ausdruck) und optional einer Fehlermeldung:

```java
assert Zusicherung;
assert Zusicherung : Fehlermeldung;
```

Die Semantik von Assertions ist einfach: Jedes Mal, wenn die Assertion ausgewertet wird, muss die *Zusicherung* wahr sein. Andernfalls wird eine Exception vom Typ `AssertionError` geworfen. Falls bei der Assertion eine *Fehlermeldung* angegeben wird, so wird diese an den Konstruktor von `AssertionError` übergeben.

Assertions werden besonders häufig für die folgenden beiden Aufgaben eingesetzt:

- **Überprüfen von Parametern.** Viele Annahmen über die Parameter von Methoden lassen sich in Java nicht über den Typ des Parameters ausdrücken. So gibt es z.B. keinen Typ für positive Zahlen oder Primzahlen. Falls eine Methode nur positive Argumente verarbeiten kann, ist es deshalb sinnvoll, mit einer Assertion sicherzustellen, dass die Methode mit gültigen Parametern aufgerufen wurde:

```java
public static int fakultaet(int n) {
    assert n >= 0 : "Argument muss >= 0 sein.";
    // Implementierung der Fakultätsfunktion
}
```

Wenn man versucht, die Methode `fakultaet` mit einem negativen Argument aufgerufen, so wird eine Exception geworfen und damit die Ausführung unterbrochen.

- **Testen von Invarianten.** Häufig gibt es im Rumpf einer Methode gewisse Annahmen, die erforderlich sind, damit der Code korrekt funktioniert, und von denen der Programmierer immer erwartet, dass sie korrekt sind. Statt das in einem Kommentar auszudrücken, ist es besser, eine Assertion ins Programm einzufügen, da diese zur Laufzeit überprüft werden kann. Statt

```java
if (i%4 == 0) { ... }
else if (i%4 == 1) { ... }
else {
  // Hier ist i%4  größer als 1
  ...
}
```

ist es also besser zu schreiben:

```java
if (i%4 == 0) {...}
else if (i%4 == 1) {...}
else {
  assert i%4 > 1 : "Fehler: i%4 == " + i%4;
  ...
}
```

Wenn i negative Werte annehmen kann, dann wird die Assertion in der Tat verletzt. Zum Beispiel erhält man, falls i den Wert -3 hat, folgenden Fehler:

```
Exception in thread "main" java.lang.AssertionError: Fehler: i%4 == -3
    at chap11.AssertionTest01.main(AssertionTest01.java:13)
```

Damit die Assertions während der Laufzeit überprüft werden, müssen sie beim Starten der JVM aktiviert werden. Das geschieht durch die Kommandozeilenargumente -ea. Im Gegensatz zu manch anderen Programmiersprachen ist es aber nicht nötig, das Programm neu zu übersetzen, um Assertions zu aktivieren. Mit

```
java -ea Programm
```

werden alle Assertions in *Programm* aktiviert. Um nur die Assertions einer Klasse *Testklasse* zu aktivieren, kann man die JVM mit folgender Kommandozeile starten.

```
java -ea:Testklasse Programm
```

Statt -ea kann man auch die ausführliche Form -enableassertions des Kommandozeilenarguments verwenden.

11.10 JUnit-Tests

Wenn Sie selber Programme geschrieben haben, z.B. weil Sie die Übungsaufgaben in diesem Buch bearbeitet haben, dann haben Sie sicher festgestellt, dass es sehr schwer ist, auf Anhieb ein fehlerfreies Programm zu verfassen. Am Anfang des Kapitels haben wir Fehler, die bei der Erstellung eines Programms auftreten können, in vier Kategorien unterteilt. Bei Softwarefehlern kann man noch folgende Unterscheidungen treffen:

- **Syntaxfehler:** Diese Fehler entstehen, wenn die grammatikalischen Regeln der Programmiersprache verletzt werden, z.B. weil sich der Programmierer vertippt und eine Variable mit `itn x` statt `int x` deklariert hat. Der Compiler erkennt Syntaxfehler bei der Übersetzung und gibt entsprechende Fehlermeldungen aus.
- **Typfehler:** Wenn die Typregeln von Java nicht eingehalten werden, z.B. weil ein Programm versucht, einen String an eine `int`-Variable zuzuweisen, spricht man von einem Typfehler. Da Java *statisch typisiert* ist, werden auch Typfehler vom Compiler erkannt.
- **Laufzeitfehler:** Darunter versteht man Fehler, die vom Compiler nicht erkannt werden können und die zur Laufzeit zu einer Exception führen. Ein Beispiel dafür ist ein Arrayzugriff mit einem ungültigen Index.
- **Semantische Fehler:** Das ist die Art von Fehlern, die am schwersten zu finden ist und die oft die größten Probleme verursacht. Ein semantischer Fehler liegt vor, wenn das Programm scheinbar korrekt funktioniert, aber nicht das berechnet, was es gemäß seiner Anforderung berechnen sollte. Wenn z.B. ein Rabatt für Kunden unter 18 und über 65 Jahren gewährt werden soll und der Test dafür im Programm die folgende Form hat, dann liegt ein semantischer Fehler vor:

```
if (kunde.alter < 18 && kunde.alter > 65) {
    ... // Gewähre Rabatt
}
```

Das Programmfragment hat einen semantischen Fehler: Es testet, ob ein Kunde gleichzeitig jünger als 18 Jahre und älter als 65 Jahre ist, daher wird nie der Rabatt gewährt. Semantische Fehler können selbstverständlich nicht vom Compiler bemerkt werden.

Man will möglichst viele Fehler finden, bevor man Anwender mit einem Programm arbeiten lässt. Daher testen Programmierer üblicherweise ihren Code, nachdem sie ihn geschrieben haben. Oft sieht das so aus, dass der Programmierer das Programm schreibt und kompiliert und dann manuell einige Tests durchführt, z.B. indem die Werte von Berechnungen auf der Konsole ausgegeben und manuell mit den Soll-Werten verglichen werden.

Wir zeigen dieses Vorgehen am Beispiel eines einfachen Taschenrechners. Dabei werden wir schnell sehen, dass das Testen mit einem Testframework wie JUnit eine bessere Lösung darstellt. Eine Implementierung des Taschenrechners könnte folgendermaßen aussehen:

```java
public class Taschenrechner {
  public double dividiere(double x, double y) {
    return x / y;
  }
  ... // Andere Methoden
}
```

Die Methode `dividiere(double x, double y)` erwartet zwei double-Werte, und liefert das Ergebnis der Division von x durch y. Einen einfachen Vergleich von Ist- und Soll-Werten realisieren viele Programmierer in einer main-Methode der folgenden Art:

```java
public static void main(String[] args) {
  Taschenrechner tr = new Taschenrechner();
  double istErgebnis = tr.dividiere(8, 2);
  System.out.println("Soll-Ergebnis: 4 ");
  System.out.println("Ist-Ergebnis:   " + istErgebnis);
}
```

Diese Art zu testen ist sehr einfach und für eine einzelne Methode auch recht praktisch, aber sie hat mehrere Nachteile, z.B.:

- Es wäre wünschenswert, nur einen Teil der Tests ausführen zu können, z.B. nur die Tests der Klasse, an der man gerade arbeitet. Dazu muss man mehrere main-Methoden schreiben oder man muss Logik implementieren, die eine Auswahl der Tests ermöglicht.
- Alle Werte auf die Konsole auszugeben ist für größere Testserien keine gute Strategie. Man sollte statt dessen nur Meldungen für Tests ausgeben können, die fehlschlagen.
- Möglicherweise will man Informationen über die durchgeführten Tests in eine Datei schreiben, um sie nachher von einem Programm auswerten zu lassen. Dazu ist bei dieser Vorgehensweise relativ viel Arbeit nötig.

Eine viel bessere und elegante Variante als das manuelle Testen ist die Verwendung eines Testframeworks wie *JUnit*. Testframeworks bieten Infrastruktur an, die das Erstellen und Ausführen von Tests erleichtert.

JUnit ist hauptsächlich auf das Erstellen von sogenannten Unit-Tests ausgelegt. Ein Unit-Test bezeichnet laut IEEE das Testen von individuellen Hardware- oder Software-Einheiten oder Gruppen von zusammenhängenden Einheiten. In JUnit sind die Einheiten, die üblicherweise getestet werden, individuelle Klassen und Methoden. JUnit wurde 1997 von Erich Gamma und Kent Beck mit den folgenden Zielen entwickelt:

1. Jeder Unit-Test muss unabhängig von allen anderen Unit-Tests ausführbar sein.
2. Das Framework muss bei jedem Test vorhandene Fehler entdecken und Berichte erzeugen.
3. Das Einfügen und Ausführen von neuen Unit-Tests muss einfach möglich sein.
4. Das Ausführen von bestimmten Unit-Tests muss einfach möglich sein.

Damit deckt JUnit alle Kritikpunkte ab, die wir oben für das manuelle Testen angegeben haben.

JUnit ist zum Testen von Java-Programmen sehr populär. Es wird ständig weiterentwickelt und erweitert. Die aktuelle Version ist 4.10 und kann von `http://www.junit.org/` heruntergeladen werden. In den wichtigsten Java-Entwicklungsumgebungen wie Eclipse, NetBeans oder IntelliJ ist JUnit aber bereits vorinstalliert und kann sofort benutzt werden. Auf der Webseite zum Buch finden Sie eine umfangreiche Einführung in die Verwendung von JUnit mit Eclipse und Hinweise zur Installation und Verwendung von JUnit von der Kommandozeile aus.

In der folgenden kurzen Einführung zeigen wir Ihnen, wie Sie die Methode `dividiere` mit Hilfe von JUnit testen können, sofern Sie JUnit bereits installiert haben. Um JUnit-Tests für Ihren Code zu schreiben, sind folgende Schritte nötig:

1. **Eine Testklasse definieren.** In JUnit werden die Tests für eine Klasse A typischerweise in einer Klasse mit Namen `ATest` zusammengefasst. Die Testklasse muss das Zugriffsrecht `public` haben. Um die Klasse `Taschenrechner` zu testen, definieren wir also eine Klasse `TaschenrechnerTest`:

```
public TaschenrechnerTest{
}
```

2. **Unit-Testmethoden durch die `@Test`-Annotation markieren.** Zu jeder Methode m, die wir testen wollen, schreiben wir eine Testmethode (oder manchmal auch mehrere Testmethoden) in der Testklasse. Eine Testmethode ist eine void-Methode ohne Parameter, die mit der Annotation `@Test` versehen wird. Der Name der Testmethode für die Methode m ist üblicherweise `testM`. Um die Methode `dividiere` der Klasse `Taschenrechner` zu testen, definieren wir also die Testmethode `testDividiere`:

```
public TaschenrechnerTest{
  @Test
  public void testDividiere(){
```

Methode	Beschreibung
assertEquals(a, b)	testet, ob a (Soll-Wert) gleich b (IstWert) ist
assertEquals(a, b, delta)	testet, ob a im Intervall $b - delta$ bis $b + delta$ liegt
assertTrue(a)	testet, ob a wahr ist, d.h. den Wert true hat
assertNotTrue(a)	testen, ob a falsch ist, d.h. den Wert false hat
assertNull(a)	testet, ob das Objekt a gleich null ist
assertNotNull(a)	testet, ob das Objekt a von null verschieden ist
assertSame(a, b)	testet, ob a und b das gleiche Objekt referenzieren
assertNotSame(a, b)	testet, ob a und b verschiedene Objekte referenzieren

Abb. 11.3 Methoden von JUnit für Soll/Ist-Vergleiche

```
    }
}
```

3. **Eine Instanz der zu testenden Klasse erzeugen.** Da die einzelnen Tests voneinander unabhängig bleiben, werden die verwendeten Objekte für jede Testmethode neu erzeugt. Eine einfache Art, das zu erreichen, ist, die benötigten Objekte am Anfang der Testmethode zu erzeugen und in lokalen Variablen zu speichern. Im Beispiel erzeugen wir also in der Methode testDividiere eine Instanz von Taschenrechner:

```
public TaschenrechnerTest{
  @Test
  public void testDividiere(){
    Taschenrechner tr = new Taschenrechner();
  }
}
```

4. **Ist/Soll-Vergleich mit JUnit-Methoden durchführen.** JUnit bietet viele Methoden, um Soll/Ist-Vergleiche vorzunehmen. Die Namen dieser Methoden haben die Form assert*Eigenschaft*; in Abb. 11.3 sind einige dieser Methoden angegeben. Diese Methoden testen, ob ihre Argumente einer Bedingung entsprechen. Falls das nicht der Fall ist, wird beim Ausführen der Tests eine Fehlermeldung ausgegeben und es werden, je nach Konfiguration von JUnit, Details über den Fehler in eine Log-Datei geschrieben. Zum Testen des Ergebnisses der Methode dividiere eignen sich die assertEquals-Methoden. Wenn wir Werte testen, die nicht exakt als Gleitkommazahl darstellbar sind, ist es sinnvoll, die zweite Variante zu wählen, die testet, ob der Ist-Wert in einem (typischerweise kleinen) Intervall um den Soll-Wert liegt.

```
public TaschenrechnerTest{
  @Test
  public void testDividiere(){
    Taschenrechner tr = new Taschenrechner();
    double ergebnis = tr.dividiere(8.0, 2.0);
```

```
    assertEquals(4.0, ergebnis);
    assertEquals(0.333, tr.dividiere(1.0, 3.0), 0.05);
  }
}
```

5. **JUnit-Test kompilieren und ausführen.** Informationen zum Ausführen der Tests von der Kommandozeile aus oder aus Eclipse heraus finden Sie auf der Website zum Buch. Wenn Sie die Tests ausführen, bekommen Sie eine Rückmeldung, welche Tests fehlgeschlagen sind.

In diesem Abschnitt haben wir nur die elementarsten Grundbegriffe von JUnit eingeführt. Das JUnit-Framework bietet viele weitere Möglichkeiten, die wir aus Platzgründen hier nicht behandeln können. Auf der Website zum Buch finden Sie weitergehende Informationen und Links dazu. Außerdem finden Sie auf der Website Material zum verwandten Thema *Debugging*, auf das wir aus Platzgründen hier nicht eingehen können.

11.11 Was haben wir gelernt?

In diesem Kapitel haben wir nach einer kurzen Diskussion der verschiedenen Fehlerarten die Behandlung von Ausnahmesituationen in Java besprochen. In Java werden dafür konsequent Exceptions eingesetzt. Checked Exceptions müssen immer in der Signatur einer Methode angegeben werden, wenn es möglich ist, dass eine derartige Exception über die Methodengrenze hinweg geworfen wird. Unchecked Exceptions deuten oft auf einen Fehler im Laufzeitsystem oder eine unerlaubte Operation im Programm hin; sie dürfen auch über Methodengrenzen hinweg geworfen werden, ohne dass sie extra deklariert werden müssen.

Das Werfen von Exceptions erfolgt durch die `throw`-Anweisung, das Behandeln von Exceptions erfolgt durch einen `try/catch/finally`-Block. Ein solcher Block hat dynamischen Scope, d.h. jede Exception mit passendem Typ, die geworfen wird, während der Block ausgeführt wird, wird von den Handlern im Block gefangen, selbst wenn sie nicht lexikalisch im `try`-Block vorkommt. Der `finally`-Block ermöglicht es, Code zu schreiben, der unabhängig davon ausgeführt wird, ob eine Exception geworfen wird oder nicht.

Assertions sind eine einfache Möglichkeit, um Zusicherungen über den Code auszudrücken, und werden z.B. eingesetzt, um bei der Ausführung des Programms die Korrektheit von Methodenparametern oder Invarianten zu überprüfen. Assertions müssen mit der Kommandozeilenoption `-ea` beim Starten der JVM aktiviert werden. JUnit ist ein Test-Framework für Java, das es erleichtert, Tests für Java Programme zu schreiben.

Abb. 11.4 enthält die abschließende Mindmap zu diesem Kapitel.

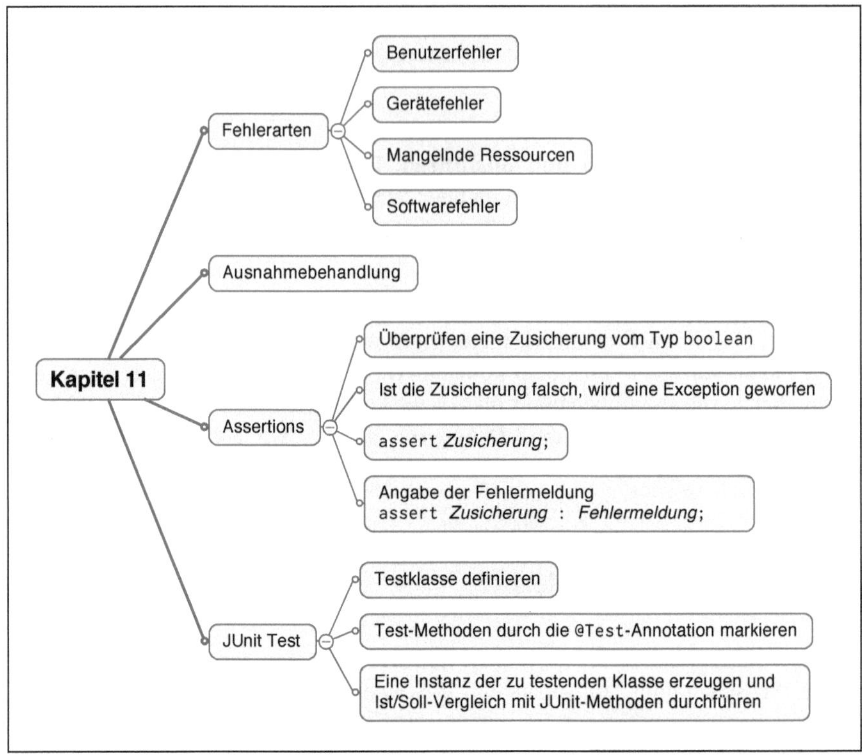

Abb. 11.4 Was haben wir gelernt? Mindmap zu Kapital 11 – Ausnahmebehandlung und Testen

Kapitel 12
Zum Abschluss...

Gratulation! Wenn Sie die vorhergehenden 11 Kapitel von „Java Kompakt" durchgearbeitet haben, haben Sie sich ein solides Fundament für die Programmierung in Java geschaffen: Sie wissen, was Klassen und Objekte sind, kennen das Typsystem von Java, sind mit der Blockstruktur von Programmiersprachen vertraut und wissen, wie man den Kontrollfluss von Programmen steuert. Außerdem haben Sie Vererbung und Polymorphismus verstanden und sich einen Überblick über das Java Collections Framework erworben. Last, but not least, wissen Sie, wie man Exceptions zur Behandlung von Ausnahmesituationen einsetzt und Unit-Tests schreibt.

Mit diesem Wissen können Sie bereits viele interessante Programme verfassen. Allerdings ist klar, dass ein relativ kurzes Buch wie „Java kompakt" nicht die komplette Sprache und Standardbibliothek behandeln kann. Daher wollen wir zum Abschluss noch einige weitere Aspekte von Java und der Programmierung im Allgemeinen ansprechen.

Zu Java gehört eine umfangreiche Standardbibliothek. In diesem Buch haben wir nur einen kleinen Teil davon vorstellen können und viele wichtige Klassen, z.B. zum Umgang mit Ein/Ausgabe-Strömen oder dem Dateisystem, gar nicht angesprochen. Sie sollten sich daher auf jeden Fall mit der „API Specification" vertraut machen, die die Programmierschnittstelle (engl. „Application Programming Interface, API") der Standardbibliothek von Java beschreibt. Die Online-Version für Java 7 ist [2].

Einer der sicherlich wichtigsten Aspekte der modernen Programmierung, die wir in diesem Buch nicht besprochen haben, ist die Nebenläufigkeit. Moderne Rechner haben in der Regel nicht nur einen Prozessorkern, sondern zwei, vier oder sogar noch mehr Kerne. Um einen Rechner vollständig auszulasten, muss ein Programm daher mehrere Anweisungen gleichzeitig ausführen. Java bietet dafür *Threads* an. Jeder Thread kann ein sequentielles Programm ausführen, mehrere Threads können gleichzeitig ablaufen und Daten untereinander austauschen. Die nebenläufige Programmierung bringt aber eine ganze Menge von Problemen mit sich, die den Rahmen einer Einführung sprengen würden.

Ein Thema, das wir aus Platzgründen nicht angesprochen haben, ist die Implementierung von graphischen Benutzeroberflächen (GUIs). In Java gibt es dafür zwei weit verbreitete Frameworks: Swing und SWT. Zusätzlich entwickelt Oracle mit

M. Hölzl, A. Raed, M. Wirsing, *Java kompakt*, eXamen.press,
DOI 10.1007/978-3-642-28504-2_12, © Springer-Verlag Berlin Heidelberg 2013

JavaFX 2 gerade ein drittes Framework, das viele moderne Trends für die GUI-Programmierung aufgreift, aber noch nicht weit verbreitet ist. Wenn Sie Java im Enterprise-Umfeld einsetzen wollen, werden Sie wahrscheinlich ein Enterprise-Framework wie Java EE oder Spring einsetzen und auf weitere Bibliotheken und Frameworks für Ihre speziellen Anwendungsdomäne zurückgreifen.

Wie die vorhergehenden Absätze zeigen, ist das „Java-Ökosystem" so groß, dass es weder möglich noch sinnvoll ist, an dieser Stelle einen Überblick über die weiterführende Literatur zu geben. Auf der Website zum Buch empfehlen wir einige Bücher zu verwandten Themen, die wir für besonders wichtig oder interessant halten.

Wir wünschen Ihnen viel Erfolg!

Literaturverzeichnis

1. Gosling, J., Joy, B., Steele, G., Bracha, G.: The Java Language Specification, 3rd edn. The Java Series. Prentice Hall (2005)
2. Oracle: Java Platform, Standard Edition 7, API Specification. `http://docs.oracle.com/javase/7/docs/api/`

M. Hölzl, A. Raed, M. Wirsing, *Java kompakt*, eXamen.press,
DOI 10.1007/978-3-642-28504-2, © Springer-Verlag Berlin Heidelberg 2013

Sachverzeichnis